UNTERWEGS
ZWISCHEN SAVE UND SOČA

Auf den Spuren der Isonzofront
1915-1917

Gabriele und Walther Schaumann

UNTERWEGS ZWISCHEN SAVE UND SOČA

Auf den Spuren der Isonzofront 1915-1917

Gabriele und Walther Schaumann
UNTERWEGS ZWISCHEN SAVE UND SOČA
Auf den Spuren der Isonzofront 1915-1917

Eigentümer, Herausgeber und Verleger:
Hermagoras/Mohorjeva, Klagenfurt/Celovec-Ljubljana/Laibach-Wien/Dunaj

Gesamtgestaltung:
Jurij Kocbek, Ljubljana/Laibach

Lektorat:
Ursula Trummer-Wiegele

© 2002 Hermagoras/Mohorjeva

Gesamtherstellung:
Druckerei Hermagoras/Mohorjeva

Gedruckt mit Unterstützung des Bundesministeriums für Bildung, Wissenschaft und Kultur

ISBN 3-85013-912-3

Foto auf der Titelseite:
Stane Klemenc, Ljubljana/Laibach

Vordere Umschlagseite:
Lage Isonzofront 28.10.1915 (aus Österreich-Ungarns letzter Krieg)

Hintere Umschlagseite:
Lage 11. Isonzoschlacht am 18. und 25.8.1917 (aus Österreich-Ungarns letzter Krieg)

Gabriele und Walther Schaumann

UNTERWEGS
ZWISCHEN SAVE UND SOČA

*Auf den Spuren der Isonzofront
1915-1917*

86 Routen- und Tourenvorschläge

·

Ausführliches historisches Kapitel

·

15 Karten und Skizzen

·

Zahlreiche historische Fotos und Farbabbildungen

INHALTSVERZEICHNIS

Vorwort	11
Der Triglav-Nationalpark/Triglavski narodni park	12
Bergsteigen in Slowenien	13
Besondere Hinweise	13

ROUTEN — 17

R 1	Tarvisio/Tarvis - Cave del Predil/Raibl - Predel/Passo del Predil/Predil-Pass - Bovec/Flitsch/Plezzo - Kobarid/Karfreit/Caporetto (Museum) - Tolmin/Tolmein/Tolmino	19
R 1a	Zur ehemaligen Raibler Stollenbahn	35
R 1b	Volčansko polje/Woltschacher Feld (Umfahrung von Tolmein)	38
R 2	Žaga/Saga im Soča-Tal - Učja/Uccea	39
R 2a	Žaga - Ucja Tal - Hum - Pl. Božica - Stol	40
R 3	Kobarid/Karfreit/Caporetto - ital. Gefallenenehrenmal Sveti Anton	41
R 4	Kobarid/Karfreit/Caporetto - Robič/Ròbiso - Stupizza - Ponte S. Quirino - Cividale - (-Udine)	41
R 4a	Ponte S. Quirino im Natisone-Tal - Savogna - Rif. Pelizzo - M. Matajur	44
R 5	(Kobarid-) Napoleonov Most/Napoleon-Brücke - Drežnica (Museum)	45
R 6	Kobarid/Karfreit/Caporetto - Napoleonov Most/Napoleon-Brücke - Ladra - Kamno - Volarje - Gabrje - Dolje - Tolmin/Tolmein/Tolmino	46
R 6a	Ladra oder Kamno - Vrsno (Simon Gregorčič) - vas Krn/Dorf Krn - Planina Kuhinja/Alm Kuhinja	49
R 7	Kobarid/Karfreit/Caporetto - Idrsko - Livek - Avsa - Matajur	50
R 7a	(Kobarid - Idrsko) - Livek - Livške Ravne - Sedlo Solarji (Pl. Kovačiča - Volče)	51
R 8	Tolmin/Tolmein - Bača pri Modreju - Kneža - Hudajužna - Podbrdo (- Škofja Loka - Krajn/Krainburg - Bled/Veldes)	52
R 8a	Tolmin/Tolmein - Poljubinj - Ljubinj - Podmelec - Kneža im Bača-Tal	61
R 9	Tolmin/Tolmein - Most na Soči/Santa Lucia - Kozaršče - Ušnik - Kanal - Plave - Solkan/Salcano - Nova Gorica	65
R 9a	Von Most na Soči zum ö.u. Soldatenfriedhof Modrejce	68
R 9b	Nova Gorica - Solkan/Salcano - Sveta Gora/Monte Santo	70
R 10	Tolmin/Tolmein - Most na Soči - Dolenja Trebuša/Tribusa - Idrija (Bergwerksmuseum) - Črni vrh - Ajdovščina/Haidenschaft - Kromberk - Nova Gorica	74
R 10a	Ajdovščina/Haidenschaft - Vipavski Križ/Santa Croce	85
R 10b	Ajdovščina/Haidenschaft - Vipava - Manče - Štanjel/St. Daniel/San Daniele - Branik - Volčja Draga - Šempeter - Nova Gorica	85

R 11	Tolmin/Tolmein - dolina Tolminke/Tolminka-Tal - Abzwg. Javorca - Polog	93
R 12	Tolmin/Tolmein - Ljubinj - Pl. Stador - Pl. Lom (- Pl. Kuk)	100
R 13	Tolmin/Tolmein - Žabče - Zadlaz Žabče - Tolminske Ravne	100
R 14	Tolmin/Tolmein - Most na Soči/S. Lucia-Tolmein - Dolenja Trebuša/Tribusa - Čepovan - Grgar - Ravnica - Nemci - Lokve - Čepovan - Kal nad Kanalom - Avče - Kanal	101
R 14a	Kal nad Kanalom - Most na Soči	112
R 15	Nova Gorica - Solkan/Salcano - Grgar - Grgarske Ravne - Bate - Banjšice/Bainsizza	114
R 15a	Nova Gorica - Kromberk - Vratca/Kronbergsattel - Ravnica	116
R 16	Tarvisio/Tarvis - Fusine/Weißenfels - Valico di Fusine/Rateče/Ratschach - Kranjska Gora/Kronau - Vršič-Pass - Trenta-Tal (Museum) - Bovec/Flitsch	117
R 17	(Tarvisio/Tarvis-) Kranjska Gora/Kronau - Jesenice/Assling - Vrba (France Prešeren) - Bled/Veldes - Bohinjsko Jezero/Wocheiner See - Ukanc - Dom Savica/Savica-Hütte	135
R 17a	Das Vrata-Tal, ein Blick auf die Triglav-Nordwand	146
R 17b	Ribčev Laz - Stara Fužina - Voje-Tal - Pl. Koča na Vojah/Voje-Hütte - Slap Mostnica/Mostnica-Wasserfall	146

TOUREN 149

T 1	Von der Koritnica- und Možnica-Schlucht in das Tal der Wasserfälle: Pl. Možnica - Mirnik/Seesattel/Sella di Lago - Jerebica/Raibler Seekopf/Cima di Lago	151
T 2	Kluže/Flitscher Klause/Forte della Chiusa - Bavšica-Tal	153
T 3	Kluže/Flitscher Klause/Forte della Chiusa - Armierungsstraße zum Fort Hermann/Obere Festung - Totenkuppe - Rombon/Veliki vrh	153
T 4	Zur Unteren Koritnica-Schlucht	158
T 5	Freilichtmuseum 1915-1917 "Vordere Isonzo-Stellung" am Ravelnik	158
T 6	Von Kal-Koritnica auf den Svinjak	160
T 7	Bovec/Flitsch - Kirchenruine Sveti Lenart/zum Hl. Leonhart	162
T 8	Bovec/Flitsch - Pl. Goričica - Čukla - Rombon	162
T 9	Bovec/Flitsch - Vodenca - Jablenca - Čezsoča	164
T 10	Bovec/Flitsch - Gorenja Vas - Čezsoča	165
T 11	(Bovec/Flitsch) - Čezsoča - Slatenik-Graben - Humčic - Čez Utro - Pl. Golobar	168
T 12	(Bovec/Flitsch) - Čezsoča - Golobarski-Graben - Pl. Golobar - Javoršček	169
T 13	Zum Slap Boka/Wasserfall	170
T 14	Zur slowenischen Kanin-Seilbahn/žičnica Kanin	170
T 15	Sella Nevea/Nevea-Sattel - Rif. C. Gilberti mit der ital. Seilbahn oder als Wanderung	171

T 16	Rif. C. Gilberti - Sella Bila Peč - Klettersteig "Divisione Julia" - Kanin/Canin	172
T 17	Rif. C. Gilberti - sedlo Prevala/Prevalascharte - zur Bergstation der slowenischen Kanin-Seilbahn/žičnica Kanin	173
T 18	Žičnica Kanin/Bergstation slowenische Kanin-Seilbahn - Kanin/M. Canin	174
T 20	Historischer Lehrpfad rund um Kobarid/Kobariška Zgodovinska Pot	175
T 21	(Kobarid-) Napoleonov most/Napoleon-Brücke - Ital. dritte Linie - Kozjak slap/Wasserfall	176
T 22	Planina Kuhinja - Gomiščkovo zavetišče na Krnu/Krn-Hütte - Krn-Gipfel/ M. Nero	176
T 23	(Ort) Krn - Pl. Pretovč - Mrzli Vrh	177
T 24	Drežnica - Gomiščkovo zavetišče na Krnu/Krn Hütte	180
T 25	Drežnica - Pl. Zapleč - Pl. Zaprikraj - Krasji vrh - Debeljak	180
T 30	Zum Deutschen Ehrenmal Tolmein	182
T 31	Zum ö.u. Soldatenfriedhof Tolmein in Loče	182
T 32	Kozlov rob/Tolminski grad/Tolmeiner Schlossberg	184
T 33	Tolmin/Tolmein/Tolmino - Hudičev most/Teufelsbrücke - Zadlaška jama/ Dante-Höhle	187
T 34	Ö.u. Tolmeiner Brückenkopf - Mengore/Sv. Marija/Sta. Maria	189
T 35	Tolmin/Tolmein/Tolmino - Planina Pretovč - Pl. Sleme - Jezero v Lužnici/ Lusnica-See - Batognica - Krnska škrbina/Krn-Scharte - Krn/M. Nero - Gomiščkovo zavetišče na Krnu/Krn-Hütte	192
T 36	(Tolmin/Tolmein/Tolmino-) Tolminka-Tal - Javorca (Jugendstil- Soldatenkirche) - Planina Pretovč	196
T 37	Koča na Pl. Stador - Kobala	200
T 38	Pl. Lom - Koča na Pl. Razor/Schutzhaus Razor-Alm	201
T 39	Tolminske Ravne - Koča na Pl. Razor/Schutzhaus Razor-Alm	202
T 45	Slovenska planinska transverzala/Slowenische Bergtransversale: Koča na Pl. Razor/Schutzhaus Razor-Alm - Pl. na Kalu - Pl. Dobrenjščica - Prehodci sedlo/Prehodel-Sattel - Batognica - Krn/M. Nero - Gomiščkovo zavetišče na Krnu/Krn-Hütte	202
T 46	Polog - Izvir Tolminke/Tolminka-Ursprung - Pl. Dobrenjščica	204
T 47	Koča na Pl. Razor/Schutzhaus Razor-Alm - Vogel - Visoki Orlov rob (- Bohinjsko Jezero/Wocheiner See)	205
T 48	Koča na Pl. Razor/Schutzhaus Razor-Alm - Globoko-Sattel - Ukanc am Bohinjsko Jezero/Wocheiner See	205
T 49	Koča na Pl. Razor/Schutzhaus Razor-Alm - Globoko-Sattel - Dom na Komni/Komna-Haus	206
T 54	Rund um den Bohinjsko jezero/Wocheiner See: Ribčev Laz - Govic slap/ Wasserfall - Ukanc/Zlatorog - Sveti Duh - Ribčev Laz	206
T 55	Vom Bohinjsko jezero/Wocheiner See zum slap Savica/Wasserfall (Taufe des Fürsten Črtomir)	207

T 56	Koča pri Savici/Savica Haus - Dom na Komni/Komna-Haus - Planina na Kraju - Koča pod Bogatinom/Bogatin-Hütte - Vrh Škrli - Mahavšček - Bogatin (Sage vom Zlatorog/Goldhorn) - Vratca - Dupeljsko jezero/Duplje See - Koča pri Krnskih jezerih/Krn-Seen-Hütte	208
T 57	Dom na Komni/Komna-Haus - Koča pod Bogatinom/Bogatin-Hütte - Koča pri Krnskih jezerih/Krn-Seen-Hütte	215
T 58	Ö.u. Kriegswege vom Lepena/Lepenje-Tal aus: Der Majewski-, Georgi- und Unger-Weg	215
T 59	Soča v Trenti/Soča in der Trenta - Lepena/Lepenje-Tal - Dom dr. Klementa-Juga/Haus - Koča pri Krnskih jezerih/Krn-Seen-Hütte	220
T 60	Koča pri Krnskih jezerih/Krn-Seen-Hütte - Krnsko jezero/Krn-See - Planina na Polju - Krnska škrbina/Krn-Scharte - Krn/M. Nero - Gomiščkovo zavetišče na Krnu/Krn-Hütte	222
T 61	(Koča pri Krnskih jezerih/Krn-Seen-Hütte -) Planina na Polju - Batognica-Krnska škrbina/Krn-Scharte - Krn/M. Nero - Gomiščkovo zavetišče na Krnu/Krn-Hütte	223
T 62	Mit den Vogel-Seilbahnen zum Visoki Orlov rob	226
T 63	Höhenweg Visoki Orlov rob - Konjsko sedlo/Pferde-Sattel - Pl. Govnjač - Dom na Komni/Komna-Haus oder Koča pod Bogatinom/Bogatin-Hütte	227
T 64	Idrija - Divje Jezero/Wilder See	229
T 65	Izvir Soča/zum Soča-Ursprung - und in die Zadnja Trenta/Hintere Trenta	229
T 66	Der ö.u. Verbindungsstollen durch den Monte Santo	230
T 67	Vratca/Kronbergsattel - Škabrijel/Monte San Gabriele	231
T 67a	Nova Gorica - (Pl.) Dom Kekec - Škabrijel/Monte S. Gabriele	238

HISTORISCHER TEIL 239

A-B	Abschnitt Flitscher Becken	241
A	mit Rombon, Prevala, Kanin	245
B	Ravelnik, Slatenik, Humčič, Javoršček	250
C	Abschnitt Krn/Monte Nero vom Lemež, Vršič über Batognica ausschließlich Mrzli vrh	259
D	Brückenkopf Tolmein	375
E	12. Isonzoschlacht	389
F	K.u.k. Befestigungsanlagen (Die Kärntner Sperren)	302
	Batterie Predilsattel, Paßsperre Predil	305
	Kluže/Flitscher Klause, die Obere Festung "Fort Hermann"	308

ANHANG 325

Erklärung militärischer u. fortifikatorischer Ausdrücke 327
Literaturhinweise 328
Bildnachweis 330
Personenregister 331
Stichwortverzeichnis 333
Verzeichnis der Karten 341
Aktuelle Karten 343

VORWORT

Die drei großen europäischen Sprachgruppen, die germanische, die romanische und die slawische, begegnen sich in diesem Gebiet seit Jahrhunderten. Es ist zugleich gemeinsamer Lebensraum von drei großen Kulturkreisen, die sich gegenseitig befruchten und ergänzen, sich aber auch in Konfliktsituationen gegenüberstanden.

Die einen Flüsse der Region strömen südwärts der Adria zu, die anderen in östlicher Richtung bis in das Schwarze Meer. Die naturgegebenen Wasserscheiden trennen nicht nur den Lauf der Gewässer, sie wurden im Verlaufe der Zeit oft auch zu trennenden von Menschen geschaffenen Grenzen zwischen Ländern, zwischen Menschen. Wie für alle Reisen in andere Länder gilt als Regel: Wer die Geschichte eines Landes kennt, der wird auch die Gegenwart desselben besser verstehen. Das vorliegende Buch möchte sich auch dazu als Wegbegleiter anbieten.

Beabsichtigt man die Grenze nach Slowenien zu überschreiten, dann sollte man vorher zumindest einen kurzen Streifzug durch die Geschichte des Landes unternehmen. Die Vergangenheit ist auch hier wie überall eine Brücke zur Gegenwart, zum Verständnis jener Menschen, denen wir dann dort begegnen werden und deren Gastfreundschaft wir in Anspruch nehmen wollen.

Blättert man im Buch der Geschichte, so ziehen beim Kapitel Isonzo nicht nur die viel zitierten Römer an uns vorüber, wie apokalyptische Reiter folgen später die Türken, die napoleonischen Heere, es ist der ewige Wechsel zwischen Krieg und Frieden. Besonders im vergangenen Jahrhundert musste man sich zu Recht die Frage stellen: Quo vadis Europa?

Als 1914 der Erste Weltkrieg entbrannte, war der Raum des Isonzo noch tiefstes Hinterland. Doch als im Mai 1915 das Königreich Italien Österreich-Ungarn den Krieg erklärte, wurde auch der Abschnitt vom Isonzo bis zum Karst zu dem erbittertst umkämpften Gebiet an der Südwestfront.

Die Bevölkerung wurde evakuiert. Frauen, Kinder und alte Menschen mussten Jahre hindurch als Flüchtlinge - die einen in Lagern der k.u.k. Monarchie, die anderen in Italien - armselig ihr Leben fristen. Die militärpflichtigen Männer dienten, je nachdem wo sie der Kriegsausbruch oder seine Folgen überraschten, als Soldaten dem italienischen König, ihre Mehrzahl dem österreichischen Kaiser.

Als sie nach Kriegsende endlich wieder in ihre Dörfer zurückkehren konnten, fanden sie devastierte und geplünderte Wohnstätten vor. Ihre Heimat am Isonzo wurde nun zu einem Bestandteil des Königreiches Italien. Es mussten noch weitere Jahrzehnte vergehen und die Schrecken eines neuerlichen Krieges über Europa hinwegziehen, ehe das italienische Interregnum von der Volksdemokratie des Marschall Tito abgelöst wurde. Es schlossen sich lange Jahre des totalitären kommunistischen Regimes an, ehe der Wunsch Sloweniens nach Eigenstaatlichkeit 1991 endlich Wirklichkeit werden konnte.

Nichts könnte die ganze Tragik der Geschichte dieses Landes und seiner Menschen besser zum Ausdruck bringen als das folgende Gedicht des Poeten und späteren Kaplans

Simon Gregorčič aus dem Dorf Vrsno im Isonzotal, eine Zukunftsvision aus dem Jahre 1879:

An die Soča

"Da blinken Schwerter, Kämpfer sinken
und Bäche Blutes wirst du trinken
genährt von unserem Blut so rot
beschwert von unsrer Feinde Tod.
Dann magst du, Soča, dich erinnern
an mein Gebet aus tiefstem Innern:
Schwill an zur furchtbar mächt'gen Flut!
Lass fremde Ländergier verenden
in deiner Tiefen tiefstem Grund!"

Die berüchtigten Isonzoschlachten der Jahre 1915-1917 sollten dann hunderttausende Tote fordern. Heute strömt der Isonzo wieder klar als schönster Fluss Europas dahin, aber die warnenden und mahnenden Worte des Dichters haben nach wie vor Gültigkeit. Denn an uns liegt es nun, ob wieder Kriegsbrücken die Ufer des Isonzo verbinden oder ob wir gemeinsam Brücken für ein Vereintes Europa der Zukunft schlagen wollen.

Wien, im Winter 2001/02   Walther Schaumann

Dank für Mitarbeit

Besonders danken möchte ich allen jenen, die mir durch ihre speziellen Kenntnisse wertvolle Hinweise gegeben oder mir Fotos zur Verfügung gestellt haben: Martin Dobernik, Lienz; Boris Gašperlin, Ljubljana; Dieter Glittenberg, Kaprun; Simon Kovačič-Soška fronta, Nova Gorica; Roberto Lenardon, Monfalcone; Gunter Lingelbach, Kassel; Karin Schmid, Kötschach-Mauthen; Klaus Schmid, Kirchheim; Furio Scrimali, Triest; Christian Tietze, Wien.

Ein besonderer Dank gebührt außerdem dem Verlag Hermagoras für die Herausgabe dieses Buches.

Der lange Weg zum Triglav-Nationalpark/Triglavski narodni park

Die Initiative, im Reiche des Triglav ein Naturschutzgebiet zu schaffen, geht bis auf das Jahr 1908 zurück, als Prof. Albin Belar mit dieser Idee vor die Öffentlichkeit trat. Er war mit diesem Vorschlag aber seiner Zeit weit voraus, da man dem Gedanken des Natur- und Umweltschutzes weltweit noch völlig fremd gegenüberstand. Es bedurfte noch zahlreicher weiterer diesbezüglicher Bemühungen durch sechzehn Jahre, bis 1924 zumindest im Gebiet der Sieben-Seen der Naturschutz realisiert werden konnte, als der Slowenische Alpenverein dort eine 1.400 ha große Fläche auf 20 Jahre als "alpinen Schutzpark" pachtete.

Der Zweite Weltkrieg mit all seinen Nachwirkungen verhinderte jedoch die raschere Gründung eines großräumigen Nationalparks. Am 26.6.1961 wurden offiziell 2.000 ha zum Nationalpark deklariert, der allerdings kaum größer war als das alte Pachtgebiet. Erst mit Gesetz vom 27.5.1981 wurde die legistische Voraussetzung geschaffen, um ein 83.807 ha großes Gebiet nun zum Triglav-Nationalpark zu erklären.

Sämtliche Gletscherseen Sloweniens liegen nun im Nationalpark. Die berühmte Flora der Julischen ist zumeist alpinen Pflanzen vorbehalten, doch wegen der Randlage des Naturparks sind auch illyrische und submediterrane Arten vertreten. Die Fauna reicht von den Soča-Forellen über Birk- und Auerhuhn bis zu Gämsen, außerdem haben hier wieder angesiedelte Steinböcke und Mufflons ein Reservat zum Überleben gefunden. Der weiße Gamsbock Zlatorog/Goldhorn (siehe T 56) und die rote Triglavrose (Dolomiten-Fingerkraut/Potentilla nitida) wurden als Symbole für den Triglav-Nationalpark ausgewählt, mit denen die Hinweisschilder seine äußeren Grenzen rundum kennzeichnen.

Informationsstellen des Triglav-Nationalparks befinden sich im Trenta-Museum im Ort Trenta (siehe R 16) und in den Touristikzentren der Randgebiete.

Bergsteigen in Slowenien

In Slowenien mit seinem starken Anteil an Gebirgen schlossen sich Bergsteiger bereits 1872 zu einer Vereinigung der "Freunde des Triglav/Triglavski prijatelji" zusammen. Aus diesem ging 1893 der Slowenische Alpenverein hervor. In den vielen Jahren, in denen Slowenien keine staatliche Selbständigkeit beschieden war, spielte dieser Verein eine so große Rolle im nationalen Gemeinschaftsleben, dass er zur zahlenmäßig stärksten Organisation des Landes wurde. Der Slowenische Alpenverein betreut heute ein ganzes Netz markierter Wege und allein innerhalb des Nationalparks 32 Schutzhütten.

Besondere Hinweise

Interessierten stehen auch etliche andere Slowenien-Reiseführer zur Verfügung. Der hier vorliegende Band bietet sich als Kombination zwischen Straßen- und Wanderführer an. Egal welche der Möglichkeiten man dann auswählt, die Geschichte durch Jahrhunderte wird stets Wegbegleiter sein, wobei die historische Schwerpunktbildung bei den Ereignissen der Jahre 1915-1918 liegt. Dieses Buch ist nicht auf den Ablauf der zwölf Isonzoschlachten (siehe Literaturverzeichnis) spezialisiert, es wurde unter dem Aspekt verfasst das Gesamtgeschehen darzustellen.

Die beschriebenen Routen geben jeweils die günstigsten Anfahrts- oder Durchfahrtsstrecken zu oder durch ein beschriebenes Gebiet an. Aus der Kombination einzelner Routen miteinander oder mit Touren ergeben sich Rundfahrten. [103] = Staatsstraße Nr. 103

Ausgangspunkte von Touren (T) oder anderen Routen (R) sind an den betreffenden Stellen mit der jeweiligen Leitzahl versehen, um das Auffinden - eventuell in Kombination mit dem Stichwortverzeichnis - zu erleichtern. Zwischen einzelnen Tourengruppen sind fallweise Nummerierungen für spätere Ergänzungen freigehalten.

Bedingt durch die wechselvolle Geschichte Sloweniens wurden je nach der betreffenden Epoche Bezeichnungen oft in drei Sprachen (D, I, SLO) für den gleichen Ort benützt, die auch bei den Überschriften der Touren und Routen des Führers Anwendung finden. Orts-, Berg- und Flurnamen können sich zwischen historischem Teil und Wegbeschreibungen unterscheiden. Im historischen Text wurde die Schreibweise des Ersten Weltkrieges belassen, um die Übereinstimmung mit dem Archivmaterial zu gewährleisten. Dagegen wurde im Textteil bei den Routen und Touren die derzeit gültige Nomenklatur verwendet.

Da Verkehrsbeschränkungen (vom zeitlich begrenzten bis zum generellen Fahrverbot) Änderungen unterworfen sein können, wird empfohlen, sich vor Antritt einer Fahrt insbesonders auf Alm-, Forst- und Güterwegen über die jeweils gültige Regelung zu erkundigen.

Landkarten: Die zu empfehlenden **aktuellen** Karten sind bei den Touren und Routen mit ihrer jeweiligen Kennziffer angeführt, z.B. **Karten**: Ka 2, 4, 7

Die **historischen** Karten mit der Kennung = Kh sind der jeweiligen Textstelle zugeordnet.

Dem Kartenverzeichnis im Anhang sind alle verwendeten Karten zu entnehmen.

Angaben "rechts" und "links" bei Routen oder Touren beziehen sich bei Abzweigungen auf die geschilderte Fahrt- oder Gehrichtung, bei fließenden Gewässern im orographischen Sinne (Strömungsrichtung). Bei den Touren sind die reinen Gehzeiten angegeben, der Zeitbedarf, auch für empfohlene Besichtigungen, ist nicht berücksichtigt. Nähere Details von R oder T sind bei diesen unter "Bes. Hinweisen" zu entnehmen, die auch auf jene Punkte aufmerksam machen, bei denen Gefahrenmomente zu gewärtigen sind.

Grundregel bei der Benützung alter Frontwege ist, dass die sonst übliche Verhaltensweise im alpinen Gelände hier noch in wesentlich vermehrtem Ausmaß zu gelten hat. Man muss bei der Wegbeurteilung auch davon ausgehen, dass viele der Steige seit über 80 Jahren nicht mehr instand gesetzt wurden. Man sollte sich auch nicht durch den Beginn scheinbar guter Frontwege, die von markierten Wegen abzweigen, täuschen lassen, denn diese enden häufig plötzlich. Sie wurden nicht für Touristen sondern seinerzeit nach dem Bedarf der Fronttruppe gebaut.

Es muss auch besonders darauf hingewiesen werden, dass in Kavernen oder Stollenanlagen größte Vorsicht geboten ist. Zum Betreten unterirdischer Anlagen ist die Mitnahme einer starken Taschenlampe (besser 2) dringendst anzuraten, damit Gefahrenquellen rechtzeitig erkannt werden. Eine Kopfbedeckung oder ein Steinschlaghelm schützt vor unliebsamen Kontakten. Dieselbe Verhaltensweise gilt auch, wenn ehemalige Festungsanlagen betreten werden.

Die Soldatenfriedhöfe in Slowenien stehen unter dem Kulturgüterschutz nach der Haager Konvention, sie sind einheitlich gekennzeichnet.

In diesen Gebieten hat der Stellungskrieg über zwei Jahre gedauert, auch heute noch sind im freien Gelände oder in Stellungsbereichen oft Blindgänger und Munition zu finden. Der wichtigste Grundsatz ist: "Nichts berühren, den Fund liegen lassen und sofort melden!". Es haben sich bis in die Gegenwart durch Hantieren mit derartigen Relikten des Krieges schwerste und auch tödliche Unfälle ereignet.

Nemci, siehe R 14

Bahnverladung durch den Wocheiner Tunnel

Die Bohinjske Gore/Wocheiner Berge trennen das Savetal und somit den Bleder See und den Wocheiner See vom Bača-Tal und in weiterer Folge vom Soča/Isonzo-Tal oder Idrijca-Tal. Landschaftlich besonders schöne Gebiete und historisch interessante Punkte sind für Kraftfahrer somit nur über weite Umwege erreichbar.

Die Slowenischen Staatsbahnen bieten nun als Lückenschluss eine Bahnverladung von der Station Bohinjsko Bistrica R 17 durch den Wocheiner Tunnel (6.339 m) nach Podbrdo R 8 und weiter bis nach Most na Soči, R 8, 9, 10 an.

Der Autoreisezug verlässt Podbrdo, um gleich den Wocheiner Tunnel zu erreichen, dessen Portal auf dieser Seite noch die klassische Ursprungsform aufweist

ROUTEN

ROUTE 1

Tarvisio/Tarvis - Cave del Predil/Raibl - Predel/Passo del Predil/Predilpass - Bovec/Flitsch/Plezzo - Kobarid/Karfreit/Caporetto - Tolmin/Tolmein/Tolmino

Karten: Ka 1, 3, 4, 9

Zufahrt in Tarvisio, Variante 1

Man biegt in Tarvisio Richtung Pontebba durchfahrend am besten erst nach dem früheren Bahndurchlass nach links ab. Nun auf der SS 54 am Tarviser Markt mit seinen vielen Marktständen vorbei und über eine Brücke weiter.

Zufahrt in Tarvisio, Variante 2

Möchte man von Österreich kommend den stark frequentierten Tarviser Markt meiden, fährt man noch ein kurzes Stück weiter bis nach dem ehemaligen Bahnhof „Tarvisio Centrale" und zweigt dort rechts (Hinweisschild) auf eine schmälere Straße ab; Vorsicht auf Gegenverkehr! Nun unter einer Bahnunterführung hindurch, stets weiter abwärts fahrend nach Tarvisio hinab. Die Straße mündet dann in eine Hauptstraße ein, hier rechts abbiegen und auf dieser ein kurzes Stück weiter, bis man eine Kreuzung erreicht (Hinweistafel). Hier nach links abbiegen und über eine Brücke [SS 54].

Der ab 1915 wegen der Frontnähe wichtige Bahnhof; links k.k. Staatsbahn E-h2c Verbundlok; heute ist dieser Streckenteil samt Bahnhof stillgelegt und durch die Pontebbana auf der anderen Talseite mit dem neuen Bahnhof Bosco verde ersetzt.

Weiterfahrt nach Cave del Predil/Raibl

Nach der Brücke ansteigend weiter, bis man nach 1,5 km eine Abzweigung erreicht (R 16). Hier hält man sich rechts und fährt entlang der wilden Schlitza/Torrente Slizza durch das schöne, aber kaum bewohnte **Kaltwassertal/Valle di Rio Freddo** bis zur gleichnamigen Ortschaft (817 m), 4 km; hier befand sich einst eine Bleischmelze, die vielen Einwohnern die Existenz sicherte.

Nach einer Steilstufe fast eben am Talgrund weiter bis zum alten Bergwerksort **Cave del Predil/Raibl** (900 m) 4,2 km. Der frühere deutsche Name des Ortes leitete sich von der alteingesessenen Familie Rabl ab, die bereits im 14. Jahrhundert urkundlich erwähnt wurde. Raibl mit seinen einst dreisprachigen Einwohnern (deutsch, italienisch, slowenisch) ist ein alter Bergwerksort, in dem die reichen Zinn- und Bleivorkommen des Monte Ré abgebaut wurden. Über 1000 Arbeiter waren im Bergwerk beschäftigt. 1914 betrug die Jahresproduktion 30.000 t.

Schon vor dem 1. Weltkrieg traf manch harter Schicksalsschlag die Bergleute und ihre Familien. Nach einer Sprengung im Innern des Bergwerks stürzte am 8.1.1910 ein nicht gepölzter Stollen unter dem Werksspital ein, das in einem Krater mit einem Ausmaß von 50 x 15 m verschwand. Der Werksarzt Dr. Josef Vesely, seine Frau und sein Sohn sowie vier weitere Personen kamen ums Leben. Nur ein Junge konnte sich durch einen Sprung aus dem Fenster retten. Eine Bergung der Verunglückten war unmöglich, da sich die Einsturzstelle sofort mit Wasser füllte. Ein noch erhalten gebliebenes Denkmal erinnert an diese Katastrophe. Rechts davon ein Portal mit der Inschrift „Franz Josef Erb-Stollen". Ebenfalls knapp hinter dem Denkmal der nun zugemauerte frühere Eingang zum „Clara-Stollen". Der schon von weitem sichtbare Förderturm trägt die Jahreszahl 1960. Nach dem Sinken der Rohstoffpreise auf dem Weltmarkt musste der Bergbau am 30.6.1991 eingestellt werden.

In den Jahren 1915-1917 war Raibl Sitz eines Kommandos, zu dem auch Dr. Julius Kugy als Alpinreferent des gesamten Abschnitts gehörte. Ferner befanden sich hier zahlreiche Versorgungseinrichtungen, da ein großer Teil des Nachschubes zwischen Wischberg und Rombon über diese Route geleitet wurde.

Die Raibler Stollenbahn

Ein besonderes Kuriosum in der militärischen Transportgeschichte stellte die Lösung der Nachschubfrage zwischen Raibl und dem Koritnicatal dar. Die schweren ital. Geschütze unterbanden immer nachhaltiger den österr. Nachschub über den Predilpass in Richtung Flitsch. Das österr. Kommando griff nun auf die ausgedehnten Stollenanlagen des Bergwerkes zurück. Man nützte den seit 1904 zwischen Raibl und Unterbreth/Log pod Mangartom unter dem Predil hindurchführenden 4800 m langen Entwässerungsstollen des Bergwerkes und verwendete die elektrische Stollenbahn nun für militärische Zwecke. Ihre Kapazität betrug pro Tag bis zu 600 Personen und 179 t Material; Fahrzeit ca. 22 min; (siehe auch R 1a).

Um eine raschere Zugfolge zu erreichen, wendeten viele Züge der Stollenbahn bereits unter Tag; sitzende Kranke oder Verwundete wurden mit dem Förderkorb auf die Erdoberfläche gebracht

Omnibus als improvisierter Sanitäts-Krankenwagen, man beachte die Hartgummi-Bereifung!

Das Bahnprojekt Tarvis - Raibl

Wie die meisten Gebirgsstraßen nach der Jahrhundertwende war dann ab 1915 auch die von Tarvis nach Raibl führende dem kriegsbedingten hohen Verkehrsaufkommen nicht gewachsen. Laufende Nachschubschwierigkeiten führten zur Genehmigung des Bahnbaues zwischen Tarvis und Raibl. Diese sollte nicht in provisorischer Form, sondern als schmalspurige Feldeisenbahn mit einer Spurweite von 60 cm gebaut werden, denn man dachte an die touristische Erschließung in späteren Friedenszeiten. Die Strecke wäre insgesamt 10,3 km lang geworden mit 2 Betriebsausweichen; Dampfbetrieb war vorgesehen. Interessanterweise kamen beim Bau deutsche Truppen zum Einsatz, die 3. und 7. Eisenbahnkompanie. Es waren bereits die Streckenvermessungen komplett und ein Teil der Dammaufschüttungen vollendet, als wegen der durch den Vormarsch bedingten geänderten Frontlage im Herbst 1917 der Befehl zur Einstellung des Bauvorhabens erteilt wurde.

Bereits 1897 schwärmte Josef Katnig in der „Fremden-Zeitung": „Der Bergort Raibl liegt so ganz im Herzen von vielbesuchten und aussichtsreichen Bergen und ist schon seit vielen Jahren weit über die Grenzen unseres lieben Österreichs hinaus bekannt." Wenn man heute durch den etwas düster und desolat wirkenden Ort fährt, erscheint es fast unglaubhaft, dass einst bekannte Persönlichkeiten gerne und oft hier weilten. Auch König August von Sachsen kam des Öfteren hierher, er besaß große Jagdreviere bei der Königshütte im Seebachtal. Dr. Julius Kugy wählte Raibl als Ausgangspunkt für viele seiner Touren, die teilweise in seinen Büchern Erwähnung finden. Auch der Württemberger Dichter Rudolf Baumbach (R 16), der durch sein 1888 veröffentlichtes Gedicht über den schneeweißen Gamsbock „Zlatorog" mit seinen berühmten goldenen Krickeln über Slowenien hinaus große Bekanntheit erlangte, war hier häufig zu Gast. Zlatorog begegnen wir dann in seiner ursprünglichen Heimat auf Bogatin (T 56), auf dem Weg im Gebiet des Krn-Massivs.

Die gut ausgebaute Straße führt von Cave del Predil (900 m) zum **Raibler See/Lago di Predil** (Bar Chalet al Lago; zum Neveasattel geradeaus weiter). Am talseitigen Ende des Sees hält man sich links, übersetzt dessen Ausfluss und fährt sodann ansteigend in Richtung der Felsen weiter. Es folgen eine 180 m lange Felsgalerie und Serpentinen, die bis zur Höhe des Passes emporleiten. Rechts neben der Straße, nicht zu übersehen, die Ruine der **k.u.k. Batterie Predilsattel** (siehe hist. Teil F). Von hier bietet sich ein besonders schöner Blick über den Raibler See bis zum Neveasattel und die umliegenden Berge.

Kurz danach erreicht die Straße die italienisch-slowenische Grenze am **Predilpass/ Predel/Passo di Predil** (1156 m) 4,5 km. Außerdem betritt man in Slowenien gleich nach dem Grenzübergang den „**Triglav-Nationalpark**", man beachte die mehrsprachigen Hinweise zum Schutz von Natur und Umwelt; der Nationalpark endet bei Kluže/ Flitscher Klause; siehe auch Vorwort.

Nach der Grenze führt die Straße an den Hängen des Mangart abwärts, bis nach 1 km eine Ausweiche erreicht wird; beste Parkmöglichkeit, wenn man die ehem. ö.u. Pass-Sperre besichtigen möchte. Bald danach passiert man eine Engstelle (Vorsicht!) zwischen den Quadermauern der ehemaligen „k.u.k. Paßsperre Predil" (Näheres siehe hist. Teil F).

Während der napoleonischen Kriege fand der k.k. Hauptmann Hermann bei der Verteidigung des damaligen „Blockhauses" am 18.5.1809 samt seiner Besatzung den Tod. Kaiser Ferdinand I. widmete zum Gedenken an dieses Ereignis ein Denkmal: Ein sterbender Löwe symbolisiert den Kampf um die Sperre. Wie durch ein Wunder hat es alle Wirren und zwei Weltkriege nahezu unbeschädigt überstanden. Ein gleiches Denkmal befindet sich auch beim Fort Hensel nahe Malborghet.

Die Anlage wurde 1848-1850 erbaut und 1898 wegen Überalterung aus dem aktiven Stand ausgeschieden. Sie diente dann nur mehr untergeordneten Zwecken. Nach dem Ersten Weltkrieg setzte durch die Einflüsse der Witterung der Verfall ein.

Von der Straße führt ein Weg über zahlreiche Holzstufen hinauf zum Hauptgebäude, das trotz seines zunächst ruinenhaften Eindrucks einen guten Einblick auf die Festungsbauweise dieser Bauperiode bietet.

Ein kürzeres Straßenstück talwärts fahrend erreicht man die Abzweigung der Mangart-Straße. Zur Zeit der Donaumonarchie gehörte der Mangart zum Herzogtum Krain, nach 1918 verlief über ihn die Staatsgrenze zwischen den Königreichen Italien und Jugoslawien. Besonders das faschistische Italien war dann bestrebt seine Landesgrenzen gegen Jugoslawien und Österreich durch Befestigungsbauten militärisch abzusichern. Diese ehemalige italienische Militärstraße ist mautpflichtig, schmale Fahrbahn, mehrere Tunnels, höchste Gebirgsstraße Sloweniens, Länge 12 km; Schutzhaus Mangartska Koča (1906 m). Höchster Punkt der Straße im Mangart-Sattel heute an der italienisch-slowenischen Grenze (2094 m); hervorragende Aussicht.

Dann weiter vorbei an den wenigen Häusern von **Strmec na Predelu/Oberbreth** (962 m). Mit diesem Ort ist ein tragisches Kapitel des Zweiten Weltkrieges verknüpft. Partisanen hatten bei einem Überfall mehrere deutsche Wehrmachtsangehörige getötet. Als Repressalie wurden im Oktober 1943 alle 18 Männer des Ortes standrechtlich erschossen. Zurück blieben lediglich Kinder und Frauen, diese trugen dann als Witwen nur schwarze Kopftücher, daher der Name „Das Dorf der schwarzen Tücher".

Nach einer scharfen Kurve mit stärkerem Gefälle hinab bis zum Talgrund der Koritnica. Die Ortschaften Mittel- und Unterbreth bilden jetzt eine Gemeinde als **Log pod Mangartom** (651 m), 7 km; zur Raibler Stollenbahn (R 1a).

K.u.k. Depot Predil, 1916 (BU)

Hermann-Denkmal (KS)

Am talseitigen Ende der Ortschaft befindet sich rechts der Straße der Zugang zum zivilen Friedhof, durch diesen hindurch zum großen ö.u. Soldatenfriedhof. In diesem zentral gelegen ein heute noch sehr bekanntes Denkmal, geschaffen 1917 vom tschechischen Künstler Ladislaus Kofranek. Es zeigt symbolhaft die Figuren eines Gebirgsschützen und eines Bosniaken, die beide zum Rombon hinaufblicken, auf dem die meisten der 856 hier zur letzten Ruhe bestatteten Soldaten gefallen sind. Es sind auch alle jene Truppen angeführt, die dort im Einsatz standen.

(DG)

Etwa 2,4 km unterhalb von Log pod Mangartom zweigt re. die Forststraße (T 1) in das Možnica-Tal ab. Hier befindet sich auch das bereits 1898 durch die Bergwerksgesellschaft errichtete Elektrizitätswerk an der Predelica, die hier in die Koritnica einmündet. Dieses E-Werk leistete 100 Kilowatt und gab eine Spannung von 190 Volt ab. Der Strom wurde bereits beim Bau des Entwässerungsstollens verwendet (R 1a). Bereits 1911 modernisiert, leisteten zwei Turbinen dann 450 kW. Der hier erzeugte Strom wurde 1915-1917 für die Raibler Stollenbahn und auch für den Betrieb der k.u.k. Kriegsseilbahn verwendet. Diese besorgte von Pustina aus über die Alm Na Robu den Großteil des Nachschubes für den besonders schwer umkämpften Rombon-Abschnitt (hist. Teil A).

Durch das einsame und unberührte schöne alpine Koritnica-Tal [203] weiter bis zur Felsenenge der **Kluže/Flitscher Klause**; vor der Brücke nach li. Abzwg. in das Bavšica-Tal (T 2). Linker Hand der Straße befindet sich die k.u.k. Straßensperre „Flitscher Klause" (Näheres siehe im hist. Teil F).

Anstelle der „Veste an der Flitscher Klause", die 1796 in französische Hände geraten und danach zerstört worden war, erfolgte der Bau der 1881 fertiggestellten Straßensperre „Flitscher Klause". Diese wurde dann durch das in den Jahren 1898-1900 oberhalb erbaute Werk „Fort Hermann" wesentlich verstärkt. Die „Flitscher Klause" befindet sich heute in einem sehr guten Bauzustand, da immer wieder vor allem lokale Initiativen Erhaltungsarbeiten durchführen. Falls geöffnet, kann eine Besichtigung empfohlen werden, da die Sperre ein Musterbeispiel für die Bauweise derartiger Anlagen vor der Jahrhundertwende ist.

Die Straße übersetzt hier im Bereich der Befestigungsanlage mit einer 61 m hohen Steinbrücke die Koritnica, die 500 m lange, tiefste Schlucht Sloweniens; von der Brücke eindrucksvoller Tiefblick. In der letzten Phase des Zweiten Weltkrieges wurde die Brücke durch die Deutsche Wehrmacht bei ihrem Rückzug in Richtung Predilpass durch Sprengung zur Gänze zerstört. Der Wiederaufbau erfolgte unter alliierter Verwaltung in den Jahren 1945-1947. Im Zuge der gleichzeitig durchgeführten Straßenverbreiterung wurde an dieser Stelle die Festungsmauer mit dem dazugehörigen Eingangstor, das einst den Zugang in das Innere der Befestigungsanlage sicherte, abgetragen.

Unmittelbar bei der Straßensperre zweigt (re.) die Armierungsstraße zum k.u.k. Fort Hermann, auch „Obere Festung" genannt, ab (T 3). Im Felsgelände sieht man auch die Eisenklammern des versicherten Klettersteiges, der als Abkürzung der Werkstraße zum k.u.k. Werk Hermann die etwa 110 m hohe Felswand hinaufführte (Benützung nicht mehr ratsam!).

K.u.k. Straßensperre Flitscher Klause, 1916, das nach dem Ende des Zweiten Weltkrieges abgetragene Eingangstor ist hier deutlich zu erkennen

Ein Stück entlang der Felswand, an der sich noch Telefonisolatoren aus dem Weltkrieg befinden, abwärts, dann gelangt man in das sich nun öffnende Talbecken von Bovec (T 4). Es folgt links die Abzweigung [206] zum Vršič-Pass (siehe R 16) und zum nahen großen ö.u. Soldatenfriedhof; linkerhand der Straße ein Obelisk mit der Inschrift „Für die gefallenen Helden des Flitscher Beckens". Unsere Straße führt nun leicht ansteigend bis zu einer weiten Wiesenfläche; (li.) Hinweisschild: „Freilichtmuseum Vordere Isonzo-Stellung" (kleine Bar; näheres siehe T 5). Hier passiert man die ehemalige vorderste ö.u. Frontlinie, die vom Rombon herabkommend zum Ravelnik verlief.

Anschließend fast eben weiter nach **Bovec/Flitsch/Plezzo** (460 m) 10,8 km. Flitsch ist seit der Hallstattzeit besiedelt; eine Römerstraße führte von hier weiter bis Noricum, später gehörte Flitsch zum Patriarchat von Aquileia, dann regierten die Görzer Grafen; der Ort wurde 1955 zur Stadt erhoben; archäologisches und ethnologisches Museum.

Bei Kriegsbeginn von den Österreichern geräumt, wurde Flitsch anschließend kampflos durch ital. Truppen besetzt, befand sich dann über zwei Jahre knapp hinter der vordersten italienischen Linie und wurde durch österreichisches Artilleriefeuer schwer beschädigt. Besonders bekannt wurde der Ort im Zuge der 12. Isonzoschlacht im Herbst 1917 durch den „Durchbruch von Flitsch und Tolmein", der unter dieser Bezeichnung in Berichten der Medien und der historischen Literatur Eingang fand (siehe hist. Teil E).

Wanderungen von Bovec zu historischen Punkten der Jahre 1915/1917: T 7, T 8, T 9, T 10, T 11, T 12, zur Kaninseilbahn siehe T 14.

Heute noch sind die Initialen „FJI" für Kaiser Franz Josef I. auf der Böschung sichtbar

Von Bovec im Tal der Soča [203] weiter abwärts bis zur „Most Boka", einer langen Betonbrücke, Parkplatz; hier beginnt die Wanderung zu dem schon von weitem sichtbaren Slap Boka/Boka-Wasserfall (T 13). Zurückgehende ital. Truppen hatten am 24.10.1917 die Brücke unterhalb des Boka-Wasserfalles gesprengt. Da das Bachbett infolge sehr starken Hochwassers nicht überquert werden konnte, mussten Pioniere des Kaiserschützenregiments I erst einen behelfsmäßigen Steg errichten, indem sie Bretter auf Steine legten, die gerade noch aus dem reißenden Wasser ragten. Erst in den Morgenstunden des Folgetages konnte die Angriffsspitze, das 2. Baon des k.k. Kaiserschützenregiments I den Wildbach überschreiten.

In Richtung Žaga verengt sich das bisher breite Talbecken und bildet eine natürliche Sperre. Hier leisteten Alpini der 4. Kompanie des Baons Ceva erbitterten Widerstand gegen das vordringende k.k. 26. Schützenregiment aus Marburg/Maribor. Von den insgesamt 230 Alpini gerieten nur 20 Überlebende in Gefangenschaft, die anderen waren gefallen.

Dann folgt **Žaga/Saga** (352 m) 7,5 km ab Bovec; nach Uccea [401] R 2, 2a. In Saga befand sich die dritte, stark ausgebaute ital. Verteidigungslinie, hier lag auch das für den Rombon-Abschnitt zuständige Abschnittskommando.

Bei der Weiterfahrt in dem nun wieder breiteren Tal der Soča kommt man nach **Srpenica** (366 m); hier hatte das 50. ital. Divisionskommando unter General Arrighi seinen Standort. Nur 3,5 km nach Srpenica ereignete sich 1914 ein besonders tragischer Vorfall: Aufgrund der angespannten Lage und des bereits bestehenden Kriegszustandes im Sommer 1914 war eine strenge Überwachung des Grenzraumes befohlen worden, zu der Gendarmen und Landsturmmänner herangezogen wurden. Die Gräfin Lucy Christalnigg, geb. 24.7.1872, engagierte Mitarbeiterin des Roten Kreuzes, wollte ein Sanitätsauto über den Predil nach Görz bringen. Ihre Fahrt wurde bei allen Grenzposten telefonisch angemeldet. Nur der Posten in Srpenica erhielt die Meldung nicht, da er sich auf Patrouillengang befand. Als sich ihm das Auto um Mitternacht näherte und auf Zuruf nicht stehen blieb, gab er befehlsgemäß einen gezielten Schuss ab. Dieser traf die Frau in den Kopf und tötete sie sofort. Das steinerne Gedenkkreuz mit dem Todesdatum 10.8.1914 hat alle Wirren beider Weltkriege überstanden. (Achtung! Direkt beim Kreuz kaum Parkmöglichkeit!)

Von hier und auch bei der Weiterfahrt wird links jenseits der Soča ein kühn trassierter ehemaliger italienischer Kriegs-Saumweg (nicht mehr benützbar!) am Steilhang des Polovnik sichtbar.

In dem nun wieder enger werdenden Tal über Trnovo ob Soči (320 m) nach dem urkundlich erstmalig 1181 erwähnten **Kobarid/Karfreit/Caporetto** (234 m) 13 km. Die Gegend war hier schon in der Hallstattzeit besiedelt. Die Römer erbauten einen Stützpunkt zum Schutz ihrer wichtigen Heerstraße von Aquileia nach Noricum, später zogen plündernde türkische Heerscharen durch den Ort, die österreichisch-venezianischen Auseinandersetzungen unterbrachen längere Zeit die friedliche Weiterentwicklung. Es folgten napoleonische Truppen (siehe auch hist.Teil F), sie bezogen hier Quartier und requirierten ihren Lebensbedarf für Menschen und Pferde. Bonapartes Soldaten sind längst verschwunden, aber beim Blättern im Totenbuch der Pfarre berichten die vielen französischen Namen von Leid und Bedrängnis einer unruhigen Zeit.

Der Marktflecken war aber auch ein Kreuzungspunkt des friedlichen Handelsverkehrs von Friaul durch das Obere Isonzotal nach Kärnten.

Im Ersten Weltkrieg lag das von den ö.u. Truppen bei Kriegsausbruch geräumte Karfreit nicht im Ertragsbereich der österreichischen Artillerie. Daher quartierten sich die hohen italienischen Stäbe für die Obere Isonzofront hier ein. In einem der hiesigen Häuser wohnte auch der später weltberühmt gewordene Schriftsteller Ernest Hemingway, damals als amerikanischer Rotkreuz-Sanitäter. Seine Erlebnisse aus dieser Zeit hat er in seinem Buch „In einem anderen Land" beschrieben. Den Nachschub aus dem Hinterland brachte die von italienischen Pionieren von Cividale durch das Natisone-Tal erbaute Schmalspurbahn bis nach Sužid (siehe R 4).

Im Zweiten Weltkrieg von 1943-1945 hatte das so genannte befreite Territorium der „Kobarider Republik" im Ort seinen Sitz.

Kobarid wurde bei dem Erdbeben des Jahres 1976 schwer beschädigt. Der Wiederaufbau erfolgte in so gelungener Weise, dass das Ortsbild kaum eine Beeinträchtigung erfuhr. Heute bietet der Ort vom einfachen guten Gasthaus bis zum renommierten Hotel eine allen Ansprüchen genügende Gastronomie.

In einem alten Palazzo (Mašera-Haus) direkt im Ortszentrum befindet sich das 1990 eröffnete und mit dem Valvasorpreis 1992 und dem Europapreis 1993 ausgezeichnete „KOBARIŠKI MUZEJ", das beginnend mit früherer Geschichte dann eingehend in sehr objektiver und anschaulicher Form die Ereignisse an der Isonzofront 1915-1917 anhand zahlreicher Exponate, Dokumente und Fotos präsentiert. Ein besonders wertvolles Exponat stellt das Originaltagebuch des k.u.k. Generals der Infanterie Alfred Krauß dar, der durch seinen berühmt gewordenen Talstoß im Zuge der 12. Isonzoschlacht maßgeblich den Durchbruch in die italienische Tiefebene bewirkte (siehe hist. Teil F).

Abschließend wird noch das Geschehen jüngerer Zeit bis nach dem Zweiten Weltkrieg gezeigt. Uniformen und Ausrüstung italienischer, faschistischer, deutscher sowie anglo-amerikanischer und jugoslawischer Herkunft dokumentieren ergänzend eine ganze Epoche.

Der Besuch des mit viel Idealismus und Sachkenntnis geschaffenen Museums kann wärmstens empfohlen werden. Alle Legenden sind 4-sprachig (D, I, GB, SLO), Multivision, Relief des Krn-Gebirges, Rekonstruktion einer Baracke in einer Kaverne; Besuchsdauer mit Führung 2 Std; fremdsprachige Führer können bei kurzfristiger Voranmeldung zur Verfügung gestellt werden.

Adresse und Informationen: SLO-65222 Kobarid, Gregorčičeva 10

Routen und Touren ab Kobarid:

R 3	zum ital. Ossarium Sveti Anton
R 4	über Sužid und Natisone-Tal nach Cividale
R 5	über die Napoleon-Brücke nach Drežnica (Museum, weiter in das Krn Gebiet)
R 6	über die Napoleon-Brücke und das linke Soča-Ufer nach Tolmin
R 7	über Idrsko - Livek - Avsa zum Matajur
R 7a	(Kobarid - Idrsko) - Livek - Livške Ravne - Kuk - Sedlo Solarji - (Pl. Kovačiča-Volče)
T 20	Historischer Lehrpfad, urgeschichtliche und römische Siedlung auf dem Gradič - Italienisches Ossarium - Urgeschichtliche Befestigung Tornocov grad - Italienische Verteidigungsstellung - Isonzo-Schlucht - Kozjak-Wasserfälle - Italienische Verteidigungsstellung - Napoleon-Brücke.
T 21	über die Napoleon-Brücke zur III. ital. Linie - Kozjak slap/Wasserfall

Von Kobarid auf der [203] nach **Idrsko** (210 m) 2 km. Italienische Soldaten erbauten gleich nach der Besetzung des Gebietes 1915 eine große hölzerne Kriegsbrücke von

Idrsko hinüber zum linksseitigen Ufer des Isonzo (R 6), die sie bei ihrem Rückzug im Zuge der 12. Isonzoschlacht sprengten.

Unterhalb der Abhänge des Kuk und des Kolovrat stets dem Lauf der Soča folgend führt unsere Straße bis zu einer Straßengabelung (re. Umfahrung von Tolmein, direkt nach Gorica, siehe R 1b). Sich bei dieser Abzwg. links haltend, dann über die Soča auf deren linkes Ufer und hinein nach **Tolmin/Tolmein/Tolmino** (201 m) 14,8 km; größter Ort und Verwaltungszentrum für das ganze Obere Soča-Tal; Tolmein war bereits in der ö.u. Monarchie Bezirkshauptmannschaft; archäologisch-ethnologisches Museum. Illyrische Funde beweisen eine Besiedlung ab dem 9. Jhdt. v. Chr; im 6. Jhdt. wandern Slawen in diesen Raum ein; im 8. Jhdt. wird Tolmein Markgrafschaft, die erste urkundliche Erwähnung ist 1065 zu verzeichnen.

Im Ersten Weltkrieg lag Tolmein von 1915 bis zur 12. Isonzoschlacht im Spätherbst 1917 im vordersten ö.u. Frontbereich, gleich angrenzend an den Tolmeiner Brückenkopf auf der Mengore (siehe T 34); es entstanden schwere Zerstörungen im Ort und in der gesamten näheren und weiteren Umgebung.

Routen und Touren ab Tolmin:

R 8	nach Podbrdo über Kneža - Grahovo
R 8a	Tolmin - Poljubinj - Podmelec - Kneža
R 9	Tolmin - Most na Soči - Kosaršče - Kanal - Solkan - Nova Gorica
R 10	Tolmin - Most na Soči - Trebuša - Idrija - Ajdovščina - Nova Gorica
R 11	Tolmin - Tolminka-Tal - Abzwg. Kirche Javorca - Polog
R 12	Tolmin - Ljubinj - Pl. Stador - Pl. Lom
R 13	Tolmin - Žabče - Tolminske Ravne
R 14	Tolmin - Most na Soči - Čepovan - Kanal
T 30	zum Deutschen Ehrenmal in Tolmein
T 31	zum ö.u. Soldatenfriedhof Tolmein in Loče
T 32	zum Tolmeiner Schlossberg
T 34	Mengore/Tolmeiner Brückenkopf
T 35	Tolmin - Pl. Pretovč - Batognica - Krn
T 36	(Tolmin) - Tolminka-Tal - Javorca - Pl. Pretovč

Hauptplatz Tolmein, 1915

ROUTE 1a

Zur ehemaligen Raibler Stollenbahn

Zufahrt: R 1

Bes. Hinweis: kurze Zufahrtstrecke über Naturfahrbahn. In Log pod Mangartom gleich nach dem Ortsende in Richtung Bovec ist rechts ein Grubenhunt als Denkmal aufgestellt.

Karten: Ka 1, 3, 4, 9

Hier biegt man von der Hauptstraße nach rechts auf einen schmäleren, mit Pkw-befahrbaren Güterweg ab, hält sich ein kurzes Stück stets links, bis man nahe einem Haus eine größere planierte Fläche erreicht, die vom Ausbruchmaterial des Stollenbaues herstammt (am Rande befindet sich ein Partisanen-Denkmal aus dem 2. Weltkrieg). Hier war 1915-1917 der Umschlagplatz von der elektrischen Stollenbahn zum Weitertransport auf der Straße oder mit Seilbahn; zahlreiche niedrige Beton- und Steinsockel diverser Bauten, ein flaches Wasserauffangbecken. Am bergseitigen Rand dieser ebenen Fläche befindet sich der Ausgang des 1904 erbauten 4.800 m langen Entwässerungsstollens des Raibler Bergwerks. Der Bau war notwendig geworden, da die 13. Grubenebene 240 m unter dem Eingang in den „Franz Josef Erb-Stollen" in Raibl lag (R 1) und für die starke Wasserführung ein entsprechend leistungsfähiger Abfluss geschaffen werden musste. Einst befand sich auf dem heute noch relativ gut erhaltenen Portal die Inschrift „Kaiser Franz Josef I - Hilfsstollen". Aus dem Portal führen noch die Gleise der Stollenbahn heraus, sie enden nach einer alten Original-Handweiche. Die Gleise wurden bereits beim Bau des Stollens verlegt, um das Ausbruchmaterial abzubefördern. Achtung: Vorsicht bes. mit Kindern! Gleich beim Portal tritt das Wasser aus dem Entwässerungsstollen als starker Bach ins Freie. Die Holzabdeckung ist öfters verschoben oder es fehlen auch Bretter.

Der Eiserne Vorhang unter Tag

Nach dem Ende des Zweiten Weltkrieges riegelte das Jugoslawien Marschall Titos seine Grenzen gegen den Westen hermetisch ab, auch tief im Berginneren. Wo die Stollenbahn die Grenze passierte, standen Posten der jugoslawischen Volkspolizei und Carabinieri, die hier die Züge kontrollierten, mit denen die slowenischen Bergarbeiter zu ihrer Schicht fuhren. Erst 1969 wurde der grenzüberschreitende Verkehr der Stollenbahn eingestellt. Seitdem fuhren die Arbeiter mit dem Bus zur Arbeit nach Raibl/Cave del Predil, bis der Grubenbetrieb am 30.6.1991 endgültig stillgelegt wurde.

Gleich rechts neben dem Portal befindet sich eine kleine Wachhütte, die einst einem Posten der jugoslawischen Volksarmee als Witterungsschutz diente (Näheres siehe auch bei Raibl/Bergwerk, R 1).

Portal der Stollenbahn 1916;
Hinweisschilder besagen (von
li. n. re.): Durchgang ohne
Licht verboten! / Achtung
Hochspannung!
Berühren der Drähte ist
lebensgefährlich! / Rauchen
verboten

Das Portal, Herbst 2000

Das Gebäude im Hintergrund trägt als besondere historische Rarität die Aufschrift „**Bahnhof Breth**"; die Mannschaftstransportwagen sind zum Schutz vor der elektrischen Oberleitung mit Dächern versehen.

Breth, die Gostilna „Mangart", k.u.k. Inf. Brig. San. Anst. 5

Vom Stollenportal kann man noch auf den Spuren eines Saumweges ein ganz kurzes Stück weitergehend die Eingänge zu zwei größeren Kavernen erreichen; diese wurden vermutlich für den Fall italienischer Beschießungen von den Österreichern erbaut; im Inneren der Anlage ist der Boden bei feuchter Witterung meist mit Wasser bedeckt.

ROUTE 1b

Volčansko polje / zum Woltschacher Feld (Umfahrung von Tolmein)

Karten: Ka 1, 4

Wenn man **nicht** nach Tolmin/Tolmein weiterfahren möchte, sondern gleich durch das Isonzotal in Richtung Görz, hält man sich bei der Abzwg. rechts [103].

St. Daniel mit Isonzo vom ö.u. Brückenkopf aus gesehen, 1917, deutlich sichtbar bei der Kirche die halbkreisförmigen italienischen Stellungen, die bis zum rechtsseitigen Isonzoufer verlaufen

Nach einer kurzen Fahrtstrecke kommt li. eine Abzwg. (Hinweisschild). Von hier kann man rasch zu der 1505 erbauten Kirche des Hl. Daniel gelangen. Besonders die Gestaltung des Kircheninneren ist ein kunsthistorisches Juwel der Görzervenezianischen Schule, ein für die Krain typisches Muster gotischer Architektur. Im Ersten Weltkrieg lag die Kirche im vordersten Frontbereich, wurde schwer beschädigt und später wieder renoviert.

Bleibt man jedoch weiter auf der [103], ist bald die größere Ortschaft **Volče/ Woltschach/ Volzana** (193 m), 16 km, erreicht. Im oberen Dorfteil steht etwas überhöht die Kirche des Hl. Lenhart, die bereits in den ersten Kriegswochen durch die ö.u. Artillerie schwer beschädigt wurde. Viele Häuser im Umkreis, aber auch in den kleinen Dörfern, gingen in Flammen auf oder wurden zerschossen. Das von den Einwohnern verlassene Woltschach lag dann hinter der vordersten ital. Linie.

Die Fahrtstrecke führt uns hier über das Woltschacher Feld des 1915-1917 schwer umkämpften, von den Soldaten beider Seiten gefürchteten „ö.u. Tolmeiner Brückenkopfes" (hist. Teil E, T 34). Nach Volče wird die kleine Ortschaft Ušnik erreicht, hier mündet man in die von Tolmein über Kozaršče herführende R 9 ein.

ROUTE 2

Žaga/Saga im Soča-Tal - Uccea

Hinfahrt: R 1

Bes. Hinweis: Landschaftlich schöner und noch weniger stark benützter Grenzübergang

Karten: Ka 1, 4, 11

Von **Žaga** (352 m) auf der [401] im kaum besiedelten Tal der Učja aufwärts. Nach 7 km knapp vor der Grenze zweigt links die ehem. ital. Kriegsstraße zum Stol ab, R 2a. Von dieser Abzweigung sind es nur mehr etwa 700 m bis zur italienisch-slowenischen Grenze (851 m); siehe bes. Hinweis. Nun auf italienischem Staatsgebiet [SS 646] entlang des Torrente **Uccea** abwärts zum gleichnamigen Ort (607 m), 6 km; (von hier über den Pso. di Tanamea nach Tarcento).

ROUTE 2a

Žaga - Učja-Tal - Hum - Pl. Božica - Stol

Hinfahrt: R 1, R 2

Bes. Hinweise: So wie der Matajur das Natisone-Tal sperrt, hat der Stol dieselbe strategische Bedeutung für das Isonzo-Tal. Dementsprechend stark wurde auch der Stol-Abschnitt als dritte italienische Linie befestigt. Eine besondere Schwerpunktbildung lag in der Massierung der zumeist kavernierten Batteriestellungen. Heute kommt man noch etwa ab dem Hum überall im Gelände an zahlreichen Kavernen, Spuren von militärischen Bauten und Resten von Stellungen vorbei.

Karten: Ka 1, 4

Zeitbedarf: von der Pl. Božica ¾ - 1 Std. zum Stol

Zur Geschichte

König Victor Emanuel und der Oberkommandierende General Graf Luigi Cadorna besichtigten gemeinsam diesen Frontbereich, als alle Anzeichen auf die Möglichkeit einer bevorstehenden Offensive am Oberen Isonzo durch die Mittelmächte hinwiesen. Nach diesem Frontbesuch gab Cadorna das dann berühmt gewordene Abendbulletin heraus: „Es ist nichts zu befürchten!". Einen Tag später war der Stol verloren; siehe auch hist. Teil E.

Am 25.10.1917 ging ein Bataillon des k.k. Kaiserschützenregiments Nr. I Trient befehlsgemäß über die extrem steilen Hänge gegen den Hum vor. Trotz schwerem gegnerischem Abwehrfeuer und tapferster italienischer Gegenwehr nahmen die Angreifer im Nahkampf schließlich den Hum ein. Die anderen Bataillone des KSchRgt.I griffen unterdessen den Abschnitt zwischen der Pl. Božica und der angrenzenden Einsattelung an. Sie drangen weiter gegen den Gipfelbereich vor, jedoch der Gipfel des Stol selbst konnte an diesem Tag nicht mehr eingenommen werden.

Als am 26.10. die Kaiserschützen gegen den Gipfel weiter vorgingen, fanden sie die Stellungen leer vor. Die italienischen Verteidiger hatten sich befehlsgemäß während der Nacht abgesetzt; siehe auch hist. Teil E.

Von **Žaga/Saga** (352 m) auf der [401] wie bei R 2 beschrieben im Učja-Tal aufwärts bis kurz vor den slowenisch-italienischen Grenzübergang **Učja** (851 m) 7,5 km.

Hier biegt links die Straße in Richtung Stol ab. Die ehem. italienische Kriegsstraße - heute wieder in relativ gutem Erhaltungszustand - führt in zahlreichen Serpentinen aufwärts, vorbei an einem Jagdhaus/Lov koča am Südhang des Hum (1110 m) und weiter bis zur **Pl. Božica** (1405 m); hier Fahrzeug abstellen.

Von dieser Alm zweigt ein Weg ab, über den man zu Fuß zum aussichtsreichen Gipfel des **Stol** (1668 m) gelangt, Stellungsreste.

ROUTE 3

Zum italienischen Gefallenen-Ehrenmal Sveti Anton

Karten: Ka 1, 6, 10

Gehzeit: ca. 20 - 30 min, Zufahrt auch mit Auto möglich, vor dem Ossarium großer Parkplatz

Vom Ortszentrum in Kobarid (234 m, Hinweisschild) gelangt man über eine asphaltierte aber schmale Straße, die als Kreuzweg mit 14 bronzenen Figuren des Bildhauers Giannino Castiglioni gestaltet wurde, hinauf zum Hügel des Sveti Anton (309 m).

Der Architekt Giovani Greppi wählte für das Ossarium die Form eines pyramidenförmigen Beinhauses mit achteckigem Grundriss, zu dem vom Vorplatz zahlreiche Treppen hinaufführen. Integriert in die Gesamtanlage wurde die am höchsten Punkt befindliche, aus dem Jahre 1696 stammende Kirche des Hl. Anton mit einem sehenswerten Fresko des letzten Gerichtes von Luka Sarf. Nach dreijähriger Bauzeit wurde das Ossarium durch Benito Mussolini 1938 eröffnet. Von den mehr als 100 hier ehemals bestehenden italienischen Soldatenfriedhöfen ließ man die sterblichen Überreste von 7014 namentlich bekannten und 2748 unbekannten italienischen Gefallenen hierher überführen. Das Ossarium genießt nun durch ein zwischenstaatliches Abkommen den Status eines exterritorialen Gebietes.

Von der Anhöhe bietet sich ein eindrucksvoller Ausblick auf das Soča-Tal und die gegenüberliegenden einst erbittert umkämpften Höhen.

ROUTE 4

Kobarid/Karfreit/Caporetto - Robič/Ròbiso - Stupizza - Ponte S. Quirino - Cividale (-Udine)

Hinfahrt: R 1

Karten: Ka 1, 4, 8

Die italienischen Truppen sahen sich hier mit ähnlichen Transportproblemen konfrontiert wie die ö.u.Verbände in den Dolomiten. Vom Endpunkt der Normalspurstrecke in Cividale konnte die Straße durch das Natisone-Tal das große militärische Verkehrsaufkommen nicht mehr bewältigen. Man entschloss sich deshalb zum Bau einer leistungsfähigen Schmalspurbahn. Bereits 1916 konnte auf der von italienischen Pionieren trassierten und erbauten Strecke der Betrieb aufgenommen werden.

Spurweite 76 cm; Streckenlänge 24,48 km; Beginn der Strecke: Stadtteil Barbetta in Cividale (ca. 1 km vom Staatsbahnhof); Endstation: Sužid, 3 km vor Kobarid; Betrieb mit Feldbahn-Dampflokomotiven.

Nach dem Rückzug der ital. Truppen im November 1917 führte die k.u.k. Heeresbahn Südwest den Betrieb bis zum Kriegsende 1918 (mit 2 Zugpaaren täglich), dann wieder die italienische Armee. Ab 1921 übernahm die Fa. Eredi Binetti aus Cividale die Bahn, die schließlich 1932 wegen der Buskonkurrenz den Betrieb einstellen musste. Heute sind nur mehr wenige Spuren dieser einst so wichtigen Strecke sichtbar (wie Tunnelportale am Fuße des Matajur).

Die Straße führt zunächst durch das noch etwas breitere Tal über Staro Selo/Sella di Caporetto und **Robič/Ròbiso**, 4 km, in dem sich nun verengenden Natisone-Tal zur slowenisch-italienischen Grenze (236 m) 4,8 km. Ab hier auf der SS 54 über **Stupizza** nach **Ponte S. Quirino** (175 m) 15 km; von hier Möglichkeit zum Besuch des Matajur (R 4a). Die Straße verläuft dann endgültig in der Tiefebene nach Cividale (135 m) 5 km; weiter nach Udine (110 m) 17 km.

Italienische Soldaten beim Bau des Bahnhofs Stupizza, 1916

14 Cividale—Sužid 14

	Gm 15 2.3.	Gm 25 2.3.	km	Stationen		Gm 10 2.3.	Gm 20 2.3.	
	1030	600	—	ab Cividale Schmalspurbahn	ar	1019	549	
	1054	624	4	S. Quirino	↑	959	529	
	1110	640	6	S. Pietro al' Natisone		945	515	
	1137	707	11	Brischis		912	442	
	1153	723	12	Pulfero		902	432	
	1215	745	15	Stupizza		835	405	
	1236	806	18	Polana		815	345	
	103	833	22	↓ Robić		747	317	
	113	846	25	an Sužid	ab	725	255	

K.u.k. Heeresbahn Südwest, Fahrplan Nr 14, gültig ab 15. Mai 1918

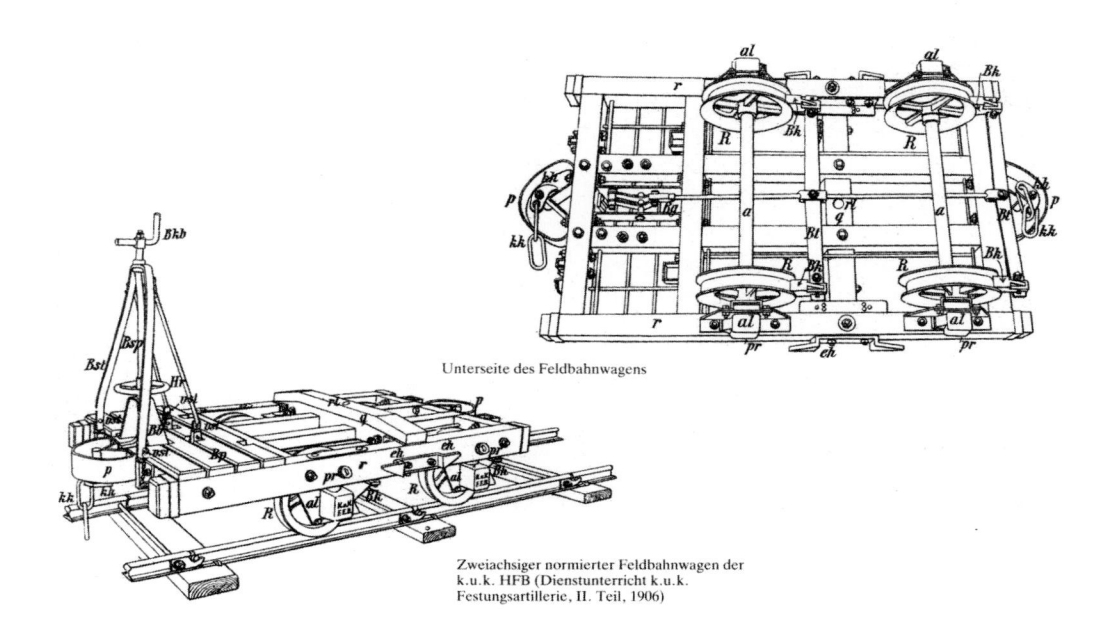

Unterseite des Feldbahnwagens

Zweiachsiger normierter Feldbahnwagen der k.u.k. HFB (Dienstunterricht k.u.k. Festungsartillerie, II. Teil, 1906)

ROUTE 4a

Ponte San Quirino im Natisone-Tal - Savogna - Rif. Pelizzo - M. Matajur

Hinfahrt: R 4

Besondere Hinweise: Es wäre zumindest dzt. noch zu berücksichtigen, dass über den Matajur die slowenisch-italienische Grenze verläuft, falls man die gesamte Marschroute von Rommel besichtigen will.

Gehzeit: Rif. Pelizzo - Matajur ¾ Std.

Karten: Ka 1, 4, 8

Weiterweg: R 7 oder zurück zum Rif. Pelizzo

Zur Geschichte

Die dritte ital. Linie auf dem langgezogenen Höhenrücken des Kolovrat mit seinen Gipfeln war festungsartig ausgebaut. Der Matajur nimmt im Verlaufe des Kolovrats eine sperrende Schlüsselfunktion über dem Natisone-Tal ein, das direkt in die oberitalienische Tiefebene weiterleitet.

Bekannt wurde der Matajur, als die Abteilung Oblt Rommel vom Württembergischen Gebirgsbataillon (WGB) am 25.10.1917 den schwer befestigten Berg in einem Handstreich eroberte; Näheres siehe R 7, hist.Teil E.

In **Ponte San Quirino** (175 m) biegt man von Kobarid kommend nach li. ab. Unsere Straße folgt nun dem Tal des Torrente Alberon aufwärts bis nach **Savogna**, 7,8 km, hier biegt man nach li. in Richtung Matajur ab. Bei der Weiterfahrt gewinnt die Straße mit vielen Serpentinen an Höhe und endet dann bei einem Parkplatz, 8,5 km, kurz unterhalb des **Rifugio Pelizzo** (1235 m), Sektion Cividale des CAI.

Vom Schutzhaus führt ein markierter Weg hinauf zum Gipfel des **Monte Matajur** (1641 m) mit der italienisch-slowenischen Grenze. Prachtvolles Panorama: vom M. Pelmo über den Antelao, Cristallo bis zu den Julischen Alpen mit Kanin, M. Forato, dem Krn, Jalovec und Triglav sowie Mangart, nach Osten sinken dann die Berge zu den Hochflächen von Bainsizza/Bajnšice und dem Ternovaner Wald/Trnovski Gozd ab; siehe auch hist. Teil E.

ROUTE 5

Kobarid/Karfreit/Caporetto - Napoleonov Most/Napoleonbrücke - Drežnica

Hinfahrt: R 1, R 4, R 6

Bes. Hinweis: landschaftlich sehr schöne Fahrt

Karten: Ka 1, 4, 6, 8, 10

Weiterweg: T 24, T 25

Von Kobarid (234 m) zunächst hinab zu der hier schluchtartig verlaufenden Soča, die man über die Napoleonov Most überquert (Näheres über die sehr wechselhafte Geschichte der Brücke durch Jahrhunderte, siehe R 6). Sofort nach der Brücke biegt man nach links ab (Hinweistafel).

Die Straße führt nun am Steilhang schließlich hoch über der Soča aufwärts, bis man eine weite Hochfläche erreicht und der hohe Kirchturm von Drežnica herübergrüßt. Dahinter erhebt sich das mächtige Felsmassiv des Krn/M. Nero (2244 m). Nun fast eben weiter entlang grüner Wiesenflächen bis nach **Drežnica** (540 m).

In dem Ort mit seinen sauberen Bauernhöfen sind bedingt durch die einstige Abgeschiedenheit althergebrachte Sitten und Bräuche erhalten geblieben. Heute bietet der gastfreundliche Ort seinen Gästen Ferienwohnungen, Zimmer und Campingmöglichkeiten. Die durch ihre Größe fast überdimensioniert erscheinende Pfarrkirche besitzt in der Apsis ein 1942 geschaffenes Gemälde, das „Herz Jesu" der bekannten slowenischen Künstler Avgust Černigoj und Zoran Mušič. Einst bestand ein Bestreben, die Kirche zu einer Wallfahrtskirche zu erheben, ein Vorhaben, das mit Ausbruch des Ersten Weltkrieges ein Ende fand.

Drežnica lag im Ersten Weltkrieg unmittelbar hinter den vordersten italienischen Linien am Krn/M. Nero. Die einheimische Bevölkerung teilte das Schicksal aller am Isonzo Wohnhaften, das Los als Flüchtlinge; der von den Einheimischen verlassene Ort wurde dann ital. Divisionskommando.

Zentral im Ort gelegen (Hinweisschild) befindet sich ein kleines, aber sehenswertes privates Museum. Der Initiator Mirko Kurinčič hat von seiner Jugend an Relikte der Jahre 1915-1917 in den Stellungen des erbittert umkämpften Krn/M. Nero gesammelt, die er mit viel Sachverstand und Einfühlungsvermögen in seinem Haus ausstellt.

SI-5222 Kobarid, Drežnica 22a; bei Besichtigung wird eine Spende zur Erhaltung des Museums empfohlen.

Drežnica bietet außerdem viele Wander- und Ausflugsmöglichkeiten, auch für Mountainbiker Touren in das ehem. Kampfgebiet 1915-1917 (siehe hist. Teil C).

ROUTE 6

Kobarid/Karfreit/Caporetto - Napoleonov Most/Napoleon-Brücke - Ladra - Kamno - Volarje - Gabrje - Dolje - Tolmin/Tolmein/Tolmino

Hinfahrt: R 1, R 4

Bes. Hinweis: Am linken Ufer der Soča nach Tolmein, landschaftlich schön und historisch interessant, aber stellenweise schmale Straße, Vorsicht bei Gegenverkehr.

Karten: Ka 1, 3, 4, 6

Weiterfahrt: R 1, R 7, R 8, R 8a, R 9, R 9a, R 10, R 11, R 12, R 13, R 14

Von **Kobarid** (234 m) hinab zu der hier schluchtartig verlaufenden Soča, die man an ihrer schmalsten Stelle auf der **Napoleonov Most** überquert; landschaftlich hervorragend schöner Punkt mit beeindruckendem Tiefblick, gleich nach der Brücke Parkmöglichkeiten (li. Abzwg. nach Drežnica, R 5, T 21).

Die Napoleonbrücke heute

Die wechselvolle Geschichte der Brücke geht bis in das Mittelalter zurück. Urkundlich wird erwähnt, dass die Venetianer hier 1616 eine Holzbrücke abrissen. 1759 wurde eine Steinbrücke erbaut, die mit einem Bogen die Schlucht überspannte. Ihr Name Napoleonsbrücke rührt daher, dass französische Truppen 1809 auch über diese Brücke weiter in Richtung Predilpass marschierten, um den ein erbitterter Kampf entbrannte (siehe R 1 und historischen Teil F).

Einen Tag nach Kriegsausbruch 1915 sprengten ö.u. Truppen bei der planmäßigen Räumung des Isonzotales auch diese nun 156 Jahre alte Brücke. Italienische Pioniere ersetzten sie zunächst durch eine hölzerne Behelfsbrücke, später durch eine eiserne Kriegsbrücke, da über diese der kürzeste Nachschubweg vom Natisone-Tal über Kobarid zum wichtigen Krn-Abschnitt führte. Als die italienische Armee im Zuge der 12. Isonzoschlacht zum Rückzug gezwungen wurde, sprengten sie ihre Kriegsbrücke wieder. Schließlich erfolgte der Wiederaufbau in Form einer (fotogenen) Steinbogenbrücke.

Im Zweiten Weltkrieg war die Brücke Schauplatz blutiger Nahkämpfe, als Partisanen das Gebiet der „Befreiten Republik Kobarid" verteidigten (zwei Gedenktafeln). Nach dem Kriegsende 1945 war die Brücke durch 15 Monate lang Grenzübergang zwischen den Zonen „A" und „B".

Wir biegen sofort nach der Brücke rechts ab und folgen nun dem Flusslauf der Soča abwärts nach **Ladra** (209 m), R 6a. Von Ladra führt eine Brücke über die Soča zur Hauptstraße (R 1). Im Jahr 1916 wurde hier von italienischen Soldaten nach Plänen des Architekten Tenente Giovanni Micheluzzi - ein später sehr bekannter Universitätsprofessor und Architekt - eine Kapelle erbaut. Nach dem Erdbeben von 1976 wurde die schon sehr baufällige Kapelle wieder restauriert. (Der Zugang von der Brücke zur Kapelle ist am besten bei Ortsbewohnern zu erfragen).

Bei der Weiterfahrt erreicht man den kleinen Ort **Kamno** (203 m), R 6a; kurz nach dem Ortsende liegt links der Ortsfriedhof, vor diesem ein ehemaliger italienischer Soldatenfriedhof, von dem nur mehr das Eingangsportal erhalten ist. Die Gefallenen wurden exhumiert und im Ossarium in Kobarid beigesetzt (siehe R 3).

Auf unserer Straße weiter nach **Volarje** (180 m). Diese beiden kleinen Dörfer Kamno und Volarje waren Ausgangspunkte, von denen die italienischen Soldaten im mühsamen Gebirgsmarsch ihre hoch gelegenen Stellungen erreichen mussten.

Es folgt nun **Gabrje** (202 m); hier querte die vorderste ital. Linie vom Mrzli Vrh herabziehend den Isonzo und verlief weiter zum Tolmeiner Brückenkopf bei Volče/Woltschach-Mengore (siehe hist. Teil D, T 34). Bereits 1915 erbauten ital. Pioniere nahe Gabrje eine hölzerne Kriegsbrücke über den Isonzo. Beim ital. Rückzug (12. Isonzoschlacht) im Oktober 1917 zündeten sie die Brücke an, die aber nicht restlos zerstört wurde und für die zurückflutenden Einheiten noch passierbar war. Um 15.30 Uhr gab Hptm Platagna jedoch selbständig den Befehl zur Sprengung. Damit wurde fast zwei ganzen ital. Regimentern der Rückzug über den Isonzo abgeschnitten, sie gerieten in Gefangenschaft. Bei Gabrje befinden sich noch Reste italienischer Stellungsanlagen des ehem. „Ridotto" unterhalb der über die Sopotnica führenden Brücke.

Neben dem inzwischen aufgelassenen italienischen Soldatenfriedhof errichtete das 4. Alpiniregiment 1920 die Gedächtniskapelle „Torneranno/Sie werden zurückkehren". Im Kapelleninneren sind acht Marmorplatten angebracht, auf denen 219 Namen von Gefallenen dieses Regimentes verzeichnet sind. In der Apsis überragt symbolisch ein großes Kruzifix ein angedeutetes Soldatengrab, vor dem ein Alpino seines gefallenen Kameraden gedenkt; ein Werk von Giuseppe Rifesser.

Unsere Straße erreicht den kleinen Weiler **Dolje** (210 m). Dieser lag direkt im vordersten ö.u. Stellungsbereich; einmal wurde der Ort von den Italienern eingenommen, aber kurz danach durch die Österreicher im Gegenstoß wieder zurückerobert.

(MM)
Diesen besonders interessanten Gedenkstein in Dolje errichteten Soldaten des k.u.k. Infanterie-Baons IV/37. Zwei ö.u. Soldaten führen Gänse an der Leine, dazu die Inschrift „Sie zogen aus das Capitol zu retten". Warum Soldaten mit zum Großteil ungarischer Muttersprache diese Devise aus der klassischen römischen Sagenwelt wählten, ist bis jetzt ungeklärt. Möglicherweise war es der Aufmerksamkeit eines Wachpostens zu verdanken, dass ein italienischer Angriff scheiterte.

Nach Dolje kommt man rasch direkt nach **Tolmin** (200 m), 16 km.

ROUTE 6a

Ladra oder Kamno - Vrsno - (Ort) Krn - Planina Kuhinja

Hinfahrt: R 6

Bes. Hinweise: Ab Vrsno schmale Straße mit wenig Ausweichen bis zum Ort Krn

Karten: Ka 1, 3, 4, 6, 8

Wegen des besonders starken Verkehrsaufkommens bauten ital. Pioniere zwei Zubringerstraßen bis nach Vrsno aus, wo sich beide Verbindungen vereinigten und weiter aufwärts in Richtung Front führten.

Von **Kamno** (203 m) führt die Straße aufwärts nach Vrsno (590 m). Von **Ladra** (209 m) geht es über Libusnje bis nach **Vrsno**. Vrsno war der Geburtsort des berühmten slowenischen Priester-Lyrikers Simon Gregorčič, von dem auch das bekannte Soča-Gedicht stammt (siehe Vorwort).

Nach Vrsno immer weiter am steilen mit Mischwald bedeckten Hang verbleibend berührt man Quellgebiete kleiner Bäche. Etwa auf halber Wegstrecke vor dem Ort Krn erreicht man eine ital. Kaverne mit folgender Aufschrift über dem betonierten Eingang: „**Gruppa** Krn". Schließlich gelangt man dann zum einsamen Gebirgsdorf **Krn** (840 m), ab Kobarid 16 km; schmale Ortsdurchfahrt, beschränkter Parkraum; hinter dem Dorf erhebt sich die gewaltige Felskulisse des Krn-Massivs; zum Mrzli Vrh siehe T 23.

Bald nach Kriegsbeginn zwischen dem 1. und 3.6.1915 ereigneten sich hier dramatische Kampfhandlungen, als ö.u. Truppen im Abstieg vom Gipfel des Krn und italienische Verbände im Aufstieg vom Isonzo aufeinanderstießen. Das für beide Seiten sehr verlustreiche Gefecht endete damit, dass die Österreicher zurückgedrängt wurden und der Ort bis Oktober 1917 in italienischer Hand verblieb. In seinem Tagebuch „Il mio diario 1915-1917" berichtet Benito Mussolini, dass er als Korporal im 11. Bersaglieri-Regiment am 16.9.1915 durch den Ort Krn an die Front marschierte.

Gleich nach der sehr engen Ortsdurchfahrt hört der bisherige Asphaltbelag auf und die Fahrt geht nun auf einer schmalen Schotterstraße, aber mit schönen Tiefblicken ins Soča-Tal weiter bergauf (letztes Stück sehr steil und schottrig!) bis zur Alm Planina Kuhinja, ab Dorf Krn 1,5 km, Parkplatz, hier Kfz abstellen und zu Fuß in 5 min zur Schutzhütte **Koča Pl. Kuhinja** (991 m). Zum Krn-Gipfel siehe T 22.

ROUTE 7

Kobarid - Idrsko - Livek - Avsa - Matajur

Hinfahrt: R 1, R 4, R 6

Bes. Hinweise: Ausnahmsweise wurde hier die Routen- und Tourenbeschreibung zusammengefasst. Viele historisch Interessierte wollen gerne den Spuren Rommels über den Matajur folgen, dafür bieten sich zwei Möglichkeiten an, wobei man dzt. noch berücksichtigen muss, dass hier die slowenisch-italienische Grenze verläuft: entweder über die slowenische Seite des Matajur wie hier beschrieben oder über die italienische Seite des Berges, R 4a. Wer Auf- und Abstieg der Abteilung Rommel nachempfinden möchte, der sollte beide Routen kombinieren. Für diesen Fall muss man einen Begleiter mit einem Kfz zwecks Abholung an den Endpunkt der Wanderung schicken; siehe auch hist. Teil E

Karten: Ka 1, 4, 6, 8

Zeitbedarf: vom Parkplatz auf Kote 1315 in ca. ¾ Std. zum Gipfel des Matajur

Weiterweg: R 4a

Zur Geschichte

Die dritte ital. Linie auf dem langgezogenen Höhenrücken des Kolovrat mit seinen Gipfeln war festungsartig ausgebaut. Der Matajur nahm im Verlaufe des Kolovrats eine sperrende Schlüsselfunktion über dem Natisone-Tal ein, das direkt in die oberitalienische Tiefebene weiterleitet. Im Zuge der Herbstoffensive 1917 (12. Isonzoschlacht) hatte die Abteilung Rommel im Verband des Württembergischen Gebirgsbataillons (WGB) den Befehl, die rechte Flanke des Bayerischen Infanterie-Leibregiments bei seinem Angriff auf den Matajur zu decken.

Am 25. Oktober 1917 konnte diese Abteilung über Steilhänge und eine Felsrinne aufsteigend unbemerkt das von den Italienern ungenügend überwachte Vorfeld überwinden. Die italienischen Verteidiger des Matajur waren durch den frontalen Angiff des Leibregiments, dem ihre ganze Aufmerksamkeit galt, vom übrigen Geschehen abgelenkt. Außerdem erwarteten sie keinen Angriff von Osten her gegen ihre Flanke. Immer wieder den Überraschungseffekt geschickt ausnützend gelang es, Stützpunkte und Artilleriestellungen ohne Kampflärm zu nehmen. Die erst dann durch einen kräftigen italienischen Gegenstoß in Bataillonsstärke eintretende Krisensituation konnte Rommel wieder initiativ zu seinen Gunsten entscheiden, indem er es verstand, den Angreifer in Rücken und Flanke zu fassen. Das Soldatenglück blieb Oblt Erwin Rommel treu, fast 5000 Gefangene und reiche Beute blieben in der Hand der Sieger, der Weg nach Süden war dadurch frei; siehe auch hist. Teil E.

Von **Kobarid/Karfreit/Caporetto** (460 m) auf der nach Tolmein führenden Staatsstraße bis nach **Idrsko** (210 m) 2 km. Hier biegt man (Hinweis) nach re. ab und gelangt über **Livek** (690 m) zum kleinen Ort Avsa. Von hier (mit Pkw möglich, aber nicht ratsam) auf einer Schotterstraße bis zu einem Parkplatz auf Kote 1315. Dann in kurzer Wanderung zum Gipfel des **Matajur** (1641 m), sehr schönes umfassendes Panorama über das Flitscher Becken und die umliegenden Berge.

ROUTE 7a

(Kobarid - Idrsko-) Livek - Livške Ravne - Kuk - Sedlo Solarji - (Pl. Kovačičeva - Volče)

Hinfahrt: R 7

Bes. Hinweise: Die Fahrt in östlicher Richtung am Nordhang des langgestreckten Rückens des Kolovrat bietet die Möglichkeit, sich einen guten geländemäßigen Überblick über das Isonzotal hinweg auf die begrenzenden Höhenzüge zu verschaffen. Historisch Interessierte können hier das Kampfgebiet des Tolmeiner Brückenkopfes sowie der anschließenden Abschnitte fast wie aus der Vogelperspektive nachempfinden. In der sehr stark ausgebauten III. italienischen Verteidigungslinie am langgestreckten Höhenrücken des Kolovrat befanden sich auch Stellungen im Bereich des Kuk (1243 m) oberhalb der kleinen Ortschaft Livške Ravne. Der Abschnitt Sedlo Solarji - Volče ist noch nicht befahrbar, der Straßenbau ist dzt. eingestellt.

Karten: Ka 1, 4, 8

Weiterfahrt: wie Hinfahrt

Zur Geschichte

Im Zuge der 12. Isonzoschlacht standen am 25. Oktober 1917 für die Verteidigung des **Kuk** zwei bis drei italienische Infanterie-Bataillone bereit. Sie bezogen am Vorderhang (isonzowärts) ihre Stellung, verzichteten aber auf eine Überwachung der von Livške Ravne am Südhang des Kuk führenden Straße. Dadurch gelang es Teilen des Württembergischen Gebirgsbataillons (WGB) und einer Kompanie des Bayer. Infanterie- Leibregiments die italienische Kuk-Besatzung zu umfassen und schließlich auszuheben; siehe auch hist. Teil E.

In **Livek** (690 m) biegt man nach li. ab und gelangt nach **Livške Ravne** (1037 m). Nun führt die Straße aussichtsreich am Nordhang des Kolovrat in östlicher Richtung weiter bis nach **Sedlo Solarji**, 996 m.

Hier ist der Grenzübergang nach Italien nur in der Sommersaison geöffnet. Sobald der Ausbau der Straße beendet ist, soll der Übergang ganzjährig offen bleiben. Geplant ist ein Straßenneubau von Sedlo Solarji auf slowenischem Staatsgebiet zur Alm Pl. Kovačičeva (827 m) mit der Kapelle Sv. Jakob. Von hier durch das Kamnica-Tal nach Volče (193 m, R 1b).

ROUTE 8

Tolmin/Tolmein/Tolmino - Bača pri Modreju - Kneža - Hudajužna - Podbrdo (- Škofja Loka - Kranj - Bled)

Hinfahrt: R 1, R 9, R 10

Bes. Hinweise: In Kombination mit der R 8a lässt sich eine Rundfahrt durch eine historisch interessante und landschaftlich reizvolle Gegend durchführen, bei der viele Orte berührt werden, die in den Jahren 1915-1917 militärische Bedeutung besaßen und oft in Berichten Erwähnung fanden.

Wer die Fahrt in Richtung des Savetales über die beiden berühmten slowenischen Seen fortsetzen möchte, dem bieten die Slowenischen Staatsbahnen Autoverladungen zwischen den Bahnhöfen Most na Soči, Podbrdo und Bohinjsko Bistrica an (R 17).

Karten: Ka 1, 2, 3, 4

Eine Bahnstrecke als Spiegelbild der Zeitgeschichte

Die 1906 eröffnete Strecke von (Villach-) Jesenice/Assling - Bohinjska-Bistrica/Feistritz-Wocheinersee führt anschließend durch den Wocheiner Tunnel direkt in das Bača-Tal zur Station Podbrdo und weiter über Sta. Lucia-Tolmein (heute Most na Soči) durch das Isonzotal nach Görz und Triest. Die Fama berichtet, dass junge Burschen, wenn ihre Mädchen jenseits des Wocheiner Tunnels wohnten, den Fußmarsch von zwei Stunden in der Finsternis, in Rauch und Qualm riskierten, um zur Angebeteten zu gelangen. Allerdings kamen sie auf der anderen Seite des Tunnels noch schwärzer als Schornsteinfeger wieder heraus.

Der letzte Friedensfahrplan 1914 wies vier Schnellzugspaare mit Kurs-, Speise,- Schlaf- und Aussichtswagen von Wien, Berlin, Prag, München und Paris aus.

Klimatischer Curort in schöner, geschützter Lage, am Ausgange der Isonzo- u. Wippacher-Thäler, m. schönen Anlagen u. Stadtpark. Prächtige Umgebung (s. Heinrich Noé, Görz u. Umgebg.) Ausflüge mit der Eisenbahn n. Udine (1 St.), nach Triest (1½ St.), nach Aquileja u. Grado (Station Villa Vicentina 3 St.), nach Venedig (4 St.). Hôtels, Kaffeehäuser, mit reicher Zeitungsauswahl, Cur-Casino, Promenade-Concerte der städtischen und Militär-Musik, Theater. Oeffentliche u. Privat-Erziehungs - Anstalten, k. k. Ober-Gymnasium, Ober - Realschule und Lehrerinnenbildungsanstalt. Katholische, evangelische und israelitische Kirchen. Wannen-, Douche- und Dampfbäder. **Prospecte gratis beim Magistrat.**

GÖRZ

Südl. Brückenkopf des Idrija Viadukts, vor dem Wachhaus ein Bunker aus dem Zweiten Weltkrieg, Herbst 2001

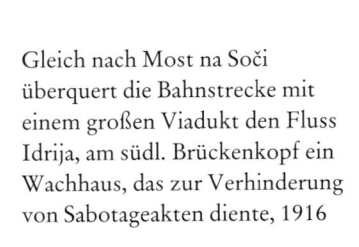

Gleich nach Most na Soči überquert die Bahnstrecke mit einem großen Viadukt den Fluss Idrija, am südl. Brückenkopf ein Wachhaus, das zur Verhinderung von Sabotageakten diente, 1916

1	2	3	4 P1-3 •31	5	6	7	8	9 P1-3 29	10	11	12	13		
11|15	—	—	5|20	6|53	7 50	—	11|47	2 11	3|15	4|20	—	7|31	328	ab Klagenfur
11 20	—	—	5 26		7 54	—	11 51	2 16		4 25	—	7 38	331	Viktring
	—	—	5 33		8 01	—	11 58	2 24		4 33	—	7 45	336	Köttmann
11 34	—	—	5 40		8 09	—	12 06	2 32		4 41	—	7 53	337	Maria Ra
11|42	—	—	5|48	7|13	8|17	—	12|14	2 40	3|36	4|50	—	8|01	344	an Weizelsdo
			P2,3 2011		P2,3 2013	P2,3 2015	P2,3 2017	P2,3 2019		P2,3 2021		P2,3 2023		K. k. öster Direkt
—	—	6 00			8|25	10 00	1|05	2 46	—	5|03	—	8|08		ab Welzels
—	—	6 09			8 35	10 13	1 18	2 55	—	5 13	—	8 17	4	ab Unterbe
—	—	6 16			8|42	10 22	1|27	3 02	—	5|20	—	8|24	6	an Ferlach
11|45	—	—	5 50	7|14	8|19	—	12|17	2 45	3|37	4|55	—	8 05	344	ab Weizelsdo
11 49	—	—	5 54		8 23	—	12 21	2 49		5 00	—	8 09	347	St. Johann
11 57	—	—	6 02	7 22	8 31	—	12 29	2 57		5 08	—	8 17	350	Feistritz
12 09	—	—	6 13		8 42	—	12 43	3 13		5 20	—	8 20	359	Maria Ele
12|22	—	—	6 25	7|39	8|55	—	12|56	3 26	4|00	5|33	—	8 43	366	an Rosenbach
8 37 9 43	—	12 32	—	2 39	—	7 00	7 00	11 22	10 35	9|11|21	—	1 42		ab Salzburg ab Innsbruck
3 45	—	7 19	—	10 25	—	—	—	7 30	7 30	7 30	—	10 24		stein 74
5 25	—	—	—	—	—	7 02	1 33 7 02	7 02	7 02	6 02	—	9 00		ab Bozen-Gries 7
7 07	—	—	—	—	—	8 18	5 10 8 18	8 28	8 28	8 28	—	10 55		ab Franzensfeste
11 55	—	4 37	—	7 05	8 06	12 32	12 42	4 00	3 20	4 50	—	8 00		ab Villach Hb
		S1-3	P1-3 41	S1-3 701		S1-3		S1-3 707						
12 58	—	5 32		7|51	9 05	1|10	1 43	4|39	4|09	5|51	—	8 53	366	ab Rosenbach
1 15	—	5|48		8 07	9 21	1 25	2 00	4 55	4 25	6|08	—	9 10	380	an Assling
—	—	7 35	—	9 52	11 16	4 33	4 33	8 20	5 51	8 20	—	11 31		an Laibach H
—	—	9 22	—	10 35	9 22	3 08	3 08	7 24	—	7 24	—	10 29		an Tarvis 72
10 01	—	—	—	6 00	6 00	—	11 30	—	3 40	—	—	6 30		ab Tarvis 72
				7 07	7 07	—	12 37	—	5 03	—	—	8 00		ab Tarvis 72
												P 25		Direkt
1|46	—	5|51	5 05	8|12	9 35	1 28	2|26	5|00	4|30	6 54	—	9 30	380	ab Assling
1 53	—		5 12		9 42		2 36			7 01	—	9 43	385	Dobrawa
	—		5 17		9 46		2 40			7 06	—	9 48	388	Buchheim-
2 01	—	6 04	5 22	8 25	9 51	1 41	2 48	5 13	4 43	7 13	—	9 53	391	Veldes [2]
2 03	—		5 29		9 58		2 55			7 20	—	10 00	396	Wocheine
2 14	—		5 36		10 05		3 02			7 27	—	10 07	400	Stiege
2 21	—	6 26	5 44		10 12		3 09			7 34	—	10 18	405	Neuming
2 28	—		5 51	8 47	10 20	2 02	3 18	5 35	5 05	7 44	—	10 24	410	Feistritz
2 39	—		6 02		10 32		3 30			7 58	an		418	Podbrdo
2 47	—		6 10		10 41		3 38			8 09	—		425	Hudajužn
2 58	—		6 21		10 50		3 49			8 20	—		434	Grahovo
3 05	—		6 27		10 59		3 58			8	—		439	Podmelec
3 19	—	6 59	6 35	9 20	11 08	2 35	4 07	6		8	—		445	S. Lucia-
3 30	—		6 46		11 18		4 17			8	—		454	Auzza
3 39	—		6 55	9 39	11 26	2 51	4 25	6 29		8	—		459	Canale
3 48	—		7 05		11 36		4 33			9 04	—		465	Plava
4|04	—	7|33	7 21	9|59	11 52	3|11	4|49	6|50	6 14	9 20	—		478	an Görz Stb
1	2	3	4	5	6	7	8	9	10	11	12	13		Fortsetzun

K.k. österr. Staatsbahnen, Direktion Villach, Fahrplanbild 71, letzter Friedensfahrplan 1914; interessant aus heutiger Sicht, dass die von Wien kommenden Fernzüge von Klagenfurt nicht über Villach nach Rosenbach fuhren, sondern direkt über Weizelsdorf verkehrten

71. K. k. österr. Staatsbahnen.

		1	2	3	4	5 P1-3 430	6	7	8	9	10	11	12	13
✕[2] 75 an	216	5|30	7 42	9)56	1)17	8 31	4|05	⊠ Dir. Verbindg. Triest–München, Innsbruck; Aussichtswagen Triest–Salzburg bis 15/9.	10)17	10)08	7|42	‡ Bis 13/9. an SF. • An SF. ● Dir.Verb.Triest–Wien Wbf.Schlafw.Triest–Stuttgart. ◐ Dir.Verb. Triest–München–Paris u. Triest bis 15/9. ■ Dir. Verbind. Berlin–Triest, München–Triest; Aussichtsw. Salzburg–Vlissingen (London). Triest–Berlin.	⊗ Dir.Verb.Paris–Triest u. Salzburg–Triest u. umgekehrt.
H. . . ↑	214	5 26	7 38	9 52		8 27	4 01			10 04	7 38		
. . .	210	5 19	7 32	9 45		8 22	3 55			9 58	7 31		
. . .	207	5 14	7 28	9 41		8 16	3 51			9 54	7 25		
. . ab	201	5)00	7 14	9)27	12)58	8 02	3)37			9)40	7|11		
tsbahnen llach		P2,3 2018	P2,3 2012	P2,3 2014	P2,3 2016				P2,3 2020	P2,3 2024	P2,3 2022		
. . . an	6	2 26	6 58	9 12	12)02		3)25			9)27	6)50		
. . . ab	3	2 17	6 49	9 03	11 53		3 18			9 18	6 41		
. . . ab		2 10	6 42	8 55	11)45		3)12			9)10	6)33		
. . . an	201	4)56	7 10	9)23	12)55	7 57	3)33			9 37	7)07		
ental H. ↑	199	4 51	7 05	9 18		7 51	3 26			9 32	7 02		
ental .	195	4 46	7 00	9 14		7 46	3 23			9 28	6 58		
. . .	187	4 35	6 48	9 05		7 35	3 14			9 19	6 49		
. . ab	180	4)25	6 38	8)56		7 25	3)04			9 10	6)40		
dgastein 74 an		12 08	—	4 10 6)50		4 58	9 15		2 35	2 35	1 12	9 15	5 21
über Badga- an		6 20	—	7 35		7 35	11 43		7 10	7 10	5 48	11 43	12 35
. . . an		11 44	4 33	9 00 8 10		9 00 8 10	12 49 9 43		10 04	10 04	5 31	9 43	10 04
. . . an		10 13	2 40	6 26		6 26	10 40 8 31		7 30	7 30	3 32	8 31	7 30
. . . an		5 06	7 22	9 50		12 04	3 36		9 55 8 702	10 25	3 44	12 26	
						81-3 708			81-3 110		81-3 =706		
. . . an	180	4|05	6 27	8)37		11)30	2)35		9)28	9 02	6|31	3 00	12 27
. . . ab	166	3|48	6 10	8)20	12)20	11|14	2 18		9)12	8 45	6|14	2 45	12|11
. . . ab		—	—	6 00	9 09	9 09	11 30		6 30	6 30	3 40	11 30	10 01
. . . ab		—	—	7 07			12 ··		8 00	—	5 03	12 37	
. . . an		7 35	—	9 52	—	4 33	—	P1-3	11 31	11 31	8 20	5 51	
. . . an		—	—	9 22	—	—	3 06	48	10 29	10 29	7 24		
iest								⊠					
. . . an	166	3)20		7 55	12 16	11)10	1)58	11 25	9)22	8 33	5 48	2 41	12)05
klamm H.	161	3 13		7 48			1 52	11 18	△	8 27	5 41	△	
. . .	159	3 06		7 42			1 46			8 21	5 35		
ach .	155	3 01		7 37	12 02	10 56	1 41	11 07	Speise-	8 14	5 29	2 27	11 31 Schlaf-
. . .	150	2 50		7 29		10 59	1 30	10 59	wagen Triest–	8 08	5 19	Speise-2	11 Triest– wagen
. . .	145	2 43		7 22		10 52	1 23	10 52		8 01	5 07	wagen	München.
. . .	141	2 35		7 14		10 44	1 15	10 44		7 54	4 59	Triest–	
nersee	136	2 28		7 07	11 39	10 34	1 08	10 37		7 48	4 49	Villach	04
. . .	128	2 14		6 56			12 56			7 36	4 36		
. . .	121	2 00		6 42			13 42			7 23	4 21		
. . .	111	1 44		6 22			12 27			7 08	4 06		
. . .	107	1 36		6 11			12 19			7 00	3 58		
✕[6]	101	1 28		6 03	10 52	9 45	12 10			6 52	3 50	1 17	10 ··
. . .	92	1 11		5 47			11 54			6 34	3 34		
. . .	87	1 01		5 37		9 22	11 45		7 21	6 26	3 25	12 56	
. . .	81	13 52		5 30	△		11 36			6 19	3 15		
1035 ab	67	12)32		5 12	10 11	9)00	11|18		6)52	5 58	2 53	12)35	10)24
e Seite.		1	2	3	4	5	6	7	8	9	10	11	12	13

Bahnhof Sta.Lucia-Tolmein, knapp vor der Beschießung durch ital. Artillerie, 1915
In dem Gebäude war auch ein k.u.k. Feldpostamt untergebracht

Derselbe Bahnhof als Most na Soči, Oktober 2001

Bahnhof Sta. Lucia-Tolmein, September 1915

Als Frontgebiet wurde die Strecke ab 1915 von Sta. Lucia-Tolmein bis über Görz hinaus nach Prvačina nachhaltig zerstört, Brücken wurden gesprengt, Tunnels zur willkommenen granatsicheren Deckung. Das Bača-Tal besaß nun besondere Bedeutung als frontunmittelbare direkte Verbindung in Richtung des Brückenkopfes Tolmein und dessen angrenzenden Frontabschnitten. Der Zugsverkehr konnte wegen ital. Artillerie-Beschuss später nur mehr bis Hudajužna oder Grahovo geführt werden. Um die oft längeren Pausen zwischen den einzelnen Zugfahrten auszunützen, wurde der 6.339 m lange Wocheiner Tunnel komplett mit einem starken Bretterbelag versehen. Somit war auch militärischen Straßenfahrzeugen die Fahrt durch den Tunnel ermöglicht.

Statt der Speisewagen von Meran oder München nach Triest verkehrt nun ein k.u.k. Militärtransport durch Podmelec, gezogen von einer Lok der k.k. Staatsbahn Reihe 80, Sommer 1917

Bahnhof Podmelec, wo früher internationale Schnellzüge durchfuhren, hält 1917 der Sonderzug von Kaiser Karl, Bosniaken stellen die Ehrenkompanie

Bahnhof Podmelec, Oktober 2001

Durch die Friedensverträge von St. Germain und Versailles erfolgte nach 1918 auch die Aufteilung des Gebietes zwischen den Königreichen Italien und Jugoslawien. Pie di Colle (heute Podbrdo) war damals italienischer Grenzbahnhof. Auf der anderen Seite des Tunnels wurde Bohinjska-Bistrica nun zum Lok-Wechselbahnhof zwischen den beiden Bahnverwaltungen. Es sollte über ein Jahrzehnt dauern, bis die ärgsten Schäden des Ersten Weltkrieges beseitigt waren.

Im Zweiten Weltkrieg erlitt die Strecke durch Partisanenanschläge und alliierte Fliegerangriffe neuerlich schwere Schäden.

Im heutigen Slowenien dient die Strecke dem Regional- und Güterverkehr, sehr beliebt sind die sommerlichen Nostalgiezüge zwischen Jesenice und Gorica; siehe auch unter bes. Hinweise die Möglichkeiten einer Autoverladung.

Mit dem Auto in das Bača-Tal

Von Tolmin (200 m) fährt man auf der [102] etwa 5 km in Richtung Most na Soči weiter bis zu einer Abzweigung in **Bača pri Modreju**. Hier biegt man nach links ab [403] und fährt nun im Bača-Tal aufwärts, vorbei an Klavže bis nach **Kneža** (244 m) ca. 6,5 km ab Bača, R 8a.

In Kneža befand sich ein großes ö.u. Feldlazarett. Bereits zwischen 23. und 26. Mai 1915 traf in Kneža die 56. Schützendivision, FMLt Kalser ein, während in Podmelec das Kommando des XV. Korps, FMLt Stöger-Steiner, bis 1917 Quartier bezog.

Für diese Belastung war die Straße im Bača-Tal nicht gebaut; die Stützmauer hat nachgegeben und Zugmaschine samt Mörser sind in die Tiefe gestürzt

Über den kleinen Weiler Brdo geht die Fahrt weiter nach **Grahovo ob Bači** (312 m). In Grahovo endete eine der besonders langen k.u.k. Kriegsseilbahnen, sie stellte die einzige leistungsfähigere Verbindung vom Bahnendpunkt in Ajdovščina/Haidenschaft (siehe R 10) über Predmeja - Čepovan und Trebuša bis nach Grahovo an der Wocheinerbahn her. Von dieser Seilbahn führten mehrere abzweigende Seilbahnen in die besonders hart umkämpften Gebiete auf der Hochfläche von Bainsizza und des Ternovaner Waldes.

Von Grahovo weiter talaufwärts über Koritnica (320 m) bis nach **Hudajužna** (396 m). FMLt Rudolf Stöger-Steiner verlegte 1917 mit seinem XV. Korpskommando nach Hudajužna, nachdem sein bisheriger Standort immer mehr zum Ziel ital. Artillerie wurde.

Im relativ einsamen Bača-Tal weiter aufwärts bis nach **Podbrdo** (506 m); ab Tolmin insges. 29 km.

Von Podbrdo führt dann eine schmäler werdende Straße in vielen Kehren hinauf zum Petrovo brdo (804 m) und weiter nach Škofja Loka/Bischoflack, 22 km, bzw. nach Bled.

Der Zug hält in Podbrdo zur Autoverladung, Oktober 2001

ROUTE 8a

Tolmin/Tolmein/Tolmino - Poljubinj - Ljubinj - Podmelec - Kneža im Bača-Tal

Hinfahrt: R 1, R 9, R 10

Bes. Hinweise: In Verbindung mit R 8 eine lohnende Rundtour. Schmälere asphaltierte Straße, kurvenreich.

Karten: Ka 1, 2, 4

Weiterfahrt: R 8

Der einzige teilweise nicht unter ital. Artilleriebeschuss liegende Zugang aus dem Bača-Tal zum Tolmeiner Brückenkopf führte von Kneža über das Sopota-Tal, die Ortschaften Podmelec, Hum und Ljubinj. Die im Bahntransport in das Bača-Tal kommenden Truppen nahmen dann zumeist diese Marschroute.

Tragtierkolonne auf dem Marsch nach Ljubinj

Von **Tolmin** (200 m) zunächst über die Tolminka nach **Poljubinj** (231 m) und weiter bis **Ljubinj** (387 m) ca. 3 km, R 12. Während der Fahrt schöne Tiefblicke in das Isonzotal. Von Tolmein bis hinter Poljubin lag die Straße im Sichtbereich des ital. Beobachters am Kolovrat. Die Orte lagen dementsprechend oft unter Artilleriefeuer, sie erlitten schwere Beschädigungen und Zerstörungen. Man versuchte die Straße in ihren eingesehenen Teilen durch Tarnvorhänge aus Tannenzweigen der Sicht zu entziehen. Trotzdem war der Verkehr ständig mit einem großen Risiko verbunden.

Nach Ljubinj führt die Straße in dem teilweise schluchtartigen Tal entlang des Poljanšček-Baches hinauf zur Wasserscheide und senkt sich dann über Hum ins Sopota-Tal nach **Podmelec**, 3,6 km.

In Podmelec hatte das Kommando des k.u.k. XV. Korps unter General Stöger-Steiner bis 1917 seinen Sitz, bevor es nach Hudajužna verlegte.

Nach Podmelec erreicht man den Ort **Kneža** im Bača-Tal (244 m) ca. 2 km, R 8.

Eine von der Türkei noch im Frieden bestellte Haubitzbatterie kam nicht mehr zur Auslieferung; sie wurde als „Türkei-Batterie" in die k.u.k. Armee eingegliedert, hier diese Batterie am Marsch von Kneža nach Poljubinj

Unterwegs befindet sich linker Hand ein Brunnen aus der Kriegszeit mit dem Hinweis „Trinkwasser"

Einweihung des ö.u. Soldatenfriedhofes Podmelec durch FMLt Stöger-Steiner, der Friedhof besteht heute nicht mehr

Podmelec nach der Beschießung

ROUTE 9

Tolmin/Tolmein/Tolmino - Most na Soči/Santa Lucia - Kozaršče - Ušnik - Kanal - Plave - Solkan/Salcano - Nova Gorica

Hinfahrt: R 1, R 6, R 8

Bes. Hinweis: Diese Route führt zunächst am ö.u. Brückenkopf von Tolmein (Mengore, T 34) vorbei, dann im Soča-Tal entlang der ehem. ital. Bereitstellungs- und Angriffsräume für die berüchtigten Isonzoschlachten, um schließlich Nova Gorica zu erreichen.

Karten: Ka 1, 2, 4, 7

Von **Tolmin** (200 m) fährt man auf der [102] zunächst ein Stück am großen Stausee entlang, bis man nach **Most na Soči** kommt, 4 km; (geradeaus weiter [102] in das Bača-Tal siehe R 8 oder über Idrija - Ajdovščina/Haidenschaft nach Nova Gorica/Neu Görz siehe R 10, hist. Teil D, E).

Im Ort (Hinweistafel Kozaršče) biegt man nach rechts ab und fährt abwärts zu einer Brücke, die über die Einmündung der Idrijca in den Stausee hinüberführt. Gleich nach der Tafel „Ortsende" befinden sich linkerhand ein kleines Stück oberhalb der Straße die letzten Überreste des großen ö.u. Barackenlagers.

Ca. 500 m nach der Brücke eine Abzweigung, rechts zum ö.u. Soldatenfriedhof Modrejce (siehe R 9a).

An die Küche erinnert heute nur mehr ein Gedenkstein

Auf der Hauptstraße verbleibend fährt man stets weiter aufwärts bis zu einer kleinen Einsattelung namens Poljance und anschließend abwärts nach **Kozaršče** (223 m); Ausgangspunkt zu den bes. sehenswerten ö.u. Stellungen auf der Mengore/Sveta Marija des ö.u. Tolmeiner Brückenkopfes, T 34. Kozaršče wurde durch Artilleriefeuer fast zur Gänze zerstört.

Von Kozaršče aus stets weiter abwärts nach **Ušnik** (R 1b von Volče). Weiter im kleinen gleichnamigen Bachtal abwärts zur Soča und an deren rechtem Ufer nach **Ročinj** (199 m). Im Raum um Ročinj führten im Oktober 1917 acht italienische Seilbahnen aus dem Isonzotal hinauf in Richtung Avče.

Nach Ročinj weiter der Soča abwärts folgend wird nun ein etwas größerer Ort erreicht, **Kanal ob Soči** (103 m) R 14; das Städtchen vermittelt bereits einen mediterranen Eindruck, wozu die Weinkulturen an den Hängen noch beitragen. Das örtliche Wahrzeichen ist jedoch die um 1340 erbaute Brücke, die mit einem einzigen großen Bogen die Soča überspannt.

In dem noch immer engen Soča-Tal, das gerade noch für Bahn und Straße Platz bietet, geht die Weiterfahrt nach **Plave/Plava** (97 m). Hier gelang es der ital. Armee im Oktober 1916 unter gewaltigem Artillerie-Einsatz, einen Brückenkopf über den Isonzo in Richtung Zagora und Kuk (611 m) zu bilden mit dem Ziel, weiter über die Hochfläche von Bainsizza vorzustoßen. Am 29.8.1917 bei der 11. Isonzoschlacht baute das XXIV. ital. Korps hier dann weitere vier Brücken und zwei Stege.

Bahnhof Plava, 3.11.1917

Die [103] führt im Soča-Tal weiter in Richtung des Görzer Beckens, dann am Fuß der Sveta Gora/M. Santo entlang (R 9b), bis rechterhand der berühmte Eisenbahnviadukt von Solkan/Salcano sichtbar ist. 1904-1905 erbaut, war der Viadukt damals die größte Steinbrücke Europas, die Spannweite des mittleren Bogens betrug 85 m, ca. 40 m über dem Flussbett. Im Verlauf der 6. Isonzoschlacht mussten die ö.u. Truppen am 8.8.1916 ihre Front bei Görz etwa 2 km zurücknehmen. Sie sprengten dabei den großen Bogen mit ca. 930 kg Ekrasit.

Als im Zuge der 12. Isonzoschlacht die Front bis an den Piave vorverlegt wurde, begann unter der Bauleitung durch das k.u.k. Eisenbahnregiment mit 25.11.1917 der Wiederaufbau des Viadukts mit freitragenden Brückenelementen System Roth-Wagner, auf Tolmeiner Seite 48 m, auf Görzer Seite 39 m. Am 23.4.1918 erfolgte die Belastungsprobe und am 1.5.1918 die Betriebsaufnahme. Die pioniermäßige Kriegsbrücke blieb in dieser Form nach dem Krieg noch länger bestehen. Erst später erfolgte der Wiederaufbau in Form der ursprünglichen Steinbogenbrücke.

Isonzoviadukt bei Salcano

Kurz danach, wenn sich das bisher enge Tal weitet, kommt man zum Ortsbeginn von **Solkan** und sieht schon von weitem eine Straßenbrücke über die Soča. Vor dieser, knapp oberhalb des Flussufers, befindet sich ein ö.u. Soldatenfriedhof, der durch seinen gepflegten Zustand besonders positiv auffällt. Anstelle der nach 1945 in Titos Jugoslawien entfernten Namensschilder sind neue aus Messing angebracht worden. Hier fanden zumeist ö.u. Soldaten ungarischer Muttersprache eine letzte Ruhestätte.

Von Solkan führt unsere Straße übergangslos nach **Nova Gorica** (98 m) 28,6 km, R 9b, R 10, R 15, R 15a. Als nach dem Zweiten Weltkrieg dieses Gebiet Jugoslawien zugesprochen wurde, entstand in relativ kurzer Zeit ein Verwaltungs- und Wirtschaftszentrum, das heute auch befähigt ist, starke kulturelle Impulse zu setzen. Von einer Stadt mit einem so rasanten Wachstum - heute die drittgrößte Stadt Sloweniens - zeugen die riesigen Beton-Wohnblock-Siedlungen. Das Stadtbild dürfte Touristen aber eher veranlassen, die kaum 40 Kilometer bis zum Meer rasch hinter sich zu bringen oder den schönen alten Orten etwa im Wippachtal (Vipavska dolina) einen Besuch abzustatten. Zur besonderen Attraktion wurden dagegen die beiden Hotelcasinos, die vor allem viele Italiener anlocken.

ROUTE 9a

Von Most na Soči zum ö.u. Soldatenfriedhof Modrejce

Hinfahrt: R 8, R 9, R 10

Karten: Ka 1, 2, 4

In **Most na Soči** (Hinweistafel Kozaršče) biegt man nach rechts ab und fährt abwärts zu einer Brücke, die über die Einmündung der Idrijca in den Stausee hinüberführt. Nach dieser wieder ansteigend ca. 500 m bis zu einer Abzweigung, rechts nach Modrejce.

Nun auf einer schmalen Straße (Vorsicht auf Gegenverkehr!) rasch in das am Talgrund liegende kleine Dorf **Modrejce**. In der Ortsmitte biegt man scharf nach rechts ab und nun auf einem schmäleren Landwirtschaftsweg entlang von Wiesen weiter bis zu dem schon an seiner Ummauerung und dem Portal erkennbaren ö.u. Soldatenfriedhof. Hier wurden vor allem die Gefallenen der Mengore (Tolmeiner Brückenkopf) zur letzten Ruhe bestattet, insgesamt 2.750 Gefallene in 550 Gräbern. Es fehlen auf allen Grabsteinen die Namenstafeln. Die Inschrift über dem Eingangstor lautet „Ruhestätte der Helden von Santa Luzia".

Man kehrt dann wieder nach Modrejce und von hier zur Hauptstraße zurück.

Friedhof 1917

Friedhof 2001

ROUTE 9b

Nova Gorica - Solkan/Salcano - Sveta Gora/Monte Santo

Hinfahrt: R 9, R 10, R 15

Bes. Hinweise: hervorragender Aussichtspunkt, bestens geeignet, um sich einen Überblick über das Görzer Becken zu verschaffen, der Blick reicht aber noch weiter von den Friulaner Bergen bis zu den Gipfeln der Julischen Alpen. Die Seilbahn aus dem Isonzotal auf den Monte Santo existiert nicht mehr, nun dient die gut ausgebaute Straße als Ersatz.
Achtung! 15-30 % Steigung!

Karten: Ka 2, 7

Von **Nova Gorica** (98 m) auf der [103] nach **Solkan**, dort fast am Ortsende (Hinweisschild) Abzwg. nach re. [608]. Die Straße führt zunächst ein kurzes Stück aufwärts, bis man re. einen großen Steinbruch erreicht. Hier befanden sich 1916 nach dem Verlust des Görzer Brückenkopfes durch die ö.u. Truppen die vordersten ital. Linien. Die österr. Stellungen lagen etwa 500 m davon entfernt auf dem Hügel St. Catherina ob Solkan, die Überwachung des unübersichtlichen Niemandslandes bereitete beiden Seiten erhebliche Probleme.

Nach dem Passieren des Steinbruchs in einer weit ausholenden Kehre aufwärts, dann folgen in kurzem Abstand zwei Abzweigungen. Wir biegen bei der **ersten** Abzweigung nach links ab (Hinweisschild; geradeaus führt die Straße nach Grgar oder Trnovo/Ternovan weiter, R 15).

Unsere Straße gewinnt gleichmäßig an Höhe, wobei die Sicht auf das Gelände durch das dichte Unterholz sehr eingeschränkt ist. Spuren der schweren Kämpfe um den M. Santo sind daher von der Straße aus kaum mehr sichtbar, gelegentlich Reste von Schützengräben und Kaverneneingänge. Schließlich wird der Gipfelbereich der **Sveta Gora** (682 m) erreicht, 6 km ab der Abzwg. von der [608]; ein Punkt mit bewegter Geschichte, über die im Klostergebäude ein Museum Auskunft gibt; ö.u. Verbindungsstollen siehe T 66.

Eine junge Ziegenhirtin hatte hier oben eine Vision, ihr erschien die Muttergottes. Im Jahre 1544 wurde an dieser Stelle die ursprüngliche Wallfahrtskirche Maria Himmelfahrt erbaut. Im 18. Jhdt. erfolgte eine Vergrößerung der Kirche und des Klosters. Unter dem österreichischen Kaiser Joseph II. wurde das Kloster im Zuge der Säkularisation aufgehoben, der Besitz versteigert und das Gebäude zerstört. Nach dem 1793 erfolgten Wiederaufbau wurde die Kirche neuerlich eingeweiht.

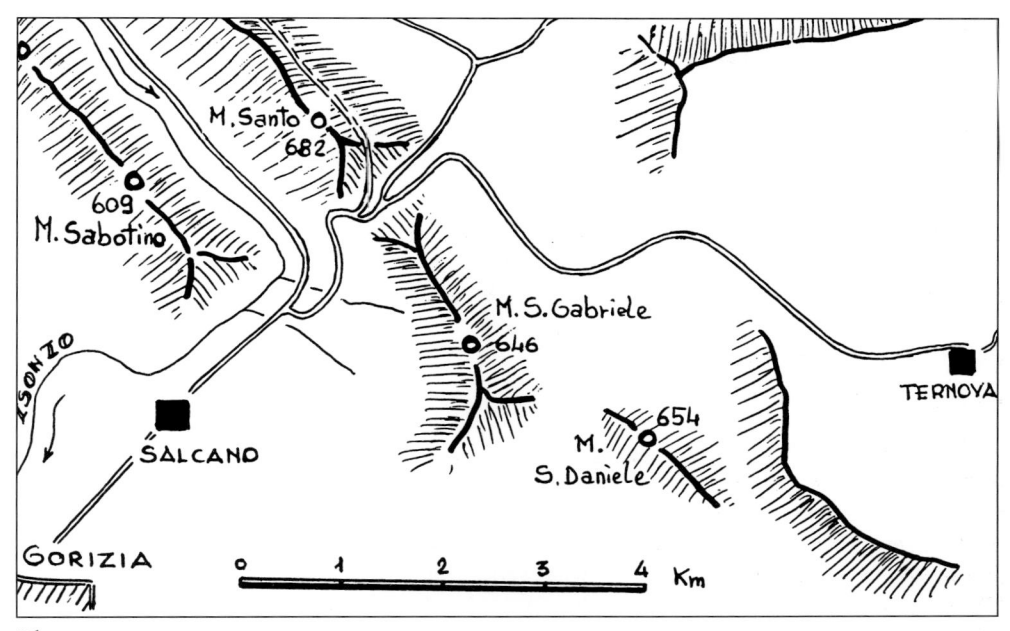

Kh 1

Im Juli 1915 begann der Beschuss des M. Santo durch ital. Artillerie, da sich hier ö.u. Artilleriebeobachter und Batteriestellungen befanden. In der Folge versanken Kirche und Kloster in Schutt und Asche. Im Zuge der 6. Isonzoschlacht erhielten die ö.u. Verteidiger des Görzer Brückenkopfes am 7.8.1916 den Rückzugsbefehl auf das linke Isonzoufer. Am 9.8. besetzten die Italiener die Stadt Görz und am 14.8. Solkan. Bisher waren am M. Santo vor allem ö.u. Batteriestellungen über dem Görzer Becken. Jetzt verlief die neue ö.u. Verteidigungslinie vom M. Santo über Sella Dol zum M. San Gabriele. In der Folge wurde der M. Santo zu einem der entscheidenden Eckpfeiler, um den immer heftigere Kämpfe entbrannten.

Die Brigata Campobasso mit dem 229. und 230. Infanterieregiment erhielt für die 10. Isonzoschlacht (12.5. - 8.6.1917) den Befehl zur Eroberung des Raumes M. Santo und weiter in Richtung Sella Dol. Der M. Santo gehörte zum Abschnitt der k.u.k. 57. Infanteriedivision und wurde durch das k.u.k. 87. Infanterieregiment verteidigt, das zum Großteil aus Soldaten slowenischer Muttersprache bestand. Am 14.5.1917 drang das III. Bataillon des ital. 230. Infanterieregiments gegen Abend bis zum Gipfel des Berges vor. Die ganze Nacht währte der Nahkampf um diesen, doch die Italiener erhielten keine Verstärkungen. Im Morgengrauen traten die ö.u. Soldaten zum Gegenangriff an und eroberten die verlorenen Stellungen zurück. Die noch überlebenden Italiener, 7 Offiziere und etwa 100 Mann, gerieten in österr. Gefangenschaft. Neue ital. Truppen bezogen dann etwa 200 m unter dem Gipfelaufbau ihre vordersten Stellungen.

Grab des Korporal Bedo Bela, Inf. Baon II/87 5. Komp., gef. am 3.7.1917 auf M. Santo (RL)

M. Santo, italienischer Gedenkstein

Bei der 11. Isonzoschlacht (17.8. - 14.9.1917) gelang den angreifenden ital. Truppen auf der Hochfläche von Bainsizza (R 15) ein Einbruch in die österr. Stellungen. Da nun die akute Gefahr einer Umfassung des M. Santo im Rücken drohte, musste der Berg von den Österreichern kampflos geräumt werden. Die Brigata Messina drang dann bis zum Sella Dol vor.

Italien wertete die kampflose Inbesitznahme des berühmten Wallfahrtsortes propagandistisch voll aus. Die eigenen schweren Verluste der vorhergegangenen Isonzoschlachten im Vergleich zu den minimalen Geländegewinnen mussten im Sinne der eigenen Kriegsziele durch Erfolgsmeldungen minimiert werden. So ging ein Foto von Maestro Arturo Toscanini durch die gesamte Presse, das den berühmten Meister mit einem ö.u. Stahlhelm auf dem Kopf inmitten ital. Offiziere auf dem Klosterberg zeigt. Die Medien berichteten ferner, dass Toscanini dort ein improvisiertes Konzert mit einer Militärkapelle dirigierte, deren Klänge bis weit hinter die ö.u. Linien zu hören waren.

Nachdem auch das Gebiet um Görz nach 1918 Italien zugesprochen wurde, erfolgte ein Wiederaufbau des Klosters und 1928 konnte die neue Basilika eingeweiht werden. Das Altarbild mit der Muttergottes, das einst ein Meister der venezianischen Schule geschaffen hatte, brachte man 1915 in Sicherheit. Bis April 1951 blieb das Bild in einem unbekannten Versteck, erst dann kehrte es wieder an seinen ursprünglichen Platz am Altar zurück. Franziskanerpatres betreuen nun den Wallfahrtsort.

ROUTE 10

Tolmin/Tolmein/Tolmino - Most na Soči/S. Lucia-Tolmein - Dolenja Trebuša/Tribusa - Idrija - Ajdovščina/Haidenschaft - Kromberk - Nova Gorica

Hinfahrt: R 1, R 6, R 8, R 9, R 14

Bes. Hinweis: Drei große Täler umschließen weitläufig das Gebiet zwischen Banjšice/Bainsizza und dem Trnovski gozd/Ternovaner Wald, das Soča-Tal (R 9), das der Idrijca/Idrija sowie das Wippachtal/Vipava. Interessierten kann eine Rundfahrt aus der Kombination R 10 und R 9 empfohlen werden. Die R 14 und 15 bieten die Gelegenheit, das unübersichtliche schwierige Gelände der Schlachtfelder kennen zu lernen, aber zugleich auch eine fast unberührt belassene Naturlandschaft. Selbständiges Auffinden von hist. Objekten im Gelände ist wegen des ungewöhnlich starken Bewuchses kaum möglich, dafür wird ein ortskundiger Führer empfohlen.

Dieser Großraum gehörte 1915-1917 auch zum Schauplatz der zwölf Isonzoschlachten. Bedingt durch die geringe Erschließung des Gebietes ergaben sich gravierende Versorgungsprobleme. Wie die k.u.k. Armee versuchte, unter Einsatz damals modernster technischer Möglichkeiten die Transportkapazität raschest zu steigern, soll anhand der Beispiele entlang dieser Route aufgezeigt werden, ohne kulturelle Sehenswürdigkeiten außer Acht zu lassen; Näheres siehe auch hist. Teil. D, E.

Karten: Ka 1, 2, 7

In **Tolmin** (201 m) überquert unsere Straße [102] zunächst den Tolminka-Fluss, um dann entlang des großen türkisblauen Stausees **Most na Soči** (167 m) zu erreichen, re. Abzweigung der R 9 durch das Soča-Tal nach Nova Gorica, sowie R 14a. Der Ort wurde, bedingt durch seine geographisch begünstigte Lage, schon vor 3000 Jahren besiedelt. Durch den Fund von etwa 7.000 Gräbern aus der frühen Eisenzeit - einer der größten Gräberfunde Sloweniens - wurde die frühe Besiedlung nachgewiesen. Der Großteil der Funde wird in Museen in Wien, Triest und im Schloss Kromberk gezeigt. Reste der römischen Ansiedlung können unterhalb der Kirche Sveti Maver besichtigt werden (beschilderter Weg).

Tolmein, Brücke über die Tolminka durch italienisches Artilleriefeuer zerstört

Die 1612 erbaute und besonders wegen ihres Altars sehenswerte Kirche der Sveta Lucija/Hl. Lucia vereinigt spätgotische Stilelemente mit denen der Renaissance. Der Schutzpatronin dieser Kirche verdankte die Eisenbahnstation schon in der Monarchie ihren Namen „Santa Lucia-Tolmein", der erst nach 1945 geändert wurde.

Nach Verlassen dieses Ortes wendet sich die Straße dem Tal der Idrijca/Idrija zu, dem sie aufwärts nach **Bača pri Modreju** (165 m) folgt; rechts Abzwg. zu einer Straßenbrücke über die Idrijca zum Bahnhof, hier Parkmöglichkeit zur Besichtigung des **k.u.k. Denkmals**. Man kehrt am besten zu Fuß wieder über die Brücke auf die andere Talseite zurück, dort befindet sich links der Straße ein großes nicht übersehbares Denkmal, das deutlich Jugendstilelemente aufweist. Eine Inschrift besagt: „Hier kämpfte das XV. Korps".

Angesichts der monumentalen Bauweise muss sich heute ein Betrachter fragen, ob dieser Materialaufwand gerechtfertigt war, während vorne an der Front bereits Mangel an vielen lebenswichtigeren Dingen bestand.

Die Kriegsbrücke über den Bača-Fluss

Bei der Weiterfahrt überquert man den Bača-Fluss (siehe auch R 8) und fährt anschließend unter dem Viadukt der Wocheiner Bahn hindurch, die in einem großen Bogen auf die andere Talseite hinüberwechselt und dann der Soča talwärts folgt.

Über Idrija pri Bači (172 m) führt die Straße sehr kurvenreich talaufwärts, vor einigen besonders unübersichtlichen Kurven Ampelregelung. Man fährt über Slap ob Idrijci nach Dolenja **Trebuša/Tribusa** (171 m) 16 km ab Most na Soči. Endpunkt der schmalspurigen k.u.k. Heeresfeldbahn Dolnji Logatec/Unterloitsch - Hotedrščica/Hotederschitz - Godovič/Godowitsch - Idrija.

Von Trebuša auf der [102] nach **Idrija** (123 m), 20 km von Trebuša; zum Divje Jezero/Wilden See siehe T 64. Das inmitten der Karstlandschaft gelegene um 1490 gegründete Idrija besaß bereits relativ früh größere Bekanntheit, da hier im Bergwerk Quecksilber gefördert wurde. Dieses Schwermetall war zunächst in der Medizin begehrt, aber genauso bei den Alchimisten, die hofften aus diesem Material Gold zu gewinnen. Im Verlauf der Zeit wandelte sich der Anwendungsbereich des Quecksilbers von der Alchimistenküche hin zur Herstellung von Thermo- und Barometern und schließlich bis zur Erzeugung von Wegwerfbatterien.

Der Bedarf an Quecksilber stieg so stark an, dass Idrija zum weltdrittgrößten Produzenten aufrückte. Die Jahresproduktion erreichte schließlich etwa 1.000 Tonnen.

Arbeitsplätze im Bergwerk von Idrija waren in der gesamten k.u.k. Monarchie begehrt, da den Bergleuten für die damaligen Begriffe relativ sehr hohe Löhne ausbezahlt wurden. Auf der anderen Seite drohten ihnen schwere gesundheitliche Gefährdungen durch den ständigen Umgang mit dem das Nervensystem angreifenden Schwermetall. Dass Idrija heute die größte Nervenheilanstalt des Landes besitzt, ist eine bleibende Erinnerung an die Gefahren dieses einstigen Bergbaues.

Das dort gewonnene Quecksilber stellte im Ersten Weltkrieg einen auch von der ö.u. Rüstungsindustrie dringend benötigten Rohstoff dar. Damals konnten die von Tribuša zurückfahrenden Leergarnituren der k.u.k. Feldbahn teilweise auch zum Abtransport des im Bergwerk gewonnenen Materials nach Unterloitsch an der Strecke Triest-Laibach mit herangezogen werden. Idrija war auch Standort eines k.u.k. Feldspitals.

Die Bedeutung für die Kriegswirtschaft zeigte sich auch im Zweiten Weltkrieg, als Italien 1943 kapitulierte und Partisanen Idrija besetzten. Es kam daraufhin zu schweren Kämpfen zwischen Partisanen und der Deutschen Wehrmacht, die fast sieben Monate dauerten, bis die Partisanen den Ort wieder räumten.

Noch einmal erlebte das Bergwerk in Idrija einen Boom, als die Rüstungsindustrie der USA für ihr militärisches Engagement in Vietnam zum wichtigsten Abnehmer aufstieg. Sinkende Rohstoffpreise auf dem Weltmarkt erzwangen dann schließlich die Stilllegung des Bergwerks, in dem einst über 1300 Menschen Arbeit fanden. Heute ist der 500 Jahre alte Antonij-Stollen als **Industriedenkmal** im Rahmen von Führungen zu besichtigen.

Für Interessierte bietet sich als ideale Ergänzung dazu ein Besuch des **Stadtmuseums** auf der Burg Gewerkenegg (Perovčev, 9) an. Die Burg diente der Bergwerksgesellschaft als Sitz. Die im 18. Jhdt. im Innenhof angebrachten Wandmalereien wurden jetzt zur Gänze restauriert. Im Museum wird nicht nur die Geschichte der Quecksilberförderung in vorbildlicher Weise dokumentiert, eine eigene Ausstellung führt in die Kunst des Klöppelns ein. Es ist ein Museum, an dem man nicht vorbeigehen sollte, es wurde 1997 mit dem Europapreis ausgezeichnet!

Vor allem die Frauen der Bergleute entwickelten die alte Kunst des Klöppelns weiter, bis 1876 in Idrija eine **Klöppelschule** gegündet wurde. Das Klöppeln bot dann für viele Familien eine willkommene bescheidene finanzielle Zubuße. Diese Schule überdauerte alle Wirren und Krisen des vergangenen Jahrhunderts, sie ist heute noch voll in Betrieb. Die Klöppelarbeiten sind nicht nur beliebte Souvenirs für Touristen, sie gehen auch als Exportartikel hinaus in die Welt. Die Schule (Prelovčeva ul. 2) kann an Wochentagen besichtigt werden.

Von Idrija führt nun die [102] über **Godovič/Godowitsch** (13 km ab Idrija) nach **Črni vrh** (7 km ab Godovič), schließlich mit zahlreichen Kehren am Hang des Javornik aufwärts, dann mit gleichmäßigem Gefälle über Col (9 km nach Črni vrh), mit schönem Tiefblick in das Wippachtal nach **Ajdovščina/Haidenschaft/Aidussina** (103 m), 25 km ab Godovič; nach Vipavski Križ siehe R 10a; nach Štanjel R 10b.

Der Ort liegt im Vipavska dolina/Wippachtal/Val Vipava, das im Norden von den Felswänden des über 1000 m hohen Karstgebirges überragt wird. Im Süden schließt sich freundliches fruchtbares Hügelland von etwa 600 m Seehöhe an, das schon in der Monarchie dem Tal den Namen „Garten Triests" eintrug. Obst-, Gemüse- und Weinanbau mit den Rebensorten Merlot, Refosco und Terano bestimmen hier die Agrarwirtschaft. Trotz des günstigen Klimas gilt das Tal als das von der gefürchteten Bora am stärksten heimgesuchte Gebiet. Mit bis zu 150 km/h braust der Sturm hier an bis zu 42 Tagen im Jahr vom Karst meerwärts. In den Ortschaften des Tales sind daher die meisten Dächer noch mit schweren Steinen zusätzlich beschwert.

Bereits in der Jungsteinzeit siedelten sich hier die ersten Bewohner an. Die Römer erbauten durch das Tal eine ihrer Heerstraßen, die dann zur Zeit der Völkerwanderung den aus dem Osten vordringenden Völkern einschließlich der Osmanen als Wegbereiter in den Süden diente. Wehranlagen aus den unterschiedlichsten Bauperioden sollten deshalb das Tal vor den räuberischen Einfällen schützen. Im Ersten Weltkrieg befand sich das Gebiet ab 1916 nach dem Verlust des ö.u. Görzer Brückenkopfes unmittelbar hinter der Front.

K.u.k. Feldbahnstrecke Idria-Tribusa im geologisch schwierigen Gelände des Idria-Tales.

Haidenschaft, 1916 (BU)

Vom 1. Mai 1914.						71 g. Görz Südbf. – Haidenschaft.		Nac
—	—	5 42	12 30	7 25	8 12	ab *Triest* Sbf. 70 . . . . an		8 5
—	—	7 15	1 50	7 35	9 13	ab *Cormons* Sbf. 70 . . . . an		7 4
Fahrpr. h 2	3	G 2,3 1153	G 2,3 1155	G 2,3 1157	G 2,3 1159	Km.	*Wippachtalbahn. Im Staatsbetriebe.* Direktion Triest	Km.	G 2, 115
V. Görz.					SF				
—	—	8 20	2 34	8 55	10 41	—	ab Görz Sbf. ✕ 70, 71 ∾ 1035a . an	28	6 3
30	20	8 30	2 43	9 04	10 49	4	St. Peter bei Görz	25	6 2
50	40	8 49	2 58	9 20	10 58	8	Volčjadraga	21	6 1
80	50	8 57	3 06	9 28	11 06	12	an **Prvačina 71** . . . . ab	16	6 0
—	—	5 40 7 30	12 48	7 44	—		ab *Triest* Sbf. 71 . . . . . . an		7 2
—	—	9 10	3 18	9 36	11 07	12	ab Prvačina 71 . . . . an	16	5 5
90	60	9 19	3 25	9 43	11 11	14	Dornberg	15	5 5
100	70	9 31	3 37	9 53	11 20	16	Batuje	12	5 4
140	90	9 42	3 47	10 03	11 30	21	Kamnje H.	8	5 3
150	100	9 49	3 54	10 10	11 37	23	Dobravlje H.	6	5 2
160	110	10 00	4 05	10 19	11 43	25	Heiligenkreuz-Cesta	4	5 1
180	120	10 07	4 12	10 26	11 50	28	an **Haidenschaft** . . . . ab	—	5
Vom 1. Mai 1914.									

Ajdovščina ist der wirtschaftliche Mittelpunkt des Tales und uralter geschichtlicher Boden. Im Stadtzentrum befinden sich Reste der römischen Festungsmauern und der dazugehörige Turm. In dieser Gegend fand auch die berühmte Schlacht zwischen den beiden Kaisern Konstantin und Theodosius statt, die zur Zweiteilung des Imperiums in ein ost- und ein weströmisches Reich führte. Der Überlieferung nach hatte die Bora die Pfeilschützen Konstantins begünstigt.

Haidenschaft wurde 1915-1917 zu einer Drehscheibe der ö.u. Versorgung in Richtung des damals verkehrsmäßig nur sehr schlecht erschlossenen Gebietes zwischen dem Ternovaner Wald und Bainsizza. Deshalb sah sich die k.u.k. Armeeleitung gezwungen, ein neues militärisches Transportsystem raschest aufzubauen, um Nachschub und Versorgung für die schwer ringende Truppe nur einigermaßen sicherzustellen. Erschwerend wirkten sich dabei die öfter wechselnden Frontlagen aus. Anlagen gerieten in den Feuerbereich der gegnerischen Artillerie oder gingen im Zuge von Frontrücknahmen überhaupt verloren.

Wippachtal-Bahn

(im Betrieb k.k. österr. Staatsbahndirektion Triest; Fahrplan Nr. 71g)

Ausschlaggebend für diese Entwicklung war, dass nur Haidenschaft als einziger frontnaher Entladebahnhof für den Gesamtraum verblieb. Wegen kriegsbedingter Unterbrechungen im Isonzotal bestand nur mehr diese eine Verbindung aus dem Hinterland über die Strecke Laibach/Ljubljana - Triest (k.k. priv. Südbahn-Ges., Fahrplan Nr. 62).

Vom Abzweigebahnhof Opicina konnte zunächst die Strecke in Richtung Görz über Batuje bis zur Station Prvačina befahren werden (k.k. österr. Staatsbahnen Fahrplan Nr. 71). In diesem Bahnhof zweigte die Linie nach Haidenschaft ab. In Prvačina war ein zeitaufwendiges Stürzen des Zuges (Umsetzen der Lok an das andere Zugende) notwendig. Als die Front und damit der Ertragsbereich der gegnerischen Artillerie immer näher an Prvačina heranrückte und am 8.8.1916 der ö.u. Görzer Brückenkopf verloren ging, musste eine Umfahrungsschleife ausgehend vom Bahnhof Batuje gebaut werden. Diese wies drei neue Brücken über die Wippach auf. Dadurch konnte der Zugsverkehr bis Haidenschaft weiter durchgeführt werden.

Erbauer: 3 k.u.k. Eisenbahn-Kompanien und 4 Kriegsgefangenen-Arbeiter-Abteilungen. Gesamtlänge: 2,7 km. Bauzeit: 1.9. - 1.10.1916

Umfahrungsschleife Reifenberg - Batuje, eine der drei Wippach-Brücken, Belastungsprobe mit Staatsbahn Lok Reihe 80

K.u.k. „Erzherzog Eugen" -Seilbahn

Zur Weiterbeförderung des mit der Bahn einlangenden Transportgutes wurde diese Seilbahn durch k.u.k. Eisenbahn-Kompanien erbaut. Aufgrund des starken Transportaufkommens musste dann noch zusätzlich parallel zur bestehenden Trasse eine zweite Seilbahn errichtet werden. Von einigen der zahlreichen Zwischenstationen zweigten Verteilerseilbahnen in Richtung Front ab.

Linienführung der „Erzherzog Eugen"-Seilbahn: Haidenschaft - Predmeja - Poncala - Lokve - Čepovan - Tribuša - Grahovo im Bača-Tal (siehe R 8).

Wegen der Bedeutung als Umschlagplatz waren in Haidenschaft dementsprechend viele Versorgungseinrichtungen, Werkstätten und Magazine etabliert. In der Nähe des Ortes befand sich auch ein k.u.k. Feldflugplatz, von dem die Flugzeuge zu Einsätzen über der Isonzofront starteten. Als die Front 1918 dann bereits am Piave verlief, richtete die Explosion eines Munitionsdepots schwere Verwüstungen im Ort an.

Von Ajdovščina auf der [12] nach Selo und ab hier auf der [444] weiter über Šempas/Schönpass/Sombasso nach **Kromberk** (106 m); zum M. San Gabriele R 15a, T 67.

Station Haidenschaft, k.u.k. Erzherzog Eugen-Seilbahn, Betriebsaufnahme Ende Juli 1915

Maschinenanlage der Erzherzog Eugen-Seilbahn

Der Ort Selo, Sommer 1916

Kronberg, 1916 (BU)

Der Ort wurde im 13. Jahrhundert von bayerischen Adeligen gegründet und besitzt auch jetzt noch hübsche mittelalterlich wirkende Gassen in seinem Zentrum. Die einstige Burg im Besitz der Grafen Coronini wurde im 17. Jhdt. im Renaissancestil umgestaltet. Heute befindet sich dort ein Regionalmuseum „Goriški muzej", Grajska 1, mit einer ethnographischen Sammlung, die vor allem eisenzeitliche und römische Funde aus Most na Soči präsentiert. In der Burg kann außerdem eine Sammlung über die Wohnkultur im 19. Jhdt. besichtigt werden.

Von Kromberk sind es dann nur mehr 2 km nach **Nova Gorica** (98 m), insges. 25 km ab Ajdovščina, Näheres siehe bei R 9.

Requisitenwagen M. 97.

ROUTE 10a

Ajdovščina/Haidenschaft/Aidussina - Vipavski križ/Santa Croce

Hinfahrt: R 10

Bes. Hinweis: teilweise verlassene typische Karstsiedlung, in der sich Vergangenheit und Gegenwart in einer geglückten Symbiose mit bereits leichtem südlichem Flair begegnen.

Karten: Ka 2, 7

Von **Ajdovščina** (103 m) auf der Hauptstraße nur etwa 4 km in Richtung Nova Gorica fahrend kommt man zu einer Abzwg. (Hinweisschild), hier biegt man nach re. ab und erreicht den auf einem steilen Hügel befindlichen kleinen Ort **Vipavski Križ/ Santa Croce** durch sein Südtor. Die Ansiedlung wurde bereits 1252 urkundlich erwähnt. Die Burg und die den Ort gegen Venetianer und Türken schützenden Stadtmauern wurden im 15. Jhdt. erbaut. Vipavski križ, im Besitz der Grafen Attems befindlich, erlebte seine Blütezeit im 16. Jhdt. und erhielt als erste Ansiedlung im ganzen Gebiet das Stadtrecht verliehen. Später gaben die Attems ihren Besitz auf und damit setzte der allmähliche Verfall ein.

Die Ruinen der mächtigen Burganlage beeindrucken heute noch durch ihre Größe. Der Name des Ortes „Heiliges Kreuz" stammt von dem 1636 gegründeten Kapuzinerkloster, dieses ist durch seine Bibliothek mit wertvollen Büchern und Manuskripten bekannt geworden. Vipavski križ steht heute unter Denkmalschutz.

ROUTE 10b

Ajdovščina/Haidenschaft/Aidussina - Vipava - Štanjel/St.Daniel/San Daniele - Branik - Volčja Draga - Šempeter - Nova Gorica

Hinfahrt: R 10

Bes. Hinweise: Fahrt zu einem typischen Karstdorf, das durch seine Geschichte auch zu einem Spiegelbild europäischer Zeitgeschichte wurde. Štanjel ist Bahnhof der Strecke Nova Gorica - Sežana und Bus-Haltestelle.

Karten: Ka 2, 7

Weiterfahrt: R 9, R 10

Von **Ajdovščina/Haidenschaft** (103 m) im Tal der Vipava [12] zur gleichnamigen Ortschaft **Vipava/Wippach**, 6 km; der Ort war bis 1938 Kurort und hat sich nun zum Zentrum des international bekannten Weinbaugebietes - Vipavske dolina/Wippachtal mit dem „Weintempel" im Schloss der Grafen Lantieri - gewandelt. Bereits 1894 entstand hier Sloweniens erste Weinbauerngenossenschaft.

Aus der steilen Felswand Skalica gleich hinter dem neuen Schloss entspringt der Fluss Vipava. Eine typische Karsterscheinung bei dieser Quelle: Das Wasser stammt aus verschiedensten Einzugsgebieten. Mittels gefärbten Wassers konnten die einzelnen unterirdischen Verbindungen nachgewiesen werden, die sich bis Postojna/Adelsberg erstrecken.

3 km nach Vipava Abzw. rechts und auf der [614] nach **Štanjel/St. Daniel/San Daniele** (311 m), 12 km, ein Musterbeispiel für ein typisches Karstdorf. Die Häuser sind fast terrassenförmig am südlichen und südwestlichen bewaldeten Hang übereinander situiert. Fenster und Türen befinden sich auf der der Burja/Bora abgewandten Seite in Richtung der Weinberge. Das Zentrum erinnert trotz der Schicksalsschläge im Verlaufe der Jahrhunderte an ein mittelalterliches Städtchen. Wie rar das Wasser immer wieder im Karst sein kann, beweisen die steinernen Dachtraufen an den Häusern, mit deren Hilfe das kostbare Nass in Zisternen geleitet wurde.

Man betritt vom Parkplatz kommend Štanjel durch das gotische Westtor und wird sofort vom historisch-südlichen Flair umgeben, der von den alten Häusern und den Brunnen ausgeht. Treppen leiten den Besucher weiter bis zum von Kastanienbäumen umsäumten Kirchenplatz. Die Kirche des Hl. Daniel besitzt als typisches Wahrzeichen einen schlanken Turm, der mit seiner Steinspitze eher an ein osmanisches Minarett erinnert. Im Inneren der Kirche befindet sich am Hauptaltar ein aus dem 17. Jhdt. stammmendes Marmorrelief, das Štanjel von damals zeigt.

Der Ort ist von seiner Besiedlungsgeschichte her einer der ältesten im Karst, sie reicht bis zur Hallstattzeit zurück, ein illyrisches Gräberfeld gilt als weiterer Beweis. Die Römer schützten wie überall in ihrem großen Reich auch hier die für sie wichtige Handelsstraße militärisch. Die Reste des Fundaments eines Wachturmes, auf dem einst Legionäre Ausschau hielten, sind heute noch erhalten. Einheimische bezeichnen ihn als „ledenica" (Eiskeller). Im 12. Jhdt. wird Štanjel bereits verbrieft. Angesichts der immer größer werdenden Gefahr der Türkeneinfälle erhielt der Ort eine Stadtmauer. Gegen Ende dieses Jahrhunderts erbauten die Grafen Kobenzl auf den alten Burgfundamenten aus dem 16. Jhdt. ein Stadtschloss. Eine Grabplatte dieses für die Gegend bedeutenden Geschlechts befindet sich in der Kirche. Im Ersten Weltkrieg diente das Schloss von 1915 bis Oktober 1917 als Spital. Vom Bahnhof St. Daniel-Kobdil fuhren fast täglich die Lazarettzüge in das Hinterland.

Bahnhof St. Daniel, rechts das Benzingleis, 23.8.1917, am Hügel im Hintergrund die Ortschaft mit ihrem markanten Kirchturm

1944 wurde das Schloss durch Partisanen zerstört (siehe auch Ferrari-Villa u. Park), die Republik Slowenien hat es nun wieder originalgetreu aufgebaut. In dem villenartigen Komplex wurde jetzt eine Sammlung der Werke des Avantgardisten Lojze Spacal untergebracht *(Galerie, Sa-So 10-12, 14-19 Uhr)*. Im Museum ist auch der Schlüssel für das Ethnologische Museum erhältlich, das sich in der Nähe in einem Karsthaus befindet *(Kraška hiša; Öffnungszeiten: Sa-So 10-12, 14-19 Uhr)*, u.a. sind eine typische schwarze Küche, *Črna kuhinja*, sowie eine Werkstätte zu besichtigen.

Das Schicksal eines der bedeutendsten Architekten Sloweniens, Maks Fabiani, ist eng mit dem von Štanjel verbunden und zugleich ein Spiegelbild des zerrissenen Europas im vergangenen Jahrhundert. Fabiani wurde 1865 geboren und studierte in Wien, wo er dann ein Architekturbüro aufmachte. Er wandte sich speziell der Urbanisation zu, wobei ein besonderer Schwerpunkt in seinem Schaffen der Erhaltung traditioneller Bauelemente gewidmet war. Es gelang ihm, einen lang gehegten Plan zu realisieren, am Südhang unterhalb der Stadtmauern von Štanjel alte, total vernachlässigte Häuser nach seinen Vorstellungen zu komfortablen Villen umzugestalten. Bereits 1923 war der erste Teil bezugsfertig. Fabiani gestaltete nun im Umfeld die verwilderten Gärten zu einer hochherrschaftlichen Parklandschaft um. Nach dem Sponsor des Projekts erhielt der Komplex die Namen Ferrari-Park und Ferrari-Villa.

Bis zum Beginn des Zweiten Weltkriegs konnte Fabiani seine Vorhaben weitestgehend fertigstellen. Doch dann nahm das Schicksal seinen Lauf, wie in so vielen anderen Teilen in fast ganz Europa. Fabiani war von 1933-1945 Bürgermeister von Štanjel. Als dann deutsche Truppen die italienischen nach dem Abfall Italiens von der Achse ablösten, konnte Fabiani aufgrund bester Kontakte aus vergangenen Zeiten den Ort vor allen Übergriffen bewahren. Denn noch vor dem Ersten Weltkrieg war Adolf Hitler in Fabianis Architekturbüro in Wien als Zeichner tätig gewesen. Nun nützte Fabiani seine alten Beziehungen zu Hitler aus, wenn es ernstliche Probleme gab. Auf der anderen Seite geriet Fabiani dadurch in den Ruf eines Kollaborateurs, der ihm und dem Ort fast zum Verhängnis werden sollte. Als 1944 Titos Partisanen das Wippachtal besetzten, brandschatzten und verwüsteten sie Štanjel und auch Fabianis Lebenswerk samt der Villa Ferrari. Er starb 1962 fast hundertjährig.

Unter dem volksdemokratischen Regime Titos und danach geschah zum Wiederaufbau von Štanjel fast nichts, obwohl es unter Denkmalschutz stand. Die undurchsichtige Rolle Fabianis während der Besatzungszeit wirkte sich noch immer negativ aus. Erst nach dem Entstehen des selbständigen Sloweniens ist man wieder bemüht, das historische Ensemble zu retten. Die Universität Ljubljana arbeitet nun an einem speziellen Projekt, um Fabianis Werk noch für die Nachwelt zu erhalten, was sich aber als äußerst schwierig erweist, da 1944 auch alle Pläne vernichtet wurden. In den Räumen der Burg ist seit 1998 eine Präsentation Fabianis Wirken gewidmet.

Der Friedhof, November 2001

Pfeiler des ehemaligen Eingangstores, ein Bajonett darstellend

Der k.u.k. Soldatenfriedhof St. Daniel

Elf italienische Isonzo-Offensiven forderten einen schrecklich hohen Blutzoll. Fast täglich kamen die Tragbahren mit den toten Soldaten, die auf dem Transport gestorben waren. Oft wurden 100 und mehr auf einmal beerdigt. Die vorne an der Front Gefallenen wurden gleich dort begraben *(nach Andrej Zlobec „Za blagor očetnjave")*. Der Friedhof wurde nach Plänen des Architekten k.u.k. Leutnant Joseph Ulrich 1916-1917 angelegt.

In der Zwischenkriegszeit wurde er weiter gepflegt, danach setzte der Verfall ein. Die Kreuze sind verschwunden, nur die steinernen Grabtafeln sind erhalten, bei denen es sich vor allem um Soldaten jüdischer Konfession handelt: Deszö Steiner Fähnrich - Inf. Rgt. 46 - morto il 19.VIII.1917. Das Todesdatum auf Italienisch lässt darauf schließen, dass der Grabstein erst nach dem Krieg durch Angehörige gestiftet wurde.

Der Friedhof liegt nahe der Eisenbahnstrecke Nova Gorica - Sežana. Bevor man Štanjel erreicht, befindet sich links ein Partisanendenkmal, hier folgt man nach rechts dem Hinweisschild zum Bahnhof, an diesem vorbei erblickt man rechts bereits das Monument des Friedhofs. Er wird auch vom Fabiani-Rundweg berührt.

Die Weiterfahrt von Štanjel geht nun auf der [204] durch ein Seitental des Vipavska dolina am Fluss Branica entlang in Richtung **Branik**. Bei km 6,5 rechterhand direkt neben der Straße der k.u.k. Soldatenfriedhof.

Ö.u. Soldatenfriedhof Branik

Direkt im Ort Branik befindet sich ein weiterer k.u.k. Soldatenfriedhof rechts neben der Straße, der ebenfalls noch Kreuze mit Namensschildern aufweist.

Weiter über **Volčja-Draga** nach **Nova Gorica** (98 m), 26 km ab Štanjel.

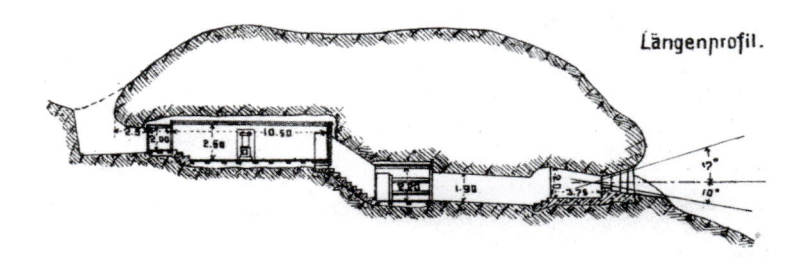

Bahnhof Volčja-Draga, Sommer 1917

Bahnhof Volčja-Draga, Herbst 2001

ROUTE 11

Tolmin/Tolmein - Tolminka-Tal - Abzwg. Javorca - Polog

Hinfahrt: R 1, R 6, R 9

Bes. Hinweis: Die Straße wurde ab 1915 von ö.u. Soldaten und russischen Kriegsgefangenen erbaut. Sie stellte die wichtigste ö.u. Verbindung vom jeweiligen Eisenbahnendpunkt im Bača-Tal zu den schwer und verlustreich umkämpften ö.u. Höhenstellungen zwischen Vodel - Sleme und dem Mrzli vrh her. Gleich nach Zatolmin betritt man den Triglav-Nationalpark.

Karten: Ka 1, 3, 4

Weiterweg: T 46

Von **Tolmin/Tolmein** (201 m) nach Zatolmin (258 m), dann wendet sich die Straße dem Tolminka-Tal zu, dem sie teilweise sehr hoch über dem Flussbett bergaufwärts folgt. Nachdem linker Hand Za stena passiert wurde, kommt man zu einer **Abzweigung**, li. zu der berühmten **Jugendstil-Kirche von Javorca**, siehe T 36. Die Straße führt am Talboden verbleibend noch ein kurzes Stück weiter bis nach **Polog**, hier Kfz parken; zahlreiche Reste von Fundamenten usw.

Hier befand sich 1915-1917 eine ganze ö.u. Barackenstadt mit Unterkünften, Magazinen und Werkstätten; eine k.u.k. Gebirgsfeldbäckerei mit 9 Backöfen stellte nicht nur für die Armee Brot her, sondern auch für den noch verbliebenen Rest der Zivilbevölkerung; eine Inschrift weist heute noch auf diese wichtige Versorgungseinrichtung hin.

Zahlreiche Sektionen einer k.u.k. Kriegsseilbahn stellten die Verbindung vom Feldbahnhof Zlatorog (R 17) zur Pl. na Kraju mit dem „Erzherzog Eugen-Lager" (T 56) und über den Sattel Prehodel (1639 m, T 45) nach Polog her. Die oberhalb von Polog entspringende Tolminka ermöglichte 1917 den Bau des Feldkraftwerks „Zentrale Pologar" durch das mehrere Seilbahnen vom Antrieb mit Benzinmotoren auf Elektrobetrieb umgestellt werden konnten. Trotz allen technischen Fortschritts verblieben bei Betriebsunterbrechungen der Seilbahnen für die Durchführung des Nachschubs nur die Tragtiere oder Trägerkolonnen.

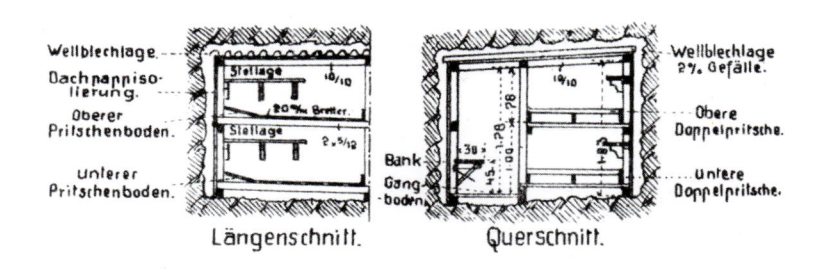

Feldmäßige Stallungen der ö.u. Tragtierstaffeln in Polog, im Vordergrund eine Reihe Karretten (einachsige Wagen)

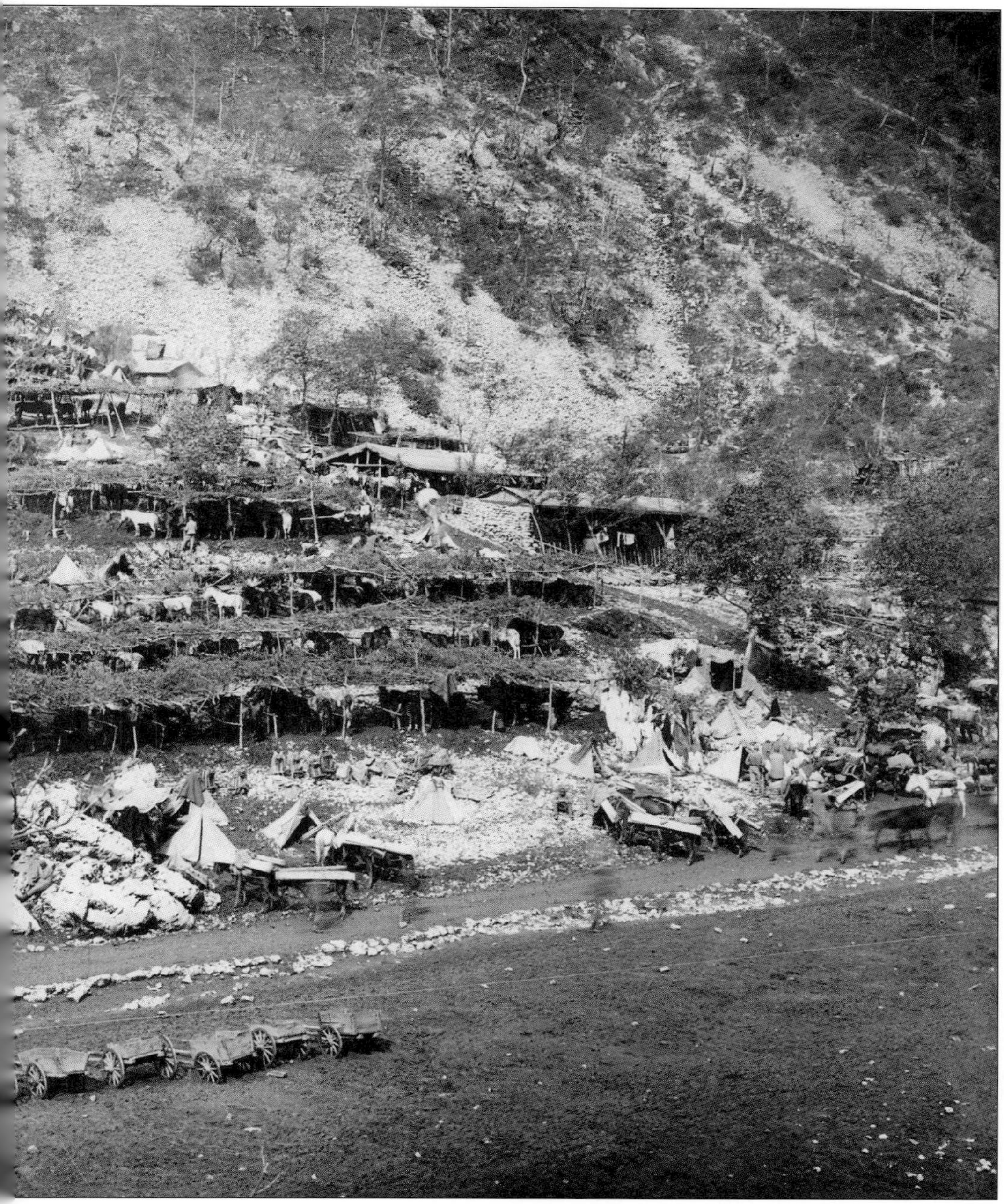

Kirche Javorca — Pretovč — Berg Javorca

Kommando des k.u.k. XV. Korps in Polog.

ROUTEN

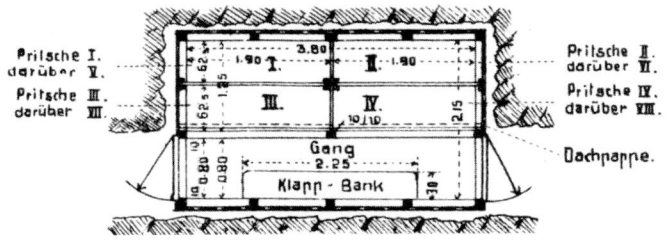

Pritsche I. 3.80   Pritsche II.
darüber V. 1.90 1.90   darüber VI.
Pritsche III. III. IV. Pritsche IV.
darüber VII.   darüber VIII.
           Gang   Dachpappe.
           2.25
           Klapp-Bank

K.u.k. Feldpostamt Stelle Polog

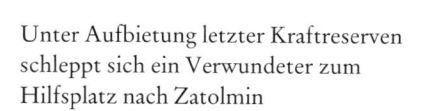

Unter Aufbietung letzter Kraftreserven schleppt sich ein Verwundeter zum Hilfsplatz nach Zatolmin

Das für das k.u.k. XV. Korps zuständige Kriegsgericht tagte entweder in Polog oder in Podmelec

Das Lager Polog war zugleich ein Musterbeispiel für die damals schon gezielt eingesetzte psychologische Kriegsführung. Öfters hatte hier auch eine Militärmusikkapelle ihr Quartier, die mit ihren Klängen die Moral der an die Front gehenden oder aus den Schützengräben zurückkehrenden Soldaten wieder heben sollte. Eine große Baracke in der Nachbarschaft beherbergte das zuständige Kriegsgericht, das bei besonders schweren Vergehen - wie Verweigerung des Dienstes mit der Waffe - Todesurteile fällte, die dann des Öfteren in Podmelec bei der Brigade vollstreckt wurden.

Das Tolminka-Tal gehörte von 1918 bis 1945 zum Königreich Italien, in dieser Zeit wurden auch hier wie z.B. in der Trenta (R 16) zahlreiche Befestigungsanlagen (Vallo Littorio) erbaut, alle mit Schussrichtung Norden, also damals gegen das Königreich Jugoslawien gerichtet.

ROUTE 12

Tolmin - Ljubinj - Pl. Stador - Pl. Lom (- Pl. Kuk)

Hinfahrt: R 1, R 9, R 10

Bes. Hinweise: Ausgangspunkt für zahlreiche lohnende Höhenwanderungen ab der Koča na Razor planini/Razor-Alm

Karten: Ka 1, 4

Weiterweg: T 38

Von **Tolmin** (200 m) zunächst über die Tolminka nach **Ljubinj** (387 m), R 8a.

Hier biegt man nach **links** ab (Hinweisschild) und gewinnt über mehrere Serpentinen rasch an Höhe; in nördlicher Richtung weiterfahrend erreicht man **Koča na Planini Stador** (800 m), T 37 und danach die **Planina Lom** (1029 m), T 38, Parkplatz; (Weiterfahrt zur Planina Kuk ist meist gesperrt).

ROUTE 13

Tolmin - Žabče - Zadlaz Žabče - Tolminske Ravne

Hinfahrt: R 1, R 9, R 10

Bes. Hinweise: Ausgangspunkt für zahlreiche lohnende Höhenwanderungen

Karten: Ka 1, 3, 4

Weiterweg: T 39

Von **Tolmin** (200 m) über die Tolminka und danach **links** abbiegend nach **Žabče** (223 m) und entlang des Zadlaščica-Baches aufwärts nach **Zadlaz Žabče** (400 m). Danach wendet sich die Straße der anderen Talseite zu, um entlang des Jelovšček-Baches weiter an Höhe zu gewinnen. Schließlich gelangt man mit mehreren Serpentinen zum Endpunkt der Straße in **Tolminske Ravne** (924 m), Parkplatz.

ROUTE 14

Tolmin - Most na Soči/S. Lucia-Tolmein - Dolenja Trebuša/Tribusa - Čepovan - Grgar - Ravnica - Nemci - Lokve - Čepovan - Kal nad Kanalom - Avče/Auzza - Kanal

Hinfahrt: R 1, R 9, R 10

Bes. Hinweise: Das Tal der Idrijca bildete eine der wichtigsten Verbindungen für den ö.u. Nachschub. Bedingt durch die Steilabfälle der Hochfläche zum Idriatal mussten die Nachschubstraßen in teilweise schwierigstem Gelände erbaut werden, siehe hist. Teil D, 11. Isonzoschlacht. Zwischen Trebuša und Čepovan größtenteils Schotterstraße, fahrzeugbreit (1,80 m), mit zahlreichen Ausweichen, tw. im Fels trassiert, landschaftlich sehr schön, eindrucksvolle Tiefblicke. Gegenverkehr beachten!

Karten: Ka 1, 2, 4, 7

Von **Tolmin** (200 m) wie bei R 10 beschrieben bis **Dolenja Trebuša** (191 m), 21 km. Hier biegt man nach rechts Richtung Čepovan ab [608], überquert auf einer Brücke die Trebušica und fährt an Einzelgehöften vorbei, bis nach 3,4 km die Asphaltstraße endet.

Nun gewinnt man auf der Schotterstraße - zum Teil im Fels trassiert - rasch an Höhe, bis man nach 6 km bei Kote 761 den höchsten Punkt der Straße erreicht. Ab der Wasserscheide im Waldgelände abwärts, nach ca. 1 km beginnt wieder die Asphaltfahrbahn, nach einem weiteren Kilometer erreicht man **Čepovan** (600 m). Gleich bei der Ortseinfahrt rechterhand der Zivilfriedhof, davor ein pyramidenförmiges Denkmal, das den Platz des aufgelassenen ö.u. Soldatenfriedhofs kennzeichnet.

Čepovan wurde zu einem wichtigen Nachschub- und Versorgungspunkt für den gesamten ö.u. Abschnitt. Hier befanden sich das XVII. Korps- und das zuständige Divisionskommando, zahlreiche Magazine und Werkstätten, die Zwischenstation der von Haidenschaft heraufführenden Seilbahn und ein großes Feldspital mit mehreren Objekten, von dem heute nur mehr Fundamentreste vorhanden sind. Zuerst wurden die Toten am Ortsfriedhof bestattet, dann ein eigener Soldatenfriedhof angelegt, auf dem ca. 2500 Gefallene ihre letzte Ruhe fanden. Für die kurzzeitig hier in Retablierung befindlichen Soldaten richtete man ein Frontkino ein. Am 10. April 1917 besuchte Kaiser Karl den Ort. Čepovan wurde ab Frühjahr 1917 in zunehmendem Ausmaß Ziel zahlreicher Bombenabwürfe von Caproni-Bombern. Wegen der immer stärker werdenden ital. Artilleriewirkung wurde das Korpskommando von Čepovan nach Lokve verlegt.

Im Čepovaner Tal, das keinen Bach aufweist, auf der [607] nach **Grgar** (286 m), 12,3 km, R 15.

Ö.u. Soldatenfriedhof Grgar, 1916

Auf dem Bild des Soldatenfriedhofes Grgar aus dem Jahre 1916 sieht man im Hintergrund einen Höhenzug, auf dem sich die Kote 800 „Gomilla" befindet. Später auch als „Quota Papa" nach dem ital. General Achille Papa, Kommandant der 44. Division benannt, der dort schwer verwundet wurde. In Begleitung eines Capitanos inspizierte er am 5.10.1917 einen seiner Meinung nach neuralgischen Punkt in der italienischen vordersten Linie. Es herrschte an diesem Tag dichter Nebel. Als sich dieser plötzlich hob, fiel ein Schuss aus einem ö.u. Mannlicher Scharfschützen-Gewehr, der den General in die Brust traf.

Soldaten brachten ihn auf einer Tragbahre in einem langen Fußmarsch auf den nächstgelegenen Hilfsplatz „Sveto sorgente" oberhalb des Ortes Bate (R 15). Sofort alarmierte Chirurgen versuchten durch eine Notoperation sein Leben zu retten. Doch nur wenig später verstarb der General, nachdem ihm ein Militärkaplan noch die Sterbesakramente spenden konnte. Er wurde später dann im Ossarium von Oslavia beigesetzt.

An der Stelle, wo ihn die Todeskugel traf, befindet sich ein pyramidenförmiges Denkmal, das während des Zweiten Weltkrieges durch Tito-Partisanen schwer beschädigt wurde. 1971 konnte es wieder in einen würdigen Zustand versetzt werden. Es markiert gleichzeitig jene Stelle, an der die italienische Armee im Zuge der 11. Isonzoschlacht am weitesten ostwärts vorstoßen konnte.

Ö.u. Soldatenfriedhof Grgar, 2001

Gleich hinter Grgar biegt man links auf die [608] nach Lokve ab. Nach ca. 4 km wird **Ravnica** erreicht (446 m), R 15a.

Ravnica, 1916 (BU)

Ö.u. Soldatenfriedhof,
Oktober 2001

Kh 2

    Im Ort Hinweistafel zum Soldatenfriedhof, rechts abbiegend erreicht man nach ca. 300 m linkerhand den zivilen Friedhof, gleich unter diesem der ehem. ö.u. Soldatenfriedhof mit einem Denkmal in Kreuzform mit Inschrift.

    Besonders ab 1917 lag der Ort, der als wichtigste Nachschubbasis für den Monte San. Gabriele diente, fast ständig unter schwerstem italienischem Artilleriefeuer und war außerdem Ziel vieler Fliegerangriffe. Im Bomben- und Granatenhagel versank der Ort in Schutt und Asche, nur spärliches Leben war in den Kellern vorhanden, wo die Versorgungsorgane trotz aller Schwierigkeiten versuchen mussten den Nachschub sicherzustellen.

    Von Ravnica erbauten österr. Soldaten eine Straße zu dem kleinen Weiler Pri Peči. Ab diesem musste dann die Versorgung zum Gipfel des Monte S. Gabriele durch Trägerkolonnen erfolgen, für die der Weg sehr oft zum Todesmarsch wurde.

    Ab Ravnica bietet sich von der Straße ein weitreichendes Panorama bis zur Adria am Horizont, ehe man **Trnovo/Ternova** erreicht hat.

Ternova, 1916 (BU)

Dann weiter auf guter Straße bis nach **Nemci**, 9 km, dort weist eine Hinweistafel nach rechts zum Soldatenfriedhof, auf Schotterstraße ½ km bis wieder ein Hinweisschild nach re. weist; hier Fahrzeug abstellen und zu Fuß ca. 250 m zum ö.u. Soldatenfriedhof. Grabsteine für Angehörige einer schweren Haubitzbatterie, diese dürfte in unmittelbarer Nähe ihre Feuerstellung gehabt haben, in der nahen Umgebung tiefe Granattrichter.

Ö.u. Soldatenfriedhof Nemci, 1929

Ö.u. Soldatenfriedhof Nemci, 2001

Nur mehr einzelne Grabsteine erinnern an den Friedhof, Oktober 2001

Volltreffer im ö.u. Munitionsdepot Nemci

Von Nemci weiter durch den Ternovaner Wald nach **Lokve** (947 m) 3,5 km.

Im Ort Straßenteilung re. nach Predmeia [SN 609], wir benützen die linke Straße, die kurz nach der Ortsausfahrt in eine Schotterfahrbahn übergeht. Nun durch Wald gleichmäßig fallend (12 %), nach **Čepovan** (600 m), 4 km.

Ö.u. Seilbahnstation Lokve der Strecke Haidenschaft-Trebusa-Grahovo

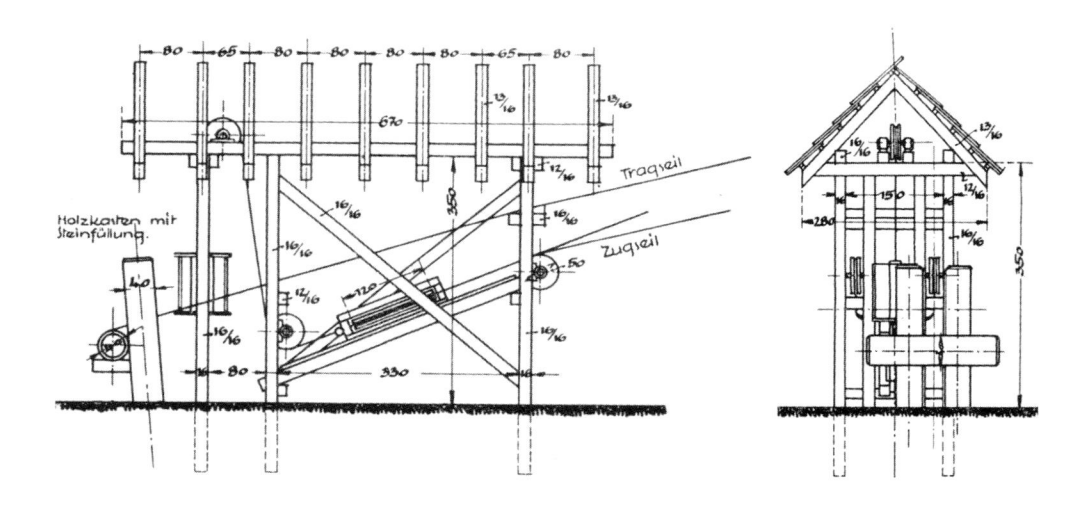

Wie die Bilder sich gleichen:
Die von ö.u. Soldaten erbaute
Straße von Predmeja, 1916

Die ebenfalls von ö.u. Soldaten
erbaute Straße von Trebuša
nach Čepovan, Oktober 2001

In Čepovan biegt man nach links (Hinweistafel: Kal) ab. Die schmale asphaltierte Straße mit 12 % Steigung führt hinauf nach Lokovec, 2,3 km; links weiter, nach 4 km erreicht man eine Vorrangstraße (R 15), auf dieser biegt man nach rechts ab Richtung Kal - Kanal und erreicht nach ca. 4 km **Kal nad Kanalom** (677 m) und nach weiteren 9 km die Ortschaft **Avče** (192 m). Gleich bei der Ortseinfahrt kann man nach rechts abbiegend den Bahnhof Avče/Auzza erreichen, bei dem eine Straßenbrücke die Soča übersetzt und man die R 9 bei Ročinj erreicht.

In der Ortsmitte von Avče links auf schmaler Nebenstraße so lange abwärts, bis rechterhand am Talgrund ein 2,5 m hohes Denkmal in Bajonettform sichtbar wird, das den Standort eines ehem. ital. Soldatenfriedhofes kennzeichnet.

Oberhalb dieses Friedhofs befand sich in der ersten Phase der Isonzokämpfe eine große ö.u. Barackensiedlung, von der nur mehr ganz spärliche Fundamentreste zu finden sind. Aber an einem Felsen befindet sich eine noch gut erhaltene Betontafel, die mit folgender interessanter Inschrift in ungarischer Sprache von den einstigen Bewohnern kündet: *1915-1917 / JANICSŔR TELEP / M.k. nagyváradi V/4. nepf. zlj.*; (Janitscharen-Lager eines königl. ung. Bataillons aus Großwardein).

Ital. Soldatenfriedhof Avče

ROUTEN 111

Zurück zur Hauptstraße und auf dieser weiter abwärts. Kurz nach dem kleinen Weiler Bodrež kommt eine Brücke über den Oševlje-Bach, auf der sich eine Hinweistafel befindet, die an die alliierte Verwaltung nach dem Ende des Zweiten Weltkrieges erinnert.

Bald danach erreicht man den Ort **Kanal** (103 m) 7,6 km, wo man in die Straße durch das Isonzo-Tal [103] einmündet; R 9.

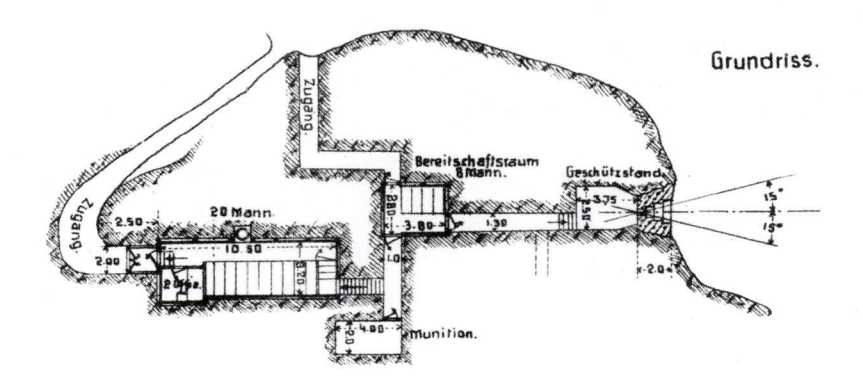

ROUTE 14a

Kal nad Kanalom - Most na Soči

Hinfahrt: R 14

Bes. Hinweis: durchgehende Asphaltfahrbahn, max. Fahrbahnbreite 1,60 m, stellenweise 15-20 % Steigung. Diese Route bietet sich insbes. für Biker und ev. für kleinere Pkw mit nervenstarken Fahrern an.

Karten: Ka 1, 2, 4

Diese von k.u.k. Pionieren und Kriegsgefangenen-Abteilungen erbaute Straße erhielt den Namen des Kommandanten der Isonzo-Armee „Gen. Boroevic-Straße". Größte Bedeutung erlangte sie im Zuge der 11. Isonzoschlacht, als italienischen Truppen ein tiefer Einbruch auf der Hochfläche von Bainsizza gelang. Die letzten noch vorhandenen Eingreifreserven auf österr. Seite marschierten über diese Straße auf die Hochfläche, wo sie den gegnerischen Vorstoß abriegeln konnten.

Die Kirchenglocken sind verstummt, sie wurden durch Trommelfeuer der Artillerie abgelöst; das Glockenmetall wird von der Rüstungsindustrie benötigt; die Glocke von Kal aus dem Jahre 1780 und die von Lom aus 1890 warten auf ihren Abtransport

Auf dieser Straße kann man nachempfinden, welche Marschleistungen die Truppe hier zurücklegen musste. Die meisten Anmarschwege lagen unter schwerem ital. Artilleriefeuer, sodass oft ganze Kompanien und Bataillone bereits vor dem Erreichen der Front zerschlagen wurden.

Von **Kal nad Kanalom** (677 m) auf sehr schmaler kurvenreicher Straße nach **Kanalski Lom**, ca. 10 km, dann über **Tolminski Lom** (596 m) und Drobočnik nach **Most na Soči** (167 m), ca. 6 km. R 8, R 9, R 10.

Ö.u. 8 cm Feldkanone M5, Feuerstellung Kote 581 bei Tolminski Lom, 1917

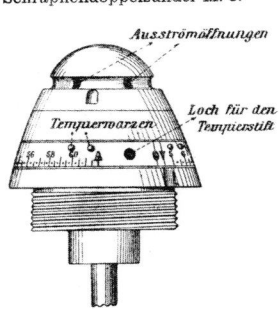

Schrapnelldoppelzünder M. 8.

ROUTE 15

Nova Gorica - Solkan/Salcano - Grgar - Grgarske Ravne - Bate - Banjšice/Bainsizza

Hinfahrt: R 9, R 10

Bes. Hinweise: Die Fahrt führt über die Hochfläche mit mehreren kleinen Dörfern in einer naturbelassenen Landschaft. Neben größeren Weideflächen weist das Gebiet sehr dichtes Unterholz auf, das ein Aufsuchen der weitläufigen Stellungsanlagen nur unter ortskundiger Führung ermöglicht. Dagegen zeugen heute noch die zahlreichen Soldatenfriedhöfe entlang der Route von dem harten Ringen um jeden Meter Boden.

Karten: Ka 1, 2, 7

Weiterfahrt: R 14

Das gesamte Gebiet war 1915-17 erbittert umkämpft. Mehrmals versuchten die Italiener über die Hochfläche hinweg einen Durchbruch zu erzwingen. Im Zuge der 11. Isonzoschlacht (17.8. - 14.9.1917) gelang den ital. Truppen ein tiefer Einbruch in die österr. Stellungen im Raum der Hochfläche von Bainsizza. Unter Zusammenfassung der letzten Reserven konnte eine neue ö.u. Widerstandslinie gebildet werden. Dieser ital. Erfolg führte auch zur Räumung des entscheidenden ö.u. Eckpfeilers über dem Görzer Brückenkopf, dem Monte Santo (R 9b).

Von **Nova Gorica** (98 m) auf der [103] nach **Solkan**, dort fast am Ortsende (Hinweisschild) Abzwg. nach re. [608]. Die Straße führt zunächst mit einer weit ausholenden Kehre aufwärts nach **Grgar** (286 m). 1,5 km nach Grgar zweigt eine kleine Stichstraße zu dem gut sichtbaren Zivilfriedhof ab. Beim Eingang trägt ein Denkmal die Inschrift „Das Vaterland seinen Helden". Rechts befindet sich der ö.u. Soldatenfriedhof, die noch vorhanden gewesenen Betonkreuze sind an der Umfassungsmauer montiert, im Wiesengelände einige Grabsteine von Offizieren.

Die Fahrt führt uns weiter nach **Grgarske Ravne** (518 m), ca. 5 km. Hier errichteten ö.u. Soldaten ein Denkmal im Jugendstil zur Erinnerung an ihre gefallenen Kameraden.

In der Ortschaft **Bate** (591 m) Hinweistafel zu dem links befindlichen ö.u. Soldatenfriedhof gleich neben dem zivilen Friedhof. Nach dem Durchbruch der ital. Kräfte im Zuge der 11. Isonzoschlacht blieb eine große Zahl unbeerdigter österr. Soldaten auf dem Schlachtfeld liegen. Wegen der drohenden Seuchengefahr wurden ca. 5000 (?) Unbekannte durch ital. Soldaten hier in Massengräbern beerdigt.

Monument an der Dorfstraße, heute (RL)

Prinzessin Maria Anna v. Parma-Brunnen, heute (RL)

Etwas oberhalb von Bate befand sich der große Hilfsplatz „Sveto sorgente" der ital. 67. Division. General Achille Papa wurde nach seiner schweren Verwundung auf der Kote 800 hierher gebracht, wo er dann verstarb; siehe unter Grgar (R 14).

Nach 5,5 km erreicht man die Hochfläche von **Banjšice/Bainsizza**. Bei der Weiterfahrt eine Abzweigung, rechts nach Čepovan, links nach Kal (677 m), R 14.

ROUTE 15a

Nova Gorica - Kromberk - Vratca/Kronbergsattel - Ravnica

Hinfahrt: R 9, R 10

Karten: Ka 2, 7

Weiterfahrt: R 14

Zur Geschichte der Straße

Die Karte Zone 22 IX. Sektion Görz, Maßstab 1:25.000 des k.u.k. Militärgeographischen Instituts, aufgenommen 1896, weist nur einen schmalen Fußsteig zwischen Kronberg und Ravnica aus. Ö.u. Pioniere erbauten 1915 eine auch für schwerere Fuhrwerke fahrbare Straße anstelle des bisherigen Pfades, als strategisch wichtige Verbindung aus dem Görzer Becken in Richtung der Ternovaner Hochfläche.

Auf der Fahrt zum Kronbergsattel kommt man zu einem von ö.u. Pionieren errichteten „Kaiser Franz Josefs-Brunnen", der heute noch gutes Quellwasser spendet. Wasserstellen besaßen damals eine noch wesentlich größere Bedeutung als heute, da nicht nur der Mensch, sondern vor allem auch der Einsatz von Pferden als wichtigstes Zugmittel davon abhängig war. Diese einzige Quelle am wichtigsten Frontweg auf den M. S. Gabriele sollte dann vielen ö.u. Soldaten beim Wasserholen das Leben kosten (Näheres siehe T 67).

Der Vratca/Kronbergsattel (403 m) liegt zwischen dem westlich von ihm befindlichen Škabrijel/M. S. Gabriele (646 m) und dem östlich davon sich erhebenden Štanjel/M. S. Daniele (553 m). Beide Erhebungen, insbesonders der M. S. Gabriele, wurden zu einem Brennpunkt schwerster ital. Angriffe (siehe T 67). Dementsprechend hoch war auch der materielle und personelle Bedarf, der größtenteils aus Richtung Ravnica über Pri Peči zum Vratca - einer Drehscheibe des Nachschubs - erfolgte.

Am unteren Westhang des Štanjel/M. S. Daniele befinden sich gleich oberhalb der Straße verschüttete Kaverneneingänge und Fundamentreste der ö.u. Baracken, hier hatte auch zeitweise das für den M. S. Gabriele zuständige k.u.k. Regimentskommando seinen Standort.

Von **Nova Gorica** (48 m) fährt man auf der Straße [10] bis nach **Kromberk** (106 m), 2 km, hier biegt man nach li. in Richtung Schloss Kromberk (Goriški muzej/ Provinzialmuseum) ab.

An diesem und an Breg vorbei nun steiler aufwärts wird schließlich der höchste Punkt mit dem **Vratca/Kronbergsattel** (403 m) erreicht.

Der wichtigste Zugang der Österreicher auf den Monte S. Gabriele führte vom Sattel durch einen tief in den Karstfels eingeschnittenen Laufgraben; wo heute noch der Beginn desselben deutlich sichtbar ist, fängt der markierte Weg zum Gipfel an, T 67.

Nach dem Sattel führt die Straße am Hinterhang der schwer umkämpften Höhen weiter, von rechts mündet dann die kurze Stichstraße von Pri Peči ein, siehe T 67. Kurz danach erreicht man **Ravnica** (446 m), R 14.

ROUTE 16

Tarvisio/Tarvis - Fusine/Weißenfels - Valico di Fusine/Rateče/Ratschach - Kranjska Gora/Kronau - Vršič-Pass/Mojstrovka - Trenta-Tal - Bovec/Flitsch

Karten: Ka 1, 3, 4, 12

In **Tarvis** wie unter R 1 beschrieben zur Abzweigung, 1,5 km. Hier geradeaus auf sehr guter Straße [SS 54] in das Val Romana/Weißenfelsertal bis nach **Fusine**, 6,4 km, seit dem Mittelalter bekannt durch die Kunst des dortigen Schmiedegewerbes, als spezieller Produktionszweig die Erzeugung von Ketten.

Hier re. abbiegend kommt man nach 2 km auf schmaler Mautstraße zu den beiden Weißenfelserseen/Laghi di Fusine in prachtvoller Lage am Fuß des Mangart (Mangart-Straße auf der slowenischen Seite, siehe R 1)

Die SS 54 führt von Fusine nun ansteigend zur Wasserscheide zwischen Adria und dem Schwarzen Meer empor, bis man bald danach die italienisch-slowenische Grenzabfertigung **Valico di Fusine/Rateče** (854 m) erreicht, 3,5 km.

In Slowenien auf der Staatsstraße [202] über Rateče/Ratschach (870 m) weiter im breiten Tal der Sava dolinka/Save, die hier entspringt, nach Podkoren (847 m); von li. mündet die Straße aus Kärnten über den Wurzenpass ein. Nach weiteren 3 km kommt man nach **Kranjska Gora/Kronau** (810 m) am Zusammenfluss der Save mit der kleineren Pišnica.

Der Ort wurde bereits im 11. Jhdt. besiedelt; erste urkundliche Erwähnung 1362; die 1510 erbaute Pfarrkirche besitzt einen romanischen Turm; sehenswert ist auch das

Letzter Friedensfahrplan 1914 Tarvis - Assling - Laibach

Liznjekova hiša/Liznjek-Haus aus der zweiten Hälfte des 17. Jhdt., ein Vertreter jenes typischen Baustils, wie er von reichen Bauern bevorzugt wurde, Fassade mit Fresken, geschnitzter Holzbalkon; im Inneren Originalmöbel, im Hof alte Kutschen; Besichtigung außer Montag.

Kranjska Gora wurde bereits 1934 weltberühmt als Wintersportort durch das erste Schispringen in Planica. Trotz des großen Angebots mit 4000 Betten hat der Ort eine verkehrsberuhigte Zone im alten Dorfkern.

aibach Sbf.				Ambulante Speiseservices siehe Nr. 85.								
. . . . an		11 40	11 40	—	4 16	—	8 50 / 9 32	—	—	—	—	—	—
aatsbahnen Triest	Km.	1712	1722	Personenzüge mit 1–3. Klasse.								
				1716		1714	1718					
. . . . . . an	103	9 22	10 35	—	3 08	—	7 24	10 29	—	—	—	—	—
. . . . . .	97	9 13	10 25	—	2 59	—	7 14	10 20	—	—	—	—	—
ls	95	9 08	10 20	—	2 55	—	7 10	10 16	—	—	—	—	—
. . . . . .	87	8 57	10 04	—	2 44	—	6 59	10 05		P 3	P 3	P 3	P 3
. . . . . .	84	8 49	9 57	—	2 36	—	6 52	9 58		I	III	IV‡	V
. . . . . .	75	8 33	9 43	—	2 22	—	6 36	9 42	P 1-3				
. . . . . .	69	8 22	9 32	P 1-3	2 11	—	6 25	9 31	1720	6 28	12 21	4 56	7 14
. . . . . ab	65	8 17	9 27	1724	2 06	—	6 20	9 26	♦	6 17	12 10	4 45	7 03
. . . . . an		10 00	—	7 45	12 10	—	6 25	6 25	8 02				
. . . . . an		6 50	—	4 58	9 15	—	1 12	2 35	5 21				
. . . . . an		8 37	—	11 30	2 35	—	6 31	9 28	12 27				
Leoben 71 . an		10 25	—	8 40	5 35	—	—	—	—				
Amstetten 71 an		—	—	10 25	7 20	—	7 45	—	—				
. . . . . an		9 59	11 52	11 52	3 11	4 49	—	9 20	—	4 01			
. . . . . an	65	7 59	8 57	11 05	1 39	—	5 56	8 30	12 00				
. . . . .	62	7 54	8 52	11 00	1 34	—	5 51	8 25	11 55				
. . . . .	58	7 46	8 44	10 53	1 25	—	5 42	8 17	11 46				
. . . . .	52	7 36	8 34	10 43	1 16	—	5 32	8 08	11 36				
. . . . .	49	7 30	8 25	10 36	1 09	—	5 25	8 01	11 28				
. . . . .	43	7 19	8 13	10 24	12 56	—	5 14	7 50	11 16				
. . . . .	40	7 13	8 07	10 18	12 50	P 1-3 1730	5 09	7 45	11 11				
. . . . .	33	7 01	7 54	10 04	12 37	—	4 55	7 34	10 58				
. . . . . ab	30	6 56	7 49	9 59	12 32	SF	4 50	7 29	10 53				
. . . . . an	30	6 51	7 43	9 54	12 26	2 45	4 41	7 19	10 47				
. . . . .	21	6 40	7 32	9 43	12 25	2 34	4 30	7 08	10 36				
. . . . .	13	6 27	7 18	9 32	11 59	2 22	4 12	6 54	10 23				
. . . . .	7	6 17	7 07	9 21	11 49	2 11	3 59	6 46	10 13				
. . . . . ab	1	6 07	6 58	9 13	11 38	2 01	3 48	6 38	10 05				
. . . . . an	1	6 03	6 54	9 12	11 33	1 58	3 43	6 33	10 04				
62m, 64 . . . ab		6 00	6 51	9 09	11 30	1 55	3 40	6 30	10 01				
. . . . . ab		—	—	5 47	8 20	—	—	1 31	5 54	—	—	—	—

Rechts am Rand: *Bis 15. September. Dir. Verbindung München-Abbazia-Fiume. Strecke Assling–Tarvis an SF bis 15.9. Strecke Ratschach–Weißenfels–Tarvis täglich. Ab 16./9. Dir. Verbindung Fiume-Abbazia-München. Über Wiesmühl–Mühldorf. Orientexpreß.*

K. k. österr. Staatsbahnen.

Kronau war 1915-1917 die wichtigste ö.u. Versorgungs- und Nachschubbasis des schwer umkämpften Flitscher Abschnitts. Die jetzt bereits seit langem eingestellte eingleisige Bahnlinie Tarvis - Kronau - Jesenice/Assling bildete damals die einzige leistungsfähigere Verbindung im Rücken der Front. Es verkehrten täglich Sanitätszüge von dem durch Pioniere wesentlich vergrößerten Bahnhof Kronau ins Hinterland; k.k. österr. Staatsbahnen, Direktion Triest, Fahrplanbild 72.

Infektionskrankenzug Nr. 101,
Bahnhof Kronau 1916,
Garnitur besteht aus Waggons
der Wiener Stadtbahn

Kronau,
Landwehr-Divisionssanitätsanstalt 44,
Verwaltungsgebäude

Kronau, Landwehr-Divisionssanitätsanstalt 44, Krankenabteilung mit Isoliergitter

Die größte Veränderung für den bisher am Rande des Verkehrsgeschehens liegenden Ort brachte der Erste Weltkrieg durch eine neue direkte Verbindung vom Norden nach dem Süden. Einst für den Krieg erbaut dient die Straße über den Vršič heute dem internationalen Tourismus. Bis 1915 bestand hier nur ein Saumweg, der die Verbindung zwischen Save- und Isonzotal herstellte. Kurz nach der Kriegserklärung Italiens 1915 befahl das k.u.k. 10. Armeekommando den forcierten Bau der „Erzherzog Eugen-Straße". Der Höchststand an Arbeitern - zumeist russische Kriegsgefangene - betrug über 10.000 Mann. Bereits Ende 1915 konnte die Straße zumindest provisorisch benützt werden.

In Kranjska Gora/Kronau (Hinweisschild) nimmt die Straße zum Vršič-Pass [206], in der ö.u. Monarchie auch als Mojstrovka-Pass bezeichnet, mit insgesamt 50 nummerierten Kehren und jeweiliger Höhenangabe ihren Anfang. Nach Kronau betritt man den „Triglav-Nationalpark", der erst wieder mit dem Erreichen des Talbeckens von Bovec/Flitsch endet. Man beachte die mehrsprachigen Hinweise zum Schutz von Natur und Umwelt.

Die Straße zieht im engen Tal der Pišnica aufwärts (max. Steigung 14%), bis man zum 1946 erbauten Mihov Dom (1180 m) kommt; schöne Aussicht auf die Skrlatica. Nach der Kehre 8 links die **Ruska kapelica/Russen-Kapelle**. Errichtet wurde dieses orthodoxe Gotteshaus von russischen Kriegsgefangenen zum Gedenken an ihre beim Straßenbau verunglückten oder an Krankheiten verstorbenen Kameraden. Allein in der Nacht des 8.3.1916 kamen 110 russische Kriegsgefangene und 7 ö.u. Wachposten in einer Lawine um. Die Russen wurden von ihren Kameraden neben der Kapelle beigesetzt.

(DG)

Mojstrovkastraße, ö.u. Soldaten und russische Kriegsgefangene beim Schneeräumen

Kurz danach die bew. Koča na Gozdu (1226 m), 7 km ab Kronau, und dann etwas abseits der Pass-Straße (1 km) die bew. Erjavčeva koča na Vršiču/Erjavec-Hütte (1515 m). Das Haus wurde ursprünglich 1901 vom DÖAV erbaut und nach dem Botaniker Wilhelm Voß benannt, nach 1918 nach einem slowenischen Naturforscher.

Dann erreicht man linker Hand eine etwas größere flachere Stelle mit dem Hinweisschild „40 m zum Militärfriedhof". Auf diesem befinden sich Gräber von 63 russischen Kriegsgefangenen, die am 8.3.1916 bei Straßenarbeiten von einer Lawine verschüttet wurden.

Hilfsplatz und Telefonzentrale Winter 1916

Dieselbe Stelle, 2001

Nach der 25. Kehre und 12 km ab Kronau erreicht man die Wasserscheide zwischen dem Schwarzen Meer (Save) und der Adria (Isonzo), den **Vršič-Pass** (1611 m); das bew. Tičarjev Dom, bis 1945 italienische Grenzkaserne, von hier Tiefblick in das Trenta-Tal und über die Höhenzüge hinweg bis zum Krn/M. Nero. Am schönsten ist es hier wahrscheinlich im Herbst, wenn sich die Lärchen goldgelb gefärbt haben und der ganzen Landschaft ein wärmendes Leuchten verleihen. Etwas höher und abseits des Verkehrs liegt auf 1690 m die 1922 erbaute Poštarska koča.

Über die Passhöhe führte auch die k.u.k. Seilbahn Nr. 17/18 in drei Sektionen von Kronau nach Čerča; Betriebslänge 25 km. Die IV. Sektion Čerča - Kal nahm erst nach dem Offensivbeginn im Herbst 1917 den Betrieb auf; Tagesgesamtkapazität 250 t.

Bald nach Beginn der Fahrt in Richtung Trenta-Tal umfährt man einen Straßentunnel. Beim Bau der Straße hatte die k.u.k. Militärverwaltung aus Ersparnisgründen ein zu kleines Tunnelprofil gewählt, das sich für die Durchfahrt der schweren motorisierten Haubitzbatterien nicht eignete. Diese mussten deshalb im Zuge der Offensivvorbereitung 1917 bei Nacht über den eingesehenen und unter Beschuss liegenden Predil-Pass fahren. Nur dichtestem Nebel war es zu verdanken, dass diese Transporte unbehelligt das Koritnica-Tal erreichten.

Tunnelportal, 2001

Meist durch schönen Lärchenwald abwärts (insges. 27 Kehren auf der Südrampe), bis man (li.) das Denkmal des Erschließers der Julischen Alpen, Dr. Julius Kugy (1858-1944), bei Kehre 48 erreicht, ein Werk des Bildhauers Jakob Savinšek, das der Slowenische Alpenverein Kugy widmete. Der alte Kugy sitzt hier in seinen Lodenumhang gehüllt und blickt sinnend hinein zum Talschluss der (Hinteren) Zadnja Trenta, hinter dem einer der Berge seiner Jugend, der Jalovec, aufragt. Direkt an der Straße befindet sich eine Gedenktafel mit den Namen jener Bergführer aus der Trenta, die Kugy bei seinen Touren auf die Gipfel der Julischen Alpen begleiteten und denen er in seinen Büchern ein bleibendes Denkmal setzte.

Gleich danach zweigt rechts eine Stichstraße zum Izvir Soče/Isonzo-Ursprung ab, T 65.

Dem Flussverlauf der Soča folgend führt unsere Straße nun durch die (Vordere) Spodnja Trenta bis in das Bovška kotlina/Flitscher Becken. In seinem weiteren Verlauf wird das Tal jetzt als Soška dolina/Isonzo-Tal bezeichnet. Unsere Straße überquert nun zweimal die Soča und man kommt zu dem (li) oberhalb befindlichen „Alpinum Juliana", das die hochalpine Flora der Julischen Alpen mit über 900 Exemplaren zeigt. Dieser sehenswerte Alpengarten wurde auf Anregung von Dr. Kugy durch dessen Freund, den Waldbesitzer Albert Bois de Chesne, einem Triestiner, 1926 gegründet.

Am Weg zum Alpinum kommt man an einem Bildstock vorbei, der dem Wanderer vom tragischen Geschick des Bärentöters Anton Tožbar berichtet, dem ein tödlich verwundeter Bär mit einem Prankenhieb den Unterkiefer wegriss. Tožbar meisterte trotzdem sein Leben, auch wenn er nur mehr flüssige Nahrung mittels eines Trichters zu sich nehmen konnte, Näheres über ihn kann man dann im Trenta-Museum in Na Logu erfahren.

Der Straße abwärts folgend wird sodann die von Graf Hermann Attems 1690 erbaute kleine Kirche der Bergknappen zur Sveta Marija/Hl. Maria erreicht. Nahe der Kirche ist das Haus der Familie von Tožbar dem Bärentöter gelegen. Hier standen einst auch die Schmelzöfen zur Eisengewinnung.

Ersten schriftlichen Berichten nach gehörte das Gebiet der Trenta zum Patriarchat von Aquileia. Im 15. Jahrhundert ist hier bereits Bergbau und die Eisenverhüttung nachweisbar. Da sich die Gruben hoch oben in den Bergen befanden, musste das gewonnene Erz mühsamst in Säcken oder Buckelkörben in das Tal zur weiteren Verarbeitung getragen werden. Ab 1778 fand der Bergbau sein Ende und die Knappen verließen das Tal, welches in der Folge vereinsamte. Die dortigen mangelnden Erwerbsmöglichkeiten führten zu einer stetig zunehmenden Auswanderung aus dem Trenta-Tal. Der karge Boden ermöglichte lediglich eine ärmliche Landwirtschaft in Form von Streugehöften, von denen auch heute noch einzelne über schmale Hängebrücken über die Soča hinweg erreichbar sind. Erst als der beginnende Tourismus auch die Trenta entdeckte, trat ein Strukturwandel ein. Viele der Waldarbeiter, Hirten und Wilderer wurden begehrte Bergführer, die ihre „Herren" sicher zu den Gipfeln führten und somit einen willkommenen zusätzlichen Verdienst nach Hause brachten. Den großen internationalen Durchbruch brachten aber erst die Bücher von Julius Kugy, in denen er von der Schönheit dieser Berge und von ihren Menschen berichtete.

Der Erste Weltkrieg beendete dann jäh die erste große Epoche des Alpinismus und Tourismus. Auch viele Gipfel wurden zu Brennpunkten des Hochgebirgskrieges. In den Tälern blieben zerstörte oder geplünderte Heimstätten zurück. Mit dem Friedensschluss von St.Germain wurde dann auch dieses Gebiet ein Bestandteil des Königreiches Italien. Seine Grenze verlief jetzt vom Mangart weiter ostwärts zum Vršič-Pass. Die ital. Armee erbaute in der Zwischenkriegszeit zahlreiche Militärstraßen, Kasernen und Befestigungsanlagen bis hinauf in die Hochregion. Bei der Fahrt durch die Trenta (oder auch im Tolminka-Tal, R 11) sieht man immer wieder solche größeren Bunkeranlagen, sie stammen ebenfalls aus der Zwischenkriegszeit, als Italien seine damaligen Grenzen gegen das Königreich Jugoslawien militärisch sichern wollte. Im Zweiten Weltkrieg wurde der einsame, schwer überschaubare Raum bevorzugter Sammelplatz für Titos Partisanen, von dem aus sie ihre Aktionen unternahmen.

Ein kürzeres Stück nach der Kapelle erreicht man links der Straße den ö.u. Soldatenfriedhof Britof, auf dem auch russische Kriegsgefangene, die beim Straßenbau ums Leben kamen, ihre letzte Ruhestätte fanden.

Das schluchtartige Trenta-Tal weitet sich bei dem größten Ort des Tales **Na Logu**/ bis 1918 als Trenta bezeichnet (622 m); beliebte Sommerfrische.

Baumbach-Hütte, 1916

Im Jahre 1881 erbaute die AV-Sektion Triest/Küstenland hier eine Hütte, die sie nach dem Thüringer Rudolf Baumbach benannte, dem Dichter, der aus der Trenta-Sage vom „Zlatorog" ein Epos schuf. Die Hütte wurde wie alle anderen Alpenvereinshäuser 1918 von Italien enteignet. Das Haus überstand in der Folgezeit alle weiteren Wirren, es heißt nun „Koča Zlatorog". In der Zwischenkriegszeit wurde der Ort auch Standort von zwei italienischen Kasernen, die sich alles andere als homogen in das Bild der Landschaft einfügen. Eines der Objekte wurde durch bauliche Kosmetik des nun gegliederten Dachbereiches architektonisch recht geglückt entschärft. Es beherbergt jetzt das Dom Trenta/Trenta-Haus, in dem sich das sehenswerte **„Trenta-Museum"** befindet. Es zeigt u.a. die historische und kulturelle Geschichte des Trenta-Tales, eine Multivision des Triglav-Nationalparks und ein Relief desselben, ferner Flora und Fauna sowie die Ausrüstung der Erstbesteiger der Julischen Alpen; es fehlt auch nicht die berühmte Sage vom Goldhorn/Zlatorog, die durch ein von Rudi Kogej gemaltes Bild präsentiert wird; siehe T 56. Auch die 1717 aus heimischen Erzen gegossene „Trenta-Glocke" als Zeugnis einstigen Bergbaues hat in dem Museum eine bleibende Heimstätte gefunden.

Das Trenta-Museum ist zugleich Besucher- u. Informationszentrum des Triglav-Nationalparks; das Haus ist behindertengerecht mit Aufzug ausgestattet; Seminarräume; geöffnet Mai bis Oktober.

In Na Logu befand sich 1915-1917 das große ö.u. Lager „Untertrenta" bei der einstigen Rudolf Baumbach-Hütte. Da die Vršič-Straße oberhalb des Lagers schwierig zu befahrende Serpentinen aufwies, bauten ö.u. Pioniere einen kurzen Schrägaufzug „ob Baumbachhütte" genannt, Tageskapazität 20 t.

Trenta-Museum

K.u.k. Seilbahn Nr. 17, Station Baumbach-Hütte

Baumbach-Hütte, Feldspital 3/13

Baumbach-Hütte, Feldspital 13/16, Badeanstalt

Slowenien bietet jetzt die Gewähr, dass der Triglav-Nationalpark - dieses Herzstück der Julier - in seiner Unberührtheit uns als europäisches Erbe erhalten bleibt und nicht Opfer von Tourismus-Spekulationen wird (siehe Vorwort).

Das Flussbett der Soča verengt sich mehrmals zu Schluchten, eine davon - die Mala Korita - befindet sich kurz vor dem gleichnamigen Ort, es zweigt dort eine Straße nach Vas na Skali ab; von einer Brücke aus (Parkmöglichkeit) Blick in die beeindruckende Schlucht.

Blick in die Soča-Schlucht

Bevor man den kleinen Ort Soča erreicht, befand sich bei der von links kommenden Einmündung des Vrsnik-Baches einst ein großes ö.u. Barackenlager, von dem nur mehr spärliche Fundamentreste vorhanden sind. Noch ein kürzeres Stück weiter dem Lauf der Soča folgend erreicht man den **Ort Soča**, dessen Kirche 1718 erbaut und 1944 renoviert wurde. Dabei fertigte der slowenische Maler Tone Kralj auch ein neues Deckenfresko an, auf dem ein Teufel das Gesicht Mussolinis zeigt.

Gleich am Ortsrand von Soča befindet sich (re.) ein großer ö.u. Soldatenfriedhof.

Der Friedhof Soča, 1917

Hier ruhen mehr als 600 Gefallene von den Abschnitten Krn - Javoršček; Aufnahme Okt. 2001

Wieder ein Blick in eine Soča-Schlucht

Nach den letzten Häusern des Ortes Soča beginnt die Schlucht „Velika Korita". Über einen kurzen Steig hinab zu einer Hängebrücke, hier hat sich der Fluss tief in die Felsen eingegraben, die oft nur 2-3 m voneinander entfernt sind.

Knappe 2 km nach Soča mündet von li. das Lepenje/Lepena-Tal ein; dieses stellte 1915-1917 eine der militärischen Lebensadern für die ö.u. Höhenstellungen des Krn-Abschnittes dar; T 58, T 59. Etwas weiter talwärts führte aus dem Raum Čerča - Za Otoki die k.u.k. Seilbahn Nr. 18 über Planina Golobar und weiter in Richtung des Javorček, des linken Eckpfeilers der ö.u. Front über dem Flitscher Becken.

Anschließend tritt die Straße in das Talbecken von Bovec/Flitsch ein und man erreicht li. ein technisches Denkmal:
Golubar-Seilbahn: Typische Holzbringungsbahn unter Kulturgüterschutz stehend; Länge 2001 m, Höhenunterschied 638 m, Transportkapazität über 100 m^3, in Betrieb von 1931-1968.

Talstation der Golubar Planina-Seilbahn, 1917

Golubar, Industriedenkmal-Seilbahn, Herbst 2001

Anschließend führt die Straße nach Kal (460 m), zum Svinjak siehe T 6. Nach Überquerung des Koritnica-Baches im Bereich der ehemaligen vordersten ö.u. Stellungen am Ravelnik (T 5) folgt linkerhand der ö.u. Soldatenfriedhof Bovec/Flitsch. Er besteht aus vier großen Feldern, von denen nur mehr eines belegt ist. Die ital. Gefallenen wurden 1938 in das Ossarium nach Kobarid/Karfreit/Caporetto überführt, siehe R 3. Jetzt ruhen hier noch 546 k.u.k. Soldaten, die in der Talstellung um den Ravelnik oder am Rombon fielen. Die Grabsteine weisen jedoch keine Tafeln mit Namenshinweisen mehr auf. Im Gegensatz zu früheren Jahren macht der Friedhof jetzt einen gepflegteren Eindruck. Eine Inschrift nahe dem Eingang weist darauf hin, dass das Hochkreuz 1998 von der Gemeinde Bovec und dem Österr. Schwarzen Kreuz dem Andenken der hier Ruhenden gewidmet wurde.

Nach einer nur ganz kurzen Fahrtstrecke erreicht unsere Straße 33 km nach dem Vršič-Pass die vom Predil-Pass kommende Straße (re. zum Predil-Pass - Raibl R 1, li. nach Bovec/Flitsch, R 1, Freilichtmuseum 1915-1917 siehe T 5).

ROUTE 17

(Tarvis/Tarvisio-) Kranjska Gora/Kronau - Mojstrana - Jesenice/Assling - Bled/Veldes - Bohinjsko Jezero/Wocheiner See - Ukanc - Dom Savica/Savica-Hütte

Karten: Ka 1, 3, 4

Von Tarvis/Tarvisio wie bei R 16 beschrieben über die italienisch-slowenische Grenze Valico di Fusine/Rateče (854 m) nach Kranjska Gora/Kronau (810 m); von Tarvis 19 km (Näheres über Kranjska Gora siehe R 16).

Von **Kranjska Gora** (810 m) fährt man auf der [202] im Tal der Sava dolinka/Wurzener Save nach **b** (641 m), 10 km; das Vrata-Tal zum Besuch beim Triglav siehe R 17a.

Von Mojstrana weiter im Tal der Sava verbleibend gelangen wir nach **Jesenice** (574 m), 19 km, und schließlich nach **Bled** (504 m), 17 km, am gleichnamigen See (Blejsko jezero), der dank warmer Quellen im Sommer eine Wassertemperatur von 25° C erreichen kann.

Von Villach kann man auch über die Autobahn [A1] und durch den Karawankentunnel über Jesenice/Assling [A 2] nach Bled/Veldes gelangen, 40 km.

Zur Geschichte

Die Geschichte dieses modernen Kurortes geht bis auf die Hallstattzeit 800 - 600 v. Chr. zurück, es folgten danach die Kelten, Römer und die Germanen, nach denen die Slawen in das Land kamen, die ca. um 1004 durch den Bischof Albuin von Brixen christianisiert wurden. Bled wurde schon relativ frühzeitig als Kurort entdeckt. Es war das Verdienst des Schweizer Arztes Dr. Arnold Rikli, 1823-1906, der die Naturheilwirkung der Gegend durch Licht, Luft und Wasser erkannte und dies auch als „Activ Ferien" zu vermarkten wusste. Er legte Spazierwege nach Schwierigkeitsgraden für Damen und Herren an, baute kleine Holzhüttchen für Luftkuren, er propagierte auch das Baden im See. Dr. Rikli wurde zu einem der Gründer des feudalen Bädertourismus. Gekrönte Häupter, Angehörige des Hoch- und Geldadels gehörten in Bled zum Stammpublikum.

Das Jahr 1945 brachte die Verstaatlichung auch aller Hotels und damit einen Wandel zum Massentourismus. Die Gründung Sloweniens als selbstständiger Staat brachte wieder die Gewähr, dass das „Bild Edens" - wie einst der Dichter France Prešeren die Wochein nannte - an der Pforte zum Triglav-Nationalpark erhalten bleibt.

Bezeichnend für die Entwicklung in der Hotellerie im letzten Jahrhundert ist die Geschichte der „Villa Bled". Ein Fürst Windischgrätz ließ sich hier ein Schloss erbauen, das auch allen Ansprüchen des Hochadels entsprechen konnte. In der Zwischenkriegszeit erwarb die serbische Königsfamilie das Schloss. Als es 1938 zerstört wurde, begann man mit dem Neubau in der heutigen Form. Marschall Tito ließ dann das Gebäude zu einer seiner Staatsresidenzen umbauen. Keine Geringeren als der japanische Kaiser oder Chruschtschow und König Hussein hielten sich als Staatsbesuche hier auf. Jetzt ist die Villa Bled ein Hotel gehobenster Klasse.

Ausflüge von Bled

Mitten im See befindet sich die kleine Insel Blejski otok/Unsere Liebe Frau am See in prachtvoller Lage.

Einst wurde die Insel zum Schauplatz einer unerfüllten Liebe. Bereits die ersten slawischen Siedler verehrten hier ihre Göttin Živa. Der Priester Zaroslav und seine schöne Tochter Bogomila waren die Hüter des Heiligtums. Als im 8. Jahrhundert ein blutiger Krieg Slowenien entzweite, stellten sich heidnische Slawen unter Führung ihres letzten freien Fürsten Črtomir den vordringenden Christen zum Kampf. Nach schweren Niederlagen suchte er Trost bei der Göttin Živa auf der Insel und begegnete hier Bogomila, die sich in Črtomir verliebte. Doch als dann Christen das Heiligtum der Živa zerstörten, floh Črtomir, Bogomila und ihr Vater hüteten fortab nun die neue christliche Kirche.

Auf Drängen und Bitten Bogomilas ließ sich Črtomir im Slap Savica/Savica-Wasserfall (siehe T 55) taufen und begab sich dann zu den Patriarchen nach Aquileia. Von dort kehrte er als Mönch zurück und wirkte als Missionar des christlichen Glaubens in Slowenien. Bogomila betete auf ihrer Insel nun zur Jungfrau Maria.

Die Wallfahrtskirche ist nur per Plätte (Pletna) erreichbar

Sloweniens Nationaldichter France Prešeren, 1800-1849, ein geborener Bauernsohn, setzte mit seinem Epos „Die Taufe an der Savica/Krst pri Savici (1836)" der frühen Geschichte seines Volkes ein bleibendes Denkmal. Es waren dies seherische Worte eines Lyrikers, die erst im 20. Jahrhundert durch archäologische Ausgrabungen ihre wissenschaftliche Bestätigung fanden (so auch Gräberfunde im Garten des Hotels „Villa Bled"). Schon vor 100 Jahren ehrte man Prešeren durch ein Denkmal im Park vor der Martins-Pfarrkirche in Bled. Sein Trinklied „Zdravljica" wurde zur Nationalhymne des neuen jungen Sloweniens auserwählt.

Vom Anlegeplatz der Boote leiten 99 Stufen der Barocktreppe hinauf zu der Marien-Wallfahrtskirche, auch „Mati Božja na otoku/Unsere liebe Frau am See" genannt. Im Jahre 1142 erfolgte die Einsegnung der dreischiffigen romanischen Basilika. Von der ursprünglichen Bausubstanz ist heute nichts mehr vorhanden, diese wurde durch einen gotischen Neubau ersetzt, der wiederum einen Umbau im Barockzeitalter erfuhr. Wesentlich älter als die jetzige Kirche ist die etwa um 1450 geschnitzte Madonnenstatue am Altar. Der ganz große Anziehungspunkt ist jedoch die 1532 gegossene Glocke im Kirchturm, denn wer sie läutet, hat einen Wunsch frei.

Die Blejski grad/Bischofsburg erhebt sich malerisch auf einem Felsen etwa 100 m über dem See. Erreichbar auf bequemem Wanderweg in 20 min, aber auch mit dem Auto oder der Pferdekutsche; bekanntes Restaurant auf der Burgterrasse mit sehr schönem Blick auf den See und Aussicht bis zum Triglav. Erstmalige urkundliche Erwähnung findet die Burg im Jahre 1004, als Kaiser Heinrich II. die Ländereien um Bled und die der Wochein dem Bischof von Brixen schenkte, der daraufhin hier die mittelalterliche Festung errichten ließ. Die Burg blieb so lange im bischöflichen Besitz, bis 1849 die Leibeigenschaft aufgehoben wurde, wodurch auch die kirchlichen Einkünfte zurückgingen und die Burg schließlich 1858 veräußert werden musste. Der gesamte Komplex wechselte in der Folge mehrmals die Besitzer. Heute ist die Burg im Besitz des slowenischen Staates, sie beherbergt ein Museum, in dem die Geschichte von Bled präsentiert wird; darunter sehenswerte Funde aus altslawischen Gräbern.

Nach Bled wendet sich die [209] dem engen Tal der Sava Bohinjska/Wocheiner Save zu, das sich erst bei **Bohinjska Bistrica/Wochein-Feistritz** (512 m) weitet. Vom Bahnhof des Ortes aus besteht die Möglichkeit der Autoverladung durch den Wocheiner Tunnel über Podbrdo (R 8) bis Most na Soči. Diese Möglichkeit stellt eine optimale Verbindung zwischen Save-, Isonzo- und Idricatal her, R 9, R 10.

In Wochein-Feistritz als frontnahem Etappenraum entstanden zahlreiche militärische Einrichtungen, Magazine und Werkstätten. Truppen, die zur Erholung (Retablierung) von der Front kamen, wurden teilweise hier untergebracht. In das k.u.k. Reservespital brachte man vor allem Schwerverwundete von der Krn-Front.

Bahnhof Bohinjska-Bistrica mit einfahrendem Autozug von Most na Soči, Oktober 2001

Ö.u. Soldatenfriedhof Wochein/Feistritz

Im Ortsgebiet biegt man in Richtung Tolmein - Škofja Loka ab, nach einer kurzen Fahrtstrecke rechter Hand ein Hinweisschild zum Friedhof „Rebro" mit der Angabe 450 m. Beschränkte Parkmöglichkeit, ab hier zu Fuß zu dem auf einem Hügel malerisch gelegenen Friedhof mit herrlichem Panoramablick. 285 Holzkreuze tragen Messingtafeln mit Namen der Gefallenen und Truppenkörper; man findet darunter Eisenbahnsicherung, Feldgendarmen, zivile Träger, einen Ulanen sowie kriegsgefangene Russen.

Der Bahnhof des Ortes war 1915-1917 ein besonders wichtiger Umschlagplatz für den Nachschub in Richtung des erbittert umkämpften Krn/M. Nero und seiner Nachbarabschnitte. Der Bedarf an Munition und Versorgungsgütern war so groß, dass das k.u.k. Armeeoberkommando sich veranlasst sah, einer Sonderlösung des Transportproblems zuzustimmen.

Bahnhof Feistritz-Wocheinersee, 1916; Umladeplatz von Brennholz für Höhenstellungen

Die k.u.k. Wocheiner Feldbahn

Vom Bahnhof Bohinjska Bistrica/Feistritz-Wocheinersee der leistungsfähigen eingleisigen k.k. Staatsbahnstrecke (Villach-) Assling/Jesenice - Bled fehlte eine den hohen Transportanforderungen entsprechende Straßenverbindung bis zum Ende des Wocheiner Sees, bei Kote 534 (Hotel Zlatorog). Es wurde der Bau einer Pferdefeldbahn mit einer Spurweite von 60 cm unter teilweiser Ausnützung der Straßentrasse befohlen; Streckenlänge ca. 15,7 km, Betriebsaufnahme am 6.12.1915.

Der immer größer werdende Mangel an Futter und Pferden zwang bereits ab Frühjahr 1916 zu einer Traktionsumstellung von Pferden auf Lokomotivbetrieb. Da die Strecke außerhalb des Ertragsbereiches der gegnerischen Artillerie lag und genügend Wasserkraft vorhanden war, fiel die Entscheidung zugunsten einer Elektrotraktion mittels Oberleitung. Beim oberen Ende des Sees wurde das „Feldkraftwerk Save-Ursprung" erbaut. Eine Pelton-Turbine gekuppelt mit einem Wechselstromdynamo erbrachte 3000 kW Leistung. Der so erzeugte Strom wurde auf vier Oberleitungs-Sektionen mit je einem Unterwerk eingespeist. Den Überschuss an elektrischer Energie verwendete man vor allem für den Betrieb der drei Kriegsseilbahnen ab Zlatorog (572 m). Es wurden 10 Gleichstromlokomotiven beschafft, über die leider keine näheren Angaben mehr existieren. Die Tagesleistung betrug nun 200 t.

ROUTEN 141

Pferdefeldbahnkolonne im Bahnhof Feistritz-Wocheinersee vor der Abfahrt

Endstation Zlatorog, hier begann die Seilbahn Richtung Bogatin

Trainlager Zlatorog

Trainlager Zlatorog, russische Kriegsgefangene bei Tischlerarbeiten

Zug mit Einheimischen und Soldaten passiert eine Ausweiche, 1918

Bauzeit: 20.4. - 23.7.1917
Bau u. Betrieb: K.u.k. Betriebabteilung f. elektrische Bahnen
Betriebsende durch k.u.k. Soldaten am 4.11-1918
  Die elektrische Wocheiner Feldbahn war die einzige Feldbahn mit dieser Traktionsart, die in den Jahren 1914-1918 durch die k.u.k. Armee erbaut und betrieben wurde. Zu berücksichtigen ist, dass keine großen Erfahrungen auf diesem Gebiet bestanden und in vielen Belangen technisches Neuland betreten wurde.

K. u. k.
Betriebsabteilung für elektrische Bahnen Nr. 1.

  Nach Kriegsende 1918 verkehrten dann täglich 5 Züge, 2 davon mit Postbeförderung, bis 1924 der Betrieb eingestellt wurde.
  Nach Bohinjska Bistrica/Wochein-Feistritz führt die Straße [209] über Kamnje und Polje in westlicher Richtung - hier erreicht man den Triglav-Nationalpark - weiter zum Ausfluss des Bohinjsko jezero/Wocheiner Sees, dem größten See Sloweniens. Durch die ihn umragenden Berge hat der See einen fjordähnlichen Charakter. Seine fast zur Gänze naturbelassenen Ufer und sein glasklares Wasser machen ihn zu einem der Höhepunkte im Triglav-Nationalpark.

Der am Ausfluss des Sees gelegene Ort **Ribčev Laz** ist das touristische Zentrum des Gebietes; R 17b. Die romanische Kirche des Svet Janez/Hl. Johannes besitzt sehenswerte Außen- und Innenfresken aus dem 13. Jahrhundert. Im Ort befindet sich auch das Denkmal zur Erinnerung an die Erstbesteigung des Triglav 1778 durch den Apotheker Lovrenc Willomitzer, die Bergknappen Matija Kos, Luka Kovošek und den Jäger Štefan Rožič. Maßgeblicher Initiator und Förderer des ganzen Unternehmens war der Baron Žiga Zois, Besitzer von Hammerwerken, die vielen Menschen in der Wochein eine Existenzgrundlage neben der Almwirtschaft ermöglichten. Der letzte Eisenofen wurde 1891 gelöscht.

Nach Ribčev Laz wendet sich unsere Straße [904] dem südlichen Ufer des Bohinjsko Jezero/Wocheiner Sees zu, an dem sie nun entlangführt. Neben der Straße befindet sich die Trasse der ehemaligen Feldbahn samt kleinen Brücken, die heute als Wanderweg dient.

Bei der Weiterfahrt linker Hand die kleine Barockkirche des Svet Duh/Hl. Geist aus dem Jahre 1744, an der Außenfront ein Fresko des Hl. Christophorus. Von dieser weiter bis zu einer großen Straßenkreuzung, nach rechts führt eine Stichstraße zum Westende des Sees mit der einstigen Hirtensiedlung **Ukanc**, Hotel Zlatorog (525 m), 6 km, T 54, 55; das Hotel wurde 1915-1917 als Erholungsheim für Soldaten verwendet.

Von der Kreuzung leitet links eine Einbahn zum großen Parkplatz bei der Talstation der Vogel-Seilbahn, T 62.

Die [904] führt geradeaus weiter, nach 100 m linker Hand **der k.u.k. Soldatenfriedhof Ukanc** am Wocheiner See. Hier ruhen laut Grabnummern 296 Gefallene, meistens waren es Schwerverwundete, die auf dem Komna-Hilfsplatz verstarben. Da im Unterschied zu vielen anderen Friedhöfen fast alle Gräber namentlich gekennzeichnet sind, wurden hier die letzten Ruhestätten zugleich ein Spiegelbild für die Sprachen- und Völkervielfalt der alten Donaumonarchie: IR 66 aus Uzgorod (heute Ukraine), IR 33 aus Arad (heute Rumänien), IR 80 und 30 beide aus Lemberg (heute Lwow, Ukraine), IR 91 aus Prag, IR 61 aus Temesvar (heute Timisoara, Rumänien), IR 10 aus Przemysl (heute Polen), ferner sind hier auch Zivilarbeiter und Kriegsgefangene bestattet.

ROUTEN 145

Ö.u. Friedhof Ukanc mit Kapelle
(DG)

Renovierter Gedenkstein

Nach den Wirren der Kriegs- und Nachkriegszeit befand sich auch dieser Friedhof in einem desolaten Zustand. Erst mit dem Entstehen eines selbständigen Sloweniens 1991 konnte in Zusammenarbeit mit den Regierungsstellen in Ljubljana, den umliegenden Gemeinden sowie mit dem Österr. Schwarzen Kreuz die Wiederinstandsetzung mit der abschließenden neuerlichen Einweihung am 9.10.1993 erfolgen.

Nach dem Friedhof führt die Straße leicht steigend bis zur **Dom Savica/Savica-Hütte** (651 m), 4 km, erbaut 1951, umgebaut 1990; großer gebührenpflichtiger Parkplatz, bis hierher auch Bus-Verkehr; zum Slap Savica/Wasserfall T 55; auf ehem. ö.u. Kriegsstraße zum Dom na Komni T 56; über Komna-Haus - Bogatin - Krn Seen-Hütte T 57.

ROUTE 17a

Das Vrata-Tal, ein Blick auf die Triglav-Nordwand

Karten: Ka 3

Sollte man etwas Zeit erübrigen können und das Wetter auch entsprechen, so möchte ich diesen „alpinen Seitensprung" empfehlen. Er führt von **Mojstrana** (641 m) durch das Vrata-Tal stellenweise mit 24% Steigung (und Einbahnregelung) an dem wunderschönen Peričnik Wasserfall vorbei bis zum Parkplatz beim **Aljažev Dom/Schutzhaus** (1015 m), ca. 12 km, in landschaftlich hervorragend schöner Lage; von hier prachtvoller Blick auf die 1.500 m hohe Nordwand des Triglav.

Das Schutzhaus ist nach dem Pfarrer Jakob Aljaž, einem großen Förderer des Bergsteigens benannt, der 1896 hier ganz in der Nähe eine Hütte erbauen ließ, die dann nach einem Lawinenschaden 1910 durch den jetzigen Bau ersetzt wurde.

ROUTE 17b

Ribčev Laz - Stara Fužina - Voje-Tal - Pl. Koča na Vojah/Voje-Hütte - Mostnica-Fall/Slap Mostnica

Hinfahrt: R 17

Bes. Hinweis: Kombination Zufahrt mit Auto und anschließender leichter Wanderung durch eine wunderschöne naturbelassene Gegend

Karten: Ka 1, 3

Zeitbedarf: bis zur Voje-Hütte, 1 ½ Std; ab Voje Hütte. bis zum Mostnica-Fall 1 Std.

Von **Ribčev Laz** ist es nur eine kurze Fahrt nach **Stara Fužina** (546 m); Reste alter Hammerwerke, einst auch als Schmiededorf bekannt; daher früher auch der Name „Althammer" für die Siedlung; hier befindet sich das Stammhaus der Barone von Zois aus dem 18. Jahrhundert, Zoisov grad, mit Sennerei-Museum/Planšarski muzej. Die Familie Zois investierte das als „Eisenbarone" verdiente Geld in die Förderung slowenischer Kultur und in die ersten Anfänge des Alpinismus. Im Schloss der Barone Zois befand sich von 1915-17 das k.u.k. Feldspital Nr. 1506.

Der markierte Weg von Stara Fužina führt zunächst zu der Teufelsbrücke/Hudičev most, einer durch Baron Žiga Zois (1747-1819) erbauten fotogenen Steinbrücke, die über die tief darunter dahinfließende Mostnica führt. Stets nahe dem Fluss leitet der Weg durch Mischwald, bis die **Voje-Alm** mit ihren vielen Hütten erreicht ist (1 Std.). Die Voje-Alm kann von Stara Fužina auch mit dem Auto erreicht werden; ab der Pl. koča na Vojah/Voje-Hütte (689 m) Fahrverbot.

Von der Voje-Hütte zunächst fast eben über den Almboden, vorbei an den letzten Hütten, dann noch ein kurzes Stück ansteigen und man hat den ca. 20 m hohen Wasserfall **Slap Mostnica** erreicht; unterhalb von diesem mehrere vom Wasser ausgeschliffene Kolke (Steinbecken).

TOUREN

TOUR 1

Von der Koritnica- und Možnica-Schlucht in das Tal der Wasserfälle: Pl. Možnica - Mirnik/Seesattel/Sella di Lago - Jerebica/Raibler Seekopf/ Cima di Lago

Hinfahrt: R 1

Bes. Hinweise: Nicht umsonst nennt man Slowenien das Land der Wasserfälle. Bei der Wanderung auf der Forststraße durch das Možnica-Tal erwarten den Besucher insgesamt sechs schöne Wasserfälle, die mit ihrem glasklaren Wasser über die Felsen herabströmen, von denen der Možniški slap mit 18 m Fallhöhe hier der höchste ist.

An der Pl. Možnica endet die Forststraße und es beginnt eine Bergwanderung, Trittsicherheit und gute Kondition erforderlich. Die Frontwege aus dem Koritnica- über das Možnica-Tal in das Seebachtal waren die letzte Verbindung gleich hinter der vordersten ö.u. Frontlinie

Karten: Ka 1, 3, 4, 9

Zeitbedarf: 3 ½ Std.

Weiterweg: wie Hinweg oder Abstieg ins Seebachtal

Etwa 2 km südlich von **Log pod Mangartom** zweigt re. eine Forststraße ab (Fahrverbot, Parkmöglichkeit). Von der Brücke schöner Tiefblick in die Koritnica-Schlucht, die sich hier auf einer Länge von etwa hundert Metern 60 m tief in den Fels eingegraben hat. Folgt man der Straße ein kürzeres Stück taleinwärts, so wird ein Bauernhof erreicht. Von diesem ca. 100 m zu einer Brücke, von der sich ein eindrucksvoller Blick auf den Flusstrog der Možnica anbietet, den sie hier mit einer Länge von etwa 150 m und einer Tiefe von 20 - 30 m gebildet hat.

Auf der Forststraße weiter im Tal der Možnica aufwärts wandernd wird dann die **Pl. Možnica** (824 m) 3,5 km, erreicht. Eindrucksvoller Talschluss, der von den Felswänden des Rombon, der Konfinspitze und des Kleinen Schlichtel gebildet wird.

Von der Alm auf einem Steig aufwärts bis zur Kote 1462. In nun etwas schwierigerem Gelände am steilen Südhang des Snežni vrh/Cima Mogenza Grande aufsteigend zum **Mirnik/Sella di Lago/Seesattel** (1718 m) an der ital.-slow. Grenze. Vom Seesattel (hier endet der "Triglav-Nationalpark") kann man auch auf markiertem Steig in das Seebachtal/ Val di Lago absteigen, 3 Std. in diesem Fall empfiehlt es sich ein Kfz am Ausgangspunkt und ein weiteres am Endpunkt der Tour zu parken.

Aufnahmestandpunkt Einmündung des Možnica-Tales in das Koritnica-Tal, Blick auf Breth und Mangart, Juni 1916

Nahe einem Grenzstein befindet sich auf einem Felsen die Inschrift "Jerebica", die slowenische Bezeichnung für den Seekopf. Hier beginnen auch die kreisförmigen Markierungszeichen. Über den Fels des Kammes (Vorsicht! tiefe Felsspalten) in östlicher Richtung zu einer kleinen Scharte, von der ein breites grasbewachsenes Band zum Wiesenhang des Vorgipfels weiterleitet. Von diesem etwas abwärts in den anschließenden Sattel und sodann knapp unter dem Gipfelgrat meist über begrünte Bänder zum Gipfel des **Jerebica/Raibler Seekopf/Cima del Lago** (2125 m), sehr schöne umfassende Aussicht vom Montasch über den Mangart bis zum Jalovec; Tiefblick zum Raibler See/ Lago di Predil.

TOUR 2

Kluže/Flitscher Klause/Forte della Chiusa - Bavšica-Tal

Hinfahrt: R 1

Bes. Hinweise: Wanderung

Karten: Ka 1, 3, 4, 9

Zeitbedarf: 1 ½ Std.

Rückweg: wie Hinweg

Bei der Festung **Flitscher Klause** übersetzt die R 1 die Koritnica mit einer Brücke. Hier zweigt die Straße in das naturbelassene **Bavšica-Tal** ab. Das Tal ist berühmt durch seinen Blumenreichtum und die Mannigfaltigkeit an Bäumen und Sträuchern. Vom Talschluss (4 km) sollte man noch ein Stück auf alten Almwegen zur aufgelassenen Alm Logje wandern; landschaftlich sehr schön. Die aus Steinen aufgeschichteten Mauern entlang des Weges lassen ahnen, welche Mühe notwendig war, um einst dem kargen Boden nur etwas Ertrag abzugewinnen.

In den Jahren 1915-1917 lag das Bavšica-Tal knapp hinter der Front, daher wurden gerne abgelöste Truppen zur Erholung (Retablierung) für wenige Tage hierher verlegt. Entscheidend dafür war der Umstand, dass das Abschnittskommando dadurch in Krisensituationen jederzeit über rasch einsetzbare Truppen verfügen konnte (siehe hist. Teil A bei Rombon).

TOUR 3

Kluže/Flitscher Klause/Forte della Chiusa - Armierungsstraße zum Fort Hermann/Obere Festung - Totenkuppe - Rombon

Hinfahrt: R 1

Bes. Hinweise: interessante Wanderung; siehe auch historischen Teil F

Karten: Ka 1, 3, 4, 5, 9

Zeitbedarf: ½ Std. bis Fort Hermann, bis zum Rombon 5 Std.

Weiterweg: T 8

Grundvoraussetzung auch für jedes fortifikatorische Bauvorhaben war das Vorhandensein einer entsprechenden Zufahrt zum Bauplatz. Die Baubewilligung für das Vorhaben wurde 1897 vom k.u.k. Kriegsministerium erteilt. Verantwortlich zeichnete die k.u.k. Militärbauleitung Klagenfurt.

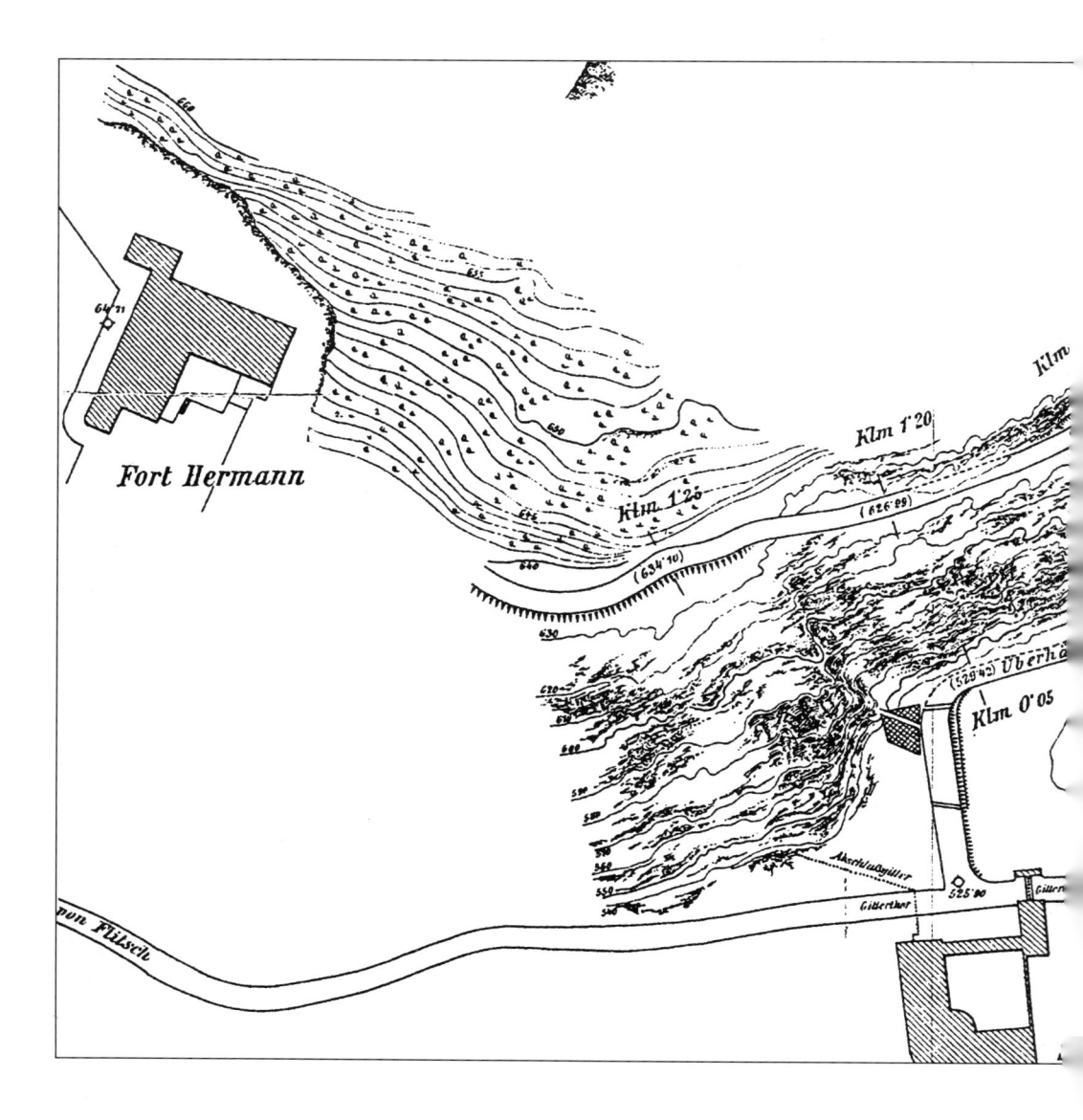

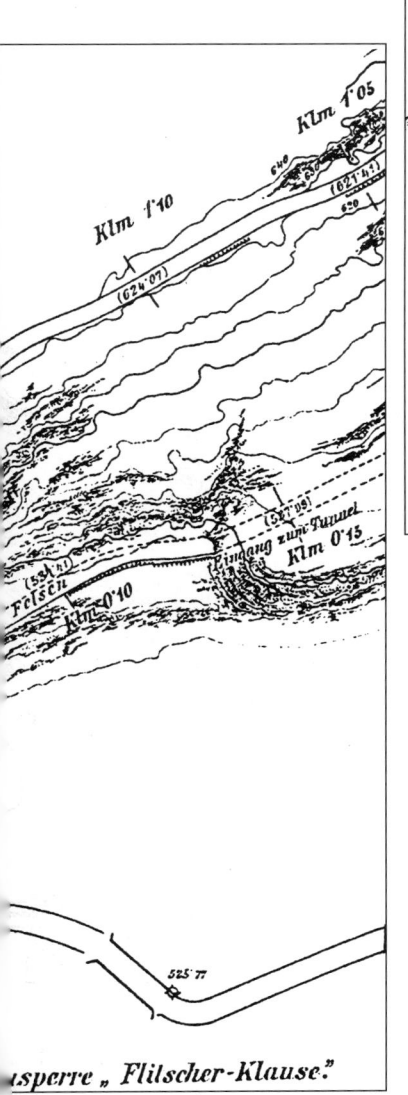

TOUREN

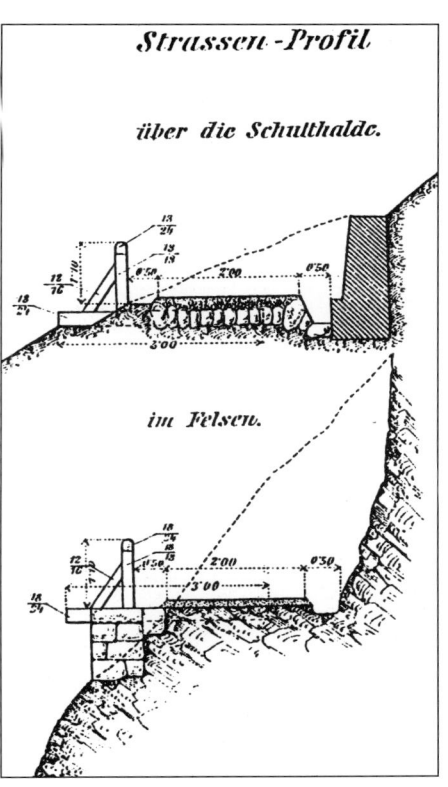

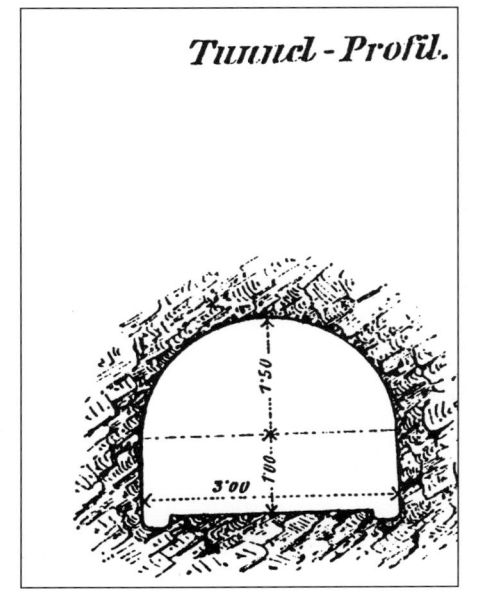

Strassen-Profil

über die Schulthalde.

im Felsen.

Tunnel-Profil.

...sperre „Flitscher-Klause."

(Folgende Texte in Kursivschrift wurden als Kurzfassung aus dem Statistischen Baubericht Nr.13 des Forts Hermann, Reservat H41 aus dem Jahre 1901, Archiv der k.u.k. Geniedirektion Triest, übernommen.)

Als entscheidendes Hilfsmittel zur Bauausführung war in erster Linie die Verbindungsstraße von der Straßensperre Flitscher Klause und dem Fort Hermann zu betrachten. Die Schaffung einer practicablen Kommunication für den Transport der nicht unbedeutenden Materialmengen und Lasten war somit vorrangig. Das Profil wurde mit einer Gesamtbreite von 3.00 m, die durchschnittliche Steigung mit 10% festgesetzt. Zum größten Theil auf einem unzugänglichen Steilhang des Rombon geführt, dessen Fuß dort die 70 m tiefe, steilwandige Koritnica Schlucht umsäumt, bot ihre Ausführung gleich von Beginn an ganz bedeutende Schwierigkeiten, welche jedoch in relativ kurzer Zeit überwunden wurden.

Die erwähnten geländemäßigen Schwierigkeiten begannen sofort am Anfang der Straße in Form einer Felswand, die nur durch den Bau eines Tunnels zu überwinden war.

Das Tunnelprofil wurde nach jenen Minimalmaßen ausgemittelt, welche den Transport der Panzerschilde für die 12 cm Kanonen-Kasematten gestatteten.

Der Bau der Straße wurde am 12.April 1897 in Angriff genommen und der Tunnelbau an einen Zivil-Accordanten übergeben. Speziell der Bau des 113 m langen Tunnels, welcher an beiden Seiten mit Handbohrung angebrochen wurde, währte vom 3. Mai bis Ende August 1897. Sämmtliche Sprengarbeiten wurden mit Dynamit Nr. 1 aus dem Pionier-Zeugsdepot-Wöllersdorf ausgeführt.

Bemerkenswert war der Transport der 90-110 q schweren Panzerschilde für die 12 cm Kanonen M.96. Der enge Tunnel, die starke Steigung der Straße, die Unvertrautheit der dortigen Fuhrleute mit der Manipulation bei so großen und unhandlichen Lasten, sowie deren ungerechtfertige sehr hohe Forderung von 1000 K pro Panzer veranlassten die Bauleitung von einem Transport mit Zugtieren abzusehen. Berechnungen hatten ergeben, dass bei Anwendung vorhandener Flaschenzüge der Artillerie-Ausrüstung und Transport des Panzers auf einem Walzenschlitten rund 40 Mann genügen würden.

Im Einvernehmen mit dem Festungs-Artillerie-Director in Klagenfurt wurde die Beistellung eines Detachements bestehend aus dem Lieutenant Josef Kružik und 40 Mann der 3. Feld-Kompagnie des Festungs-Artillerie-Regiments Graf Colloredo-Mels Nr.4 verfügt. Gleichzeitig wurde von der Genie-Direction in Trient der für schwere Panzertransporte von der Fa. Skoda in Pilsen construierte Transportwagen mit 40 m transportablen Feldbahngleisen entliehen.

Nur durch den Tunnel war ein Schlittentransport auf Walzen nöthig, für die Buchenholz verwendet wurde, da sich Fichte als zu weich erwiesen hatte. Zur Verminderung der Reibung wurden Pfosten unter die Walzen gelegt. Der Flaschenzug wurde außerhalb des Tunnels an einem in die Erde eingegrabenen Rundholz befestigt.

Der Transport auf freier Strecke geschah auf dem Spezialwagen welcher vom Detache-

ment _freihändig_ gezogen wurde. Besonders umständlich gestaltete sich die jedesmalige Verladung des Panzers vom Schlitten auf den Transportwagen oder umgekehrt, nachdem die unhandsame Form des Panzers und dessen ungünstige Schwerpunktlage die Manipulation mit den 4 zur Verfügung stehenden Winden ungemein erschwerte.

Der Transport der Panzer währte vom 12. Juni bis zum 10. Juli 1899. Berücksichtigt man die ungewöhnlich schwierigen Wegverhältnisse, so muss das vom Transport-Detachement in der relativ kurzen Zeit erreichte Resultat als außerordentlich günstig bezeichnet werden.

Auf der Armierungsstraße unterwegs

Unmittelbar bei der ehem. k.u.k. Straßensperre "Flitscher Klause" zweigt die alte Armierungsstraße zum Werk Hermann ab.

Im ca. 110 m hohen Felsgelände sind links die eisernen Trittklammern des versicherten Klettersteiges sichtbar, der einst als Abkürzung für die weit ausholende Kehre der Armierungsstraße diente (Benützung nicht mehr ratsam!).

Die Straße führt gleich zu Beginn durch einen Felstunnel (Taschenlampe empfehlenswert). Im Tunnel (rechts) eine Maschinengewehr-Kaverne. Danach ansteigend schließt sich eine Kehre an, nach der die Straße geradlinig in Richtung Flitscher Becken weiter aufwärts führt; einige Stellen sind etwas durch Rutschungen verschüttet, aber unschwer zu passieren. Vorbei an einigen Kavernen und einem weiteren MG-Stand erreicht man schließlich das Felsplateau, auf dem sich die Ruine des **k.u.k. Werkes Hermann** befindet (Erbauung siehe hist. Teil F).

Bedingt durch den starken Bewuchs mit Unterholz ist das Gelände nur schwer überschaubar. Trotz der durch die schweren Beschießungen hervorgerufenen Zerstörungen wirkt das zweistöckige Objekt durch seine Größe immer noch beeindruckend. Auf dem Verdeck der Anlage zeigen sich die Geschützbrunnen der beiden Panzerhaubitzen in einem relativ guten Zustand (Vorsicht beim Begehen des Verdecks!). Vom Betreten der Innenräume wird jedoch abgeraten, da durch den Beschuss und das letzte Erdbeben teilweise Einsturzgefahr der Decken besteht.

Nur für **Ausdauernde mit Bergerfahrung** bietet sich nun die Möglichkeit die Wanderung fortzusetzen. Sie führt über ö.u. Frontsteige oder Spuren derselben stets entlang der ehemaligen vordersten Frontlinie über die Totenkuppe hinauf zum Gipfelbereich des **Rombon** (2208 m); historisch sehr interessant, entlang des Steiges zahlreiche Kavernen und Reste von Stellungsanlagen.

Gehzeit ab Werk Hermann 4 ½ Std; Wanderung nur bei guten Sichtverhältnissen und sicherem Wetter unternehmen; Orientierung stellenweise nicht leicht; der Rückweg kann dann entlang alter italienischer Front- und Saumwege über Čukla (1767 m) und Planina Goričica (1336 m) nach Bovec/Flitsch (460 m) genommen werden, siehe T 8.

TOUR 4

Zur Unteren Koritnica-Schlucht

Hinfahrt: R 1

Bes. Hinweise: leichte Wanderung

Karten: Ka 1, 3, 4, 9

Zeitbedarf: ¼ Std.

Weiterweg: R 1

Fährt man von der Brücke bei der Festung der Flitscher Klause auf der R 1 einige 100 m talabwärts, so wird am Ende der Straßenstützmauer ein kleiner Parkplatz erreicht. Von diesem auf gutem Steig hinab zur Koritnica und entlang derselben nun etwas aufwärts zum Schluchtausgang, wo der naturbelassene Fluss mit seinem klaren Wasser das Flitscher Becken erreicht.

Die heutige Straße von Flitsch hinauf zur Klause wurde erst 1834 erbaut und im obersten Teil aus dem Fels herausgeschlagen. Die ursprüngliche Straße ging etwa vom Soldatenfriedhof bis zu dem Punkt, wo die Koritnica aus der Schlucht ins Flitscher Becken tritt und dann am linken Ufer hinauf bis zur Höhe der Festung.

TOUR 5

Freilichtmuseum 1915-1917 "Vordere Isonzo-Stellung" am Ravelnik

Hinweg: R 1, T 7

Bes. Hinweise: leichte Wanderung

Karten: Ka 1, 3, 4, 9

Zeitbedarf: ca. 1 Std.

Auf der R 1 etwa 2 km von **Bovec** in Richtung Predil fahrend befindet sich rechts ein Hinweisschild zum Freilichtmuseum 1915-1917. Die Front verlief hier vom Rombon (2208 m) herab über den Ravelnik (519 m), weiter am Rande des Flitscher Beckens die Flüsse Koritnica und Soča querend und wieder ansteigend zum Javoršček (1557 m).

Das **Freilichtmuseum** zeigt entlang eines historischen Rundweges in anschaulicher Form rekonstruierte Laufgräben, Drahthindernisse, Postenstände, Kavernen und Unterkünfte des ehem. vordersten ö.u. Stellungsbereiches.

Ö.u. Stellung am Ravelnik, Bildmitte Beginn des Trenta-Tales, links der Ort Kal (BU)

Im Zuge der Offensivvorbereitungen für die 12. Isonzoschlacht wurden in vier Nächten vom 19. bis 23. Oktober 1917 südlich des Ravelnik 894 Gaswerfer durch das deutsche 35. Pionierbataillon etwa 100 m hinter der vordersten ö.u. Infanteriestellung bereitgestellt. Ihr Einsatzraum waren jene Punkte der italienischen Hauptkampflinie, die von der ö.u. Artillerie nicht oder nur schwer erreicht werden konnten, wie die so genannte Straßenschlucht (T 10); siehe auch hist. Teil B, E.

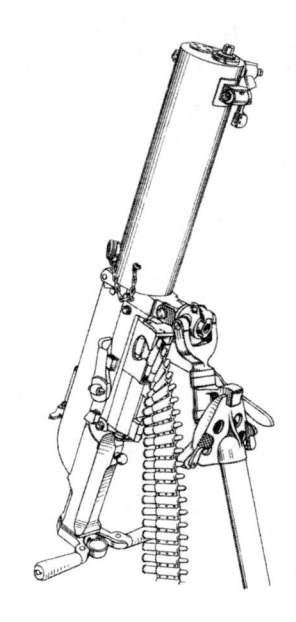

TOUR 6

Von Kal-Koritnica auf den Svinjak

Hinfahrt: R 16

Bes. Hinweise: Der Weg ist durchlaufend markiert, nur die letzten 100 Höhenmeter sind weglos; landschaftlich sehr aussichtsreich, historisch interessant. Taschenlampe mitnehmen!

Einst nannte man den Svinjak wegen seines spitzen Gipfels auch den "Flitscher Zuckerhut".

Der Weiterweg von den beschriebenen Stellungen hinauf zum Gipfel des Svinjak (1653 m), der ein Ausläufer des Grintavec ist, sollte nur geübten Bergsteigern vorbehalten bleiben. Der oberste Teil des Anstiegs ist sehr steil und erfordert unbedingte Trittsicherheit.

Karten: Ka 1, 3, 4, 9

Zeitbedarf: ¾ - 1 Std. bis zu den ehem. ö.u. Stellungen; ca. 3 Std. von Kal bis zum Gipfel des Svinjak

Rückweg: zurück auf dem Anstiegsweg

Der Svinjak von der Umfahrung Bovec aus gesehen

   In **Kal-Koritnica** (460 m) beginnt der Weg bei den ersten Häusern des Ortes und führt auf einen kleinen Rücken. Nach ca. 25 min erreicht man die Kote 650 mit einer Wegteilung. Hier hält man sich links und geht noch ungefähr 100 m auf dem markierten Weg weiter, den man dann nach links verlässt.

Zu den ö.u. Stellungen

Ab hier wandert man weglos etwa 100 Höhenmeter auf einem kahlen Rücken entlang eines ehem. ö.u. Schützengrabens aufwärts, bis man einen in den Fels gebauten Unterstand erreicht. Dieser Graben besitzt Schießscharten mit Infanterie-Schutzschilden, eine Inschrift besagt dort, dass an diesen Stellungen bereits im April 1915 - also noch vor der italienischen Kriegserklärung - gearbeitet wurde. Der Graben führt weiter bis zum Rande des Rückens über dem Koritnica-Tal. Hier endet er in einem Torbogen, von dem teilweise verschüttete Treppen kurz zu einem Stollensystem abwärts führen.

Während des ganzen letzten Wegstückes prachtvolle Aussicht auf das Flitscher Becken und die besonders schwer umkämpften Höhenzüge im Kampfabschnitt des Rombon, wie Čukla oder die Totenkuppe. Bedingt durch seine überragende Lage über dem Flitscher Becken besaß der Svinjak dementsprechende militärische Bedeutung. Die Planung für eine k.u.k. Festung (Fernkampfwerk) am Hang des Svinjak war bereits abgeschlossen und die Armierungsstraße ausgehend von der Flitscher Klause (siehe R 1, hist. Teil F) im Bau, als der Kriegsbeginn mit Italien die sofortige Einstellung des Vorhabens bewirkte. Es kamen lediglich noch Infanteriestützpunkte und Artilleriestellungen in fast friedensmäßiger Ausführung zur Fertigstellung.

Vor dem Beginn der 12. Isonzoschlacht vom 23. auf den 24. Oktober 1917 hatte der k.u.k. GdI Alfred Krauß seinen Gefechtsstandpunkt auf dem Svinjak bezogen, von dem er dann seine berühmt gewordene Taktik des Talstoßes erstmals in die Wirklichkeit umsetzte. Diese sollte ausschlaggebend für den Erfolg des "Durchbruchs von Flitsch und Tolmein" werden; (siehe hist. Teil E). Leider ist diese Stelle heute nicht mehr lokalisierbar, vermutlich befand sie sich in dem hier erwähnten Stollensystem.

Das gesamte hier befindliche Stellungssystem war niemals italienischen Infanterieangriffen, sondern nur Artilleriebeschuss ausgesetzt, da die vorderste ö.u. Linie am Ravelnik (siehe T 5) nicht von den italienischen Angreifern überwunden werden konnte.

Geübte können den Anstieg (siehe bes. Hinweis!) weiter fortsetzen. Man muss zunächst zu jenem Punkt zurückkehren, bei dem der markierte Weg verlassen wurde, dann folgt man der Markierung weiter und erreicht schließlich über Fels und Schrofengelände den Gipfel des **Svinjak** (1653 m); sehr schöne Rundsicht.

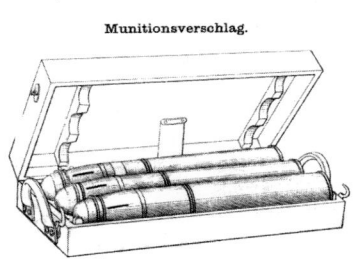

Munitionsverschlag.

TOUR 7

Bovec/Flitsch - Kirchenruine zum Sveti Lenart/Hl. Leonhart

Zugang: R 1, R 16

Bes. Hinweise: landschaftlich schöne Wanderung durch ehem. Kampfgebiet 1915-1917

Karten: Ka 3, 4, 5, 9

Gehzeit: 1 Stunde

Weiterweg: zum Freilichtmuseum Ravelnik T 5

Von **Bovec/Flitsch** (460 m) führt der Weg mit der Markierung Nr. 4a über Ravni Laz und die ehem. vorderste italienische Linie bis zur 500 Jahre alten malerischen Kirchenruine des Hl. Leonhart.

Im Ersten Weltkrieg lag die Kirche knapp hinter der vordersten ö.u. Linie, die vom Rombon herabziehend hier den Talgrund des Flitscher Beckens erreichte und weiter zum Hügel des Ravelnik verlief. Bei Kriegsbeginn 1915 hatte das Gotteshaus schon über 200 Jahre kein Dach mehr. Ö.u. Soldaten deckten es provisorisch mit Brettern und Dachpappe ein. Obwohl es dann als Offiziers-Unterstand diente, wurde es niemals von einer schwereren Granate getroffen.

TOUR 8

Bovec/Flitsch - Pl. Goričica - Čukla - Rombon

Hinfahrt: R 1, R 16

Bes. Hinweise: Eine gute Kondition erfordernde Bergtour, die man nur bei sicherem Wetter unternehmen sollte; oberhalb der Baumgrenze im Hochsommer sehr heiß, da ab der Pl. Goričica schattenlos, es wird empfohlen, deshalb mit der Tour frühzeitig zu beginnen; auch nur ein Teilanstieg bis Pl. Goričica oder weiter bis zur "Quota dell'Addolorata" kann empfohlen werden.

Karten: Ka 1, 3, 4, 5, 9

Zeitbedarf: 5 Std.

Weiterweg: entweder wie Anstiegsroute zurück nach Bovec, oder über Totenkuppe, Werk Hermann zur Kluže/Flitscher Klause, siehe T 3

Zur Geschichte

Der Rombon, dessen Gipfel sich in ö.u. Hand befand, bildete den strategischen Eckpfeiler über dem Flitscher Becken. Dieser beherrschende Berg wurde dadurch zum Brennpunkt der Kämpfe. Die schweren italienischen Angriffe forderten auf beiden Seiten eine hohe Anzahl von Opfern, sodass der Rombon zu einem der gefürchteten Blutberge wurde.

Das für den Rombon zuständige italienische Abschnittskommando befand sich im Isonzo-Tal im Ort Žaga, R 1. Der Hauptnachschubweg zur Versorgung für die starke italienische Rombon-Besatzung führte daher nicht wie heute der Touristenweg von Bovec herauf, sondern über Podklobca - Pod Turo nach Plužna. Von hier verliefen fast parallel eine breite Mulattiera und eine Seilbahntrasse bis zur Pl. Goričica. Nähere Details siehe auch hist. Teil A.

Von **Bovec/Flitsch** (460 m) wandert man zunächst von der Kirche in Richtung Zavrzelno (auf ö.u. Frontkarte von 1917 Za Verzelinom) in ca. 20 min, kaum Parkmöglichkeiten.

Nach dem letzten Bauernhaus noch kurz weiter bis zu einer Quelle mit einem Brunnentrog. Hier erreicht man einen schmalen Steig und folgt diesem recht steil meist auf Schotter aufwärts, bis man auf die alte italienische von Plužna heraufführende Mulattiera (Saumweg) stößt, die man wiederholt kreuzt und teilweise auch benützt. Nach dem Überwinden einer Steilstufe wird dünnerer Waldbestand aus Buchen und Fichten durchwandert, nach dem man bald den Bereich der (unbewirtschafteten) **Pl. Goričica** (1330 m) betritt; 2 ¼ - 2 ¾ Std. ab Bovec.

Das Gebiet um diese Alm war in den Jahren 1915-1917 zentraler Versorgungspunkt der italienischen Rombon-Besatzung, hier befanden sich eine Zwischenstation der von Plužna heraufführenden Kriegsseilbahn sowie zahlreiche Magazine und Unterkünfte für Reserven. Von den Objekten sind noch viele Fundamente und Mauerreste vorhanden. Da sich hier auch die Feuerstellungen für ital. Geschütze befanden, bestand eine erhöhte Bedrohung durch die ö.u. Artillerie, weshalb noch zusätzlich Deckungskavernen geschaffen wurden.

Am Weiterweg kommt man an den letzten Resten der alten Raubritterburg Čukla vorbei.

Variante: Noch bevor das letzte Wegstück zum Gipfel des Rombon beginnt, besteht die Möglichkeit, nach rechts auf einen Frontweg abzubiegen, um sehr interessante ital. Objekte zu besichtigen. Auf diesem Weg gelangt man nach einem kurzen Stück zu einer Fläche, die "Quota dell'Addolorata" genannt wurde, nach der kleinen Kapelle, deren Ruine noch gut sichtbar ist. Im näheren Umgebungsbereich befindet sich auch der betonierte Eingang zum ehemaligen Hilfsplatz mit der Inschrift "Alpini Bataillon Dronero". Oberhalb gegen den Waldrand zu lag einst ein Soldatenfriedhof, heute noch erkenntlich an den Resten von Betonkreuzen. Von hier kehrt man wieder zu der Stelle zurück, bei der man den Normalweg verlassen hat.

Nun sich links haltend im Schrofengelände und über Schotter stets aufwärts, bis man unter den überhängenden Felsen des Rombon die Ruine vom italienischen "Hilfsplatz Rombon" erreicht, der hier wegen der wiederholten schweren Kämpfe um Čukla, die dreimal den Besitzer wechselte, dringend notwendig war. Daneben befinden sich Spuren eines Soldatenfriedhofs mit einigen Gedenksteinen. Dann weiter vorbei an zahlreichen Resten militärischer Objekte, schließlich hinauf in die Colletta Čukla. Nach Überqueren eines Felsriegels, wo man in den österreichischen Stellungsbereich wechselt, erreicht man schließlich in wenigen Minuten den Gipfel des **Rombon** (2208 m), sehr schöne Aussicht vor allem auf das Kampfgelände, zahlreiche Stellungsreste in der Umgebung.

TOUR 9

Bovec/Flitsch - Vodenca - Jablenca - Čezsoča

Hinfahrt: R 1, R 16

Bes. Hinweise: Wanderung, Markierung N° 1

Karten: Ka 1, 3, 4, 5

Zeitbedarf: 1 ¼ Std.

Weiterweg: T 10

Von **Bovec/Flitsch** (460 m) führt der Weg zunächst unmittelbar durch das Gebiet der früheren vordersten italienischen Linien und dann durch das Niemandsland an der Südseite des Ravelnik über **Vodenca**, worauf man dann die Koritnica auf einer Brücke nahe beim Zusammenfluss der Soča mit der Koritnica quert. Oberhalb desselben überschreitet man auf einem Steg die Soča und nun an deren linksseitigem Ufer nach **Jablenca** (T 12).

Auch das Gebiet zwischen Jablenca und Čezsoča war für den Einsatz des Blaukreuz-Gases durch das deutsche 35. Pionierbataillon vorgesehen (siehe T 5, hist. Teil E).

Am Weiterweg überschreitet man den Slatenik-Bach, der vom Javoršček (1551 m) durch den wilden einsamen globel potoka Slatenik/Slatenikgraben herunterzieht (siehe T 11, hist. Teil B). Bald danach erreicht man **Čezsoča** (368 m).

TOUR 10

Bovec/Flitsch - Gorenja vas - Čezsoča

Hinfahrt: R 1, R 16

Bes. Hinweise: Wanderung, Markierung Nr. 1

Man durchquert dabei jenes Gebiet, wo im Zuge der 12. Isonzoschlacht durch den Einsatz des damals neuen Giftgases "Blaukreuz" am 24.10.1917 die schweren italienischen Verluste in einem tiefen Graben (so genannte Straßenschlucht namens Naklo) eintraten (siehe auch T 5, hist. Teil E).

Karten: Ka 1, 3, 4, 5

Zeitbedarf: ¾ Std.

Weiterweg: T 9

Von **Bovec/Flitsch** (460 m) führt der markierte Weg über die ebenen Wiesen in Richtung Gorenja Vas, bis man den Beginn der Straßenschlucht erreicht.

Variante: Mit einem Kfz kann man auch auf der Umfahrungsstraße von Bovec bis zu einer schon von weitem sichtbaren Abzwg. gelangen (Hinweisschild Čezsoča), dem man nun folgt.

Kurz danach wendet sich die Straße einem kleinen immer tiefer werdenden Graben zu. In diesem erinnert (li.) ein als Gedenkstätte rekonstruierter Kaverneneingang an die hier eingetretenen schweren italienischen Verluste durch Giftgas.

Sobald man die Straßenschlucht Naklo verlassen hat, überquert man die Soča (1,2 km ab Abzwg.) und gelangt über **Gorenja vas** (Campingplatz) nach **Čezsoča** (368 m).

24.10.1917 um 02.05 Uhr, 894 deutsche Gaswerfer werden gezündet, das tödliche Blaukreuz (Phosgengiftgas) dringt tief bis in die unterirdischen Deckungen, auch die Flucht ins Freie bedeutete für 400-500 Mann des IR 7 Brigade Friuli nur den Tod

Dieselbe Stelle, Oktober 2001

28.10.1917, dieselbe Stelle, rechts heben ö.u. Soldaten ein Grab für die hier an dieser Stelle durch das Giftgas Umgekommenen aus

TOUR 11

(Bovec/Flitsch) - Čezsoča - Slatenik-Graben - Humčič - Čez Utro - Pl. Golobar

Hinweg: R 1, R 16, T 9, T 10

Bes. Hinweise: Besonders der Anfang dieser Tour führt durch das relativ einsame und sehr wenig begangene, aber landschaftlich und historisch interessante Gebiet des Slatenik-Grabens.

Karten: Ka 1, 3, 4, 5

Zeitbedarf: 2 ½ - 3 Std. ab Čezsoča

Weiterweg: T 12

Zur Geschichte

Der Slatenik-Graben begrenzte mit seiner orografisch linken Seite die vorderste italienische Stellungslinie, ein kleines Stück rückwärts lag die II. Linie und die Abschnittsartillerie am Krasji vrh und Debeljak, T 25, hist Teil B, E.

Die sehr stark zu Rutschungen neigende geologische Struktur des Grabens mit seinen Steilhängen bildete ein natürliches Hindernis. Diese fast unüberwindlich scheinenden Geländeschwierigkeiten musste das Kärntner Hausregiment, das IR 7 die "Khevenhüller", bei der Herbstoffensive am 24.10.1917 überwinden; siehe hist. Teil B.

Die ö.u. Stützpunkte verliefen entlang der orografisch rechten Seite des Grabens bis zu der vom Javorščeck herabziehenden Rückfallkuppe des Humčič (806 m). Diese wechselte zunächst mehrfach den Besitzer, bis sie endgültig in ö.u. Besitz verblieb, sie galt bei den Soldaten als Todeskote.

Von **Bovec/Flitsch** (460 m) wie bei T 10 beschrieben nach **Čezsoča** (368 m). Hier wendet man sich der nach Jablenca führenden Straße (T 9) zu. Ein kurzes Stück Soča aufwärts, dann überschreitet man den Slatenik-Bach. Sofort nach der Brücke beginnt rechts unser Steig, der dann steiler im Slatenik-Graben bergauf zieht.

Zunächst leitet der Weg mit einigen ausholenden Kehren hinauf und gewinnt entlang des Hanges vom Humčič weiter an Höhe. Hier betritt man ehemaligen ö.u. Stellungsbereich, der dem Flankenschutz des vorgeschobenen Humčic, zu dem Spuren von Frontsteigen hinaufführen, in Form von Stützpunkten diente.

Im weiteren Anstieg wird der Südhang des Javorščeck gequert, bis man einen kleinen Sattel, **Čez Utro** (1305 m) erreicht; von hier führt die T 12 hinauf zum Javorščeck. Von Čez Utro in kurzem Abstieg hinab zur nicht mehr bewirtschafteten **Pl. Golobar** (1257 m); Näheres siehe T 12.

TOUR 12

(Bovec/Flitsch) - Čezsoča - Jablenca - Golobarski-Graben - Pl. Golobar - Javoršček

Hinweg: R 1, R 16, T 9

Bes. Hinweise: Der Javoršček (1560 m) bildete den östlichen Eckpfeiler der ö.u. Verteidigung über dem Flitscher Becken und wurde dementsprechend stark befestigt. Er und insbesonders der ihm vorgelagerte Humčič waren Ziele zahlreicher infantristischer Angriffe. Häufiges schweres italienisches Artilleriefeuer richtete sich gegen diesen Berg und seine Nachschubwege.

Karten: Ka 1, 3, 4, 5

Zeitbedarf: ca. 3 Std.

Weiterweg: T 11

Von **Bovec/Flitsch** (483 m) wie bei T 10 beschrieben nach **Čezsoča** (368 m). Hier wendet man sich der nach Jablenca führenden Straße (T 9) zu. Auf dieser Soča aufwärts, nach einer kürzeren Strecke überquert man den Slatenik-Graben (T 11) und kommt nach **Jablenca**; dieser Ort war wie alle anderen des Gebietes auf Anordnung der österr. Behörden von der Zivilbevölkerung geräumt worden, er konnte aber von den italienischen Truppen nicht gehalten werden.

Von Jablenca kann man noch ein Stück entlang der Soča weiter aufwärts fahren, bis die Straße endet; hier Kfz abstellen. Nun auf einem Steig weiter bis zur Einmündung des Golobarski-Grabens. Dieser erstreckt sich zwischen dem Kozji Breg (1259 m) und dem vom Javoršček herabziehenden Hang. Der Wegmarkierung entlang des Grabens aufwärts folgend erreicht man schließlich die (unbewirtschaftete) **Pl. Golobar** (1250 m) 1 ½ Std, T 11. Das Gebiet um die Alm war lange Zeit Standort der k.u.k. 25. Gebirgsbrigade. Es entstanden zahlreiche Unterkünfte und Magazine sowie ein Hilfsplatz. Die von Koritnica heraufführende Kriegsseilbahn endete hier. Von den zahlreichen Bauten sind kaum mehr Fundamente sichtbar und vom einstigen Soldatenfriedhof nur noch Spuren vorhanden.

Von der Pl. Golobar in kürzerem Aufstieg in die Einsattelung Čez Utro (1305 m, T 11). Nun auf alten Frontsteigen immer wieder vorbei an Überresten militärischer Bauten und meist verschütteter Kaverneneingänge hinauf bis zum Gipfel des **Javoršček** (1560 m); sehr schönes Panorama über das Flitscher Becken und die umgebenden Höhenzüge. Im Bereich des Gipfels sind noch relativ gut erhaltene Stellungs- und Kavernenanlagen vorhanden, wegen der umfassenden Fernsicht war der Gipfel auch Standpunkt eines Artillerie-Beobachters.

TOUR 13

Zum Slap Boka/Wasserfall

Hinfahrt: R 1

Bes. Hinweise: Leichte Wanderung

Karten: Ka 1, 4, 5

Zeitbedarf: 45 min

Weiterfahrt: R 1

Wie bei R 1 beschrieben von **Bovec** Richtung Žaga bis zu einer langen Betonbrücke, 7,5 km; Parkplatz mit Jausenstation. Über die schweren Kämpfe um die Brücke im Oktober 1917 siehe R 1.

Am südwestlichen Ende der Brücke beginnt der markierte Weg, der zuerst entlang des Bachbettes und dann über eine Geröllhalde zum Aussichtspunkt führt. Die **Boka** stürzt hier mit einem ca. 106 m hohen starken Wasserfall über die Felswand in das Tal hinab.

TOUR 14

Zur Kanin-Seilbahn/Žičnica Kanin

Hinfahrt: R 1

Bes. Hinweise: Höchste Seilbahn Sloweniens, bringt eine ganz wesentliche Zeitersparnis für Bergtouren; Höhenunterschied 1766 m; schon der Besuch der Bergstation mit dem Restaurant Prestreljenik ist ein empfehlenswerter Ausflug wegen des sehr lohnenden Panoramablicks. Ausgangspunkt für Bergtouren und Wanderungen.

Karten: Ka 1, 3, 4, 5, 9

Weiterweg: T 17, T 18

Bald nach **Bovec** in Richtung Kobarid fahrend kommt man nach **Dvor**. Hier zweigt (Hinweisschilder) nach rechts der Zubringer zur Talstation der Kanin-Seilbahn ab (436 m). Die Seilbahn führt über die Zwischenstationen: Postaja/Station B Čela (979 m), Postaja/Station C Skripi (1640 m) zur Bergstation D Postaja Podi (2202 m).

TOUR 15

Sella Nevea/Nevea-Sattel - Rif. C. Gilberti

Hinfahrt: Chiusaforte - Raccolanatal - Nevea-Sattel oder von Raibl zum Nevea-Sattel

Bes. Hinweise: Man kann das Rif. Gilberti zu Fuß oder mit der Seilbahn vom Nevea-Sattel aus erreichen

Karten: Ka 1, 4, 5, 9, 11

Gehzeit: 2 ½ Std.

Weiterweg: T 17, T 18

Mit der Canin-Seilbahn

Die Talstation der 1971 zur Erschließung des Schigebietes eröffneten Seilbahn befindet sich direkt an der **Sella Nevea** (1190 m). Sie überwindet eine Höhendifferenz von 700 m. Von der Bergstation in ¼ Std zum bew. **Rif. Celso Gilberti** (1850 m), CAI Sektion Udine, 24 Betten, 10 Lager; das Schutzhaus wurde 1950 anstelle der 1944 zerstörten alten Canin-Hütte am Bila Pec-Sattel errichtet. Schon der Besuch der Hütte allein lohnt sich wegen der prachtvollen sie umgebenden Gebirgsszenerie der Kanin-Gruppe.

Als Wanderung

Am Nevea-Sattel ab dem Parkplatz bei der Talstation der Canin-Seilbahn (1190 m) beginnt die ehem. ital. Mulattiera, die in bequemen Serpentinen über die Karrenböden, die heute als Schipiste dienen, dreimal die Seilbahntrasse querend, aufwärts führt. Weiter, unterhalb der Quelle Bareit, bis zum Endpunkt des Saumweges beim Punkt 1683 (der Tabacco-Karte). Anschließend auf einem guten Weg unter den Felswänden des Bila Pec bis zum **Rif. C. Gilberti**.

Rif. C. Gilberti (DG)

TOUR 16

Rif. C. Gilberti - Sella Bila Peč - Klettersteig "Divisione Julia" - Kanin/Canin/M. Canino

Hinweg: T 15

Bes. Hinweise: Nur für Geübte, diese können eine Rundtour rund um den Canin durchführen in Kombination mit T 18 und T 17. Weniger schwierig ist der Aufstieg von der Prevala-Scharte T 17 über die slowenische Seite

Karten: Ka 1, 4, 5, 9, 11

Zeitbedarf: 2 ½ Std.

Weiterweg: T 18

Vom **Rif. C. Gilberti** (1850 m) zum **Sella Bila Peč** (2005 m). Nun in Richtung Foran del Mus auf altem Frontsteig weiter, bis man zu einer Schneeschlucht (Erstbegehung 1879 durch Findenegg in der nach ihm benannten Schlucht) aufsteigt, die vom Ostgrat des Canin herabzieht.

Hier beginnt der versicherte Klettersteig, der etwa der Kugy-Führe entspricht; Einstiegsmarkierung "roter Kreis"; Steinschlaggefahr bei vorausgehenden Gruppen. Der mit Seilversicherungen und Steighilfen ausgestattete Steig leitet hinauf zum Grat und über diesen zum Gipfel des **M. Canin** (2587 m), prachtvolles Panorama.

TOUR 17

Rif. C. Gilberti - Sedlo Prevala/Prevala-Sattel - zur Bergstation der slowenischen Kanin-Seilbahn/žičnica Kanin

Hinweg: T 15

Bes. Hinweise: Bergwanderung; Prevala-Sattel italienisch-slowenische Grenze

Karten: Ka 1, 4, 5, 9, 11

Gehzeit: 2 Std.

Weiterweg: T 14

Vom **Rif. C. Gilberti** (1850 m) über die weiten Karrenböden zwischen den nördl. Ausläufern des M. Forato im SW und des M. Golovec im NO bequem auf ehem. ital. Mulattiera des Ersten Weltkriegs aufwärts zum **Prevala-Sattel/Sella Prevala** (2067 m).

Der Prevala-Sattel war friedensmäßige Grenze zwischen dem Königreich Italien und der ö.u. Monarchie. Über seine damals einsame Höhe hinweg führten berüchtigte Schmugglerpfade. Mit dem Kriegsausbruch im Mai 1915 räumten die ö.u.Truppen befehlsgemäß das Gebiet und zogen sich auf die umliegenden Höhen rund um das Flitscher Becken zurück. Ital. Truppen besetzten daraufhin kampflos den Raum um den Prevala-Sattel.

Beiderseits des Sattels befanden sich dann in den Jahren 1915/17 stark ausgebaute und teilweise kavernierte ital. Stellungen im Fels des Prestreljenik und Golovec, die auf den Raum vor den ital. Sattel-Stellungen flankierend einwirken konnten; über das für die ö.u. Truppen verlustreiche Rückzugsgefecht am 28.10.1917 siehe hist. Teil E.

Vom Prevala-Sattel nun auf slowenischem Territorium weiter unterhalb der Ostseite der Prestreljeniški Vršič/Cime Pecorelle und dann des Prestreljenik/M. Forato zur Bergstation der von Bovec heraufführenden Kanin-Seilbahn (2202 m), Restaurationsbetrieb.

Der Prevala-Sattel (DG)

TOUR 18

Žičnica Kanin/Bergstation slowenische Kanin-Seilbahn - Kanin/Monte Canino

Hinweg: T 14, T 17

Bes. Hinweise: Bergerfahrung u. Trittsicherheit erforderlich, mäßig schwierig, einige kurze vers. Kletterstellen; Vorsicht bei Gewittern!

Karten: Ka 1, 4, 5, 9, 11

Zeitbedarf: 3 Std.

Weiterweg: T 16 im Abstieg nicht empfehlenswert.

Von der Bergstation der slowenischen Kanin-Seilbahn (2202 m) führt der gut markierte Weg zunächst über Karstgelände mit Karrenböden und tiefen Rillen unterhalb des Kammes aufwärts.

Der Schriftzug „Okno" kennzeichnet eine kleine Variante nur für **Geübte** zum typischen Felsfenster im Westgrat des Prestreljenik/M.Forato (2498 m), eine interessante Abwechslung in der sonst etwas eintönigen Tour durch die karstige Felslandschaft.

Erst im letzten Wegabschnitt wendet sich der Weg direkt dem Kamm zu, auf dem kleine Felsabsätze mit Hilfe von guten Versicherungen zu durchklettern sind, bis man den Gipfel des **Kanin** (2587 m) erreicht; berühmte Fernsicht von den Dolomiten bis zum Golf von Triest.

Zur Geschichte des Kanin

Erstbesteigung (?) 1841 durch Sendtner, Erstbesteigung von Norden durch Findenegg 1895 (siehe T 16), erste Winterbesteigung 12.1.1902 durch Kugy mit Führern. Julius Kugy stufte den Kanin als den am meisten durch Blitze gefährdeten Berg ein. Bereits 1884 ist der Tod eines italienischen Offiziers durch Blitzschlag belegt. Die deshalb dort angebrachte Gedenktafel wurde wieder durch einen Blitz zerstört.

TOUR 20

Historischer Lehrpfad rund um Kobarid/Kobariška Zgodovinska Pot

Zeitbedarf: 3 - 5 Stunden, Länge ca. 5 km

Karten: Ka 10

Führungen: Sprachkundige Führer können sowohl im Museum als auch beim Verkehrsverein bestellt werden.

Dieser Pfad wurde gemeinsam vom Verkehrsverein und dem Kobariški Muzej/ Museum Kobarid angelegt. Wer nur etwas Zeit erübrigt, dem kann diese Wanderung **unter sachkundiger Führung** angeraten werden. Das im Museum gezeigte wird durch die Wanderung zu historischen Punkten sowie Natur- und Kulturdenkmälern harmonisch ergänzt. Die Tour führt zu folgenden Sehenswürdigkeiten: Ausgangspunkt Kobariški Muzej/Museum Kobarid - Römische Siedlung auf dem Gradič - Italjanska kostnica/Italienisches Ossarium (R 3) - Urgeschichtliche Befestigung Tonocov grad - Ital. Stellungsanlagen - Soča-Schlucht - Kozjak Slap, Wasserfälle - Ital. Stellungsanlagen (T 21) Napoleonov most/Napoleon-Brücke (R 5, R 6).

TOUR 21

(Kobarid-) Napoleonov most/Napoleon-Brücke - Italienische dritte Linie - Kozjak slap/Wasserfall

Hinfahrt: R 1, R 6

Bes. Hinweise: landschaftlich eindrucksvolle Wanderung, auch Teil des historischen Lehrpfades

Karten: Ka 1, 4, 6, 10

Zeitbedarf: 1 ½ - 2 Std. ab Napoleon-Brücke

Weiterweg: T 20

Nach der **Napoleon-Brücke** zweigt von der in Richtung Drežnica führenden Straße (R 5) ein Weg ab, der in den Felsen oberhalb der Soča weiterführt, um dann nach einigen 100 m mit Serpentinen in einen Schützengraben einzumünden. Durch diesen weiter bis zu einem Geschützstand samt Beobachtungsstelle. Hier befindet sich ein kleiner Rastplatz, von dem man nicht nur den Ausblick auf die zwischen den senkrecht aufragenden Felswänden dahinströmende smaragdgrüne Soča sondern auch auf die einst stark befestigten Höhenzüge des Krasji vrh und Veliki vrh genießen kann.

In der Nähe befinden sich wieder freigelegte Kavernen, die zu einem ringförmig angelegten Verteidigungssystem gehörten. Danach führt eine Brücke über den Kozjak-Bach und teilweise über Holzstege zum schönen Kozjak slap/Wasserfall.

TOUR 22

Planina Kuhinja - Gomiščkovo zavetišče na Krnu/Krn-Hütte - Krn-Gipfel/ M. Nero

Hinweg: R 6a über die Ortschaft Krn

Bes. Hinweise: Unsere Tour benützt einen Hauptzugangsweg der Alpini zu ihren Höhenstellungen; für die Mühen des etwas steilen Anstiegs wird man durch einen ständig sich erweiternden Fernblick belohnt.

Karten: Ka 1, 3, 4, 6

Zeitbedarf: ab Pl. Kuhinja 3 - 3 ½ Std.

Weiterweg: T 24, T 35, T 45, T 60, T 61

Von der **Planina Kuhinja** (991 m) führt der Saumweg über ständig freier werdendes Almgelände bis zur Alpe/Planina Slapnik (1300 m, Quelle). Sodann geht es rechts vorbei an der Pl. Zaslap und anschließend den Kožljak in weitem Bogen umrundend, schließlich mit zahlreichen kurzen Serpentinen den Hang steil hinauf bis zur **Gomiščkovo Zavetišče na Krnu/Krn-Hütte** (2210 m), bew., Übernachtung möglich, wenig Trinkwasser.

Der Ursprung der Hütte geht auf eine ehem. Unterkunft der ital. Gipfelstellung zurück; eine Kaverne ist noch original in den Bau integriert; der Slowenische Bergsteigerverband setzte die Hütte 1951 wieder instand.

Ein im Jahre 1922 an dieser Stelle errichtetes einfacheres Denkmal erinnerte an die Eroberung des Krn-Gipfels durch Alpini des Baons Exilles kurz nach Kriegsbeginn; (hist.Teil C). Doch die faschistische Propaganda verdrängte dann die Realität. Denn 1928 wurde an dessen Stelle ein neues imposantes Monument im Stil der damaligen Zeit der Öffentlichkeit durch General Etna präsentiert. Doch das hoch aufragende Denkmal wurde wiederholt durch Blitzschläge schwerst beschädigt. Die italienischen Behörden beschuldigten daraufhin die slowenische Bevölkerung der Sabotage, doch dafür konnte kein Beweis erbracht werden. Heute ist von dem Denkmal kaum mehr eine Spur sichtbar.

Von der Hütte steigt man in 15 min zum Gipfel des **Krn** auf (2245 m, siehe auch hist. Teil C)

TOUR 23

(Ort) Krn - Planina Pretovč - Mrzli Vrh

Hinweg: R 6a

Bes. Hinweise: Bergwanderung, landschaftlich schön und historisch sehr lohnend; ab Planina Pretovč Orientierung nicht ganz einfach, da sich am Hang des Mrzli vrh zahlreiche alte Frontsteige befinden, die irgendwo im Gelände plötzlich enden; bes. Vorsicht beim Betreten von Kavernen, Taschenlampen nicht vergessen!

Karten: Ka 1, 3, 4, 6, 8

Gehzeit: 2 Std.

Rückweg: wie Hinweg, oder über Javorca nach Tolmein, siehe T 35, T 36.

Vom Dorf **Krn** (840 m) auf Karrenweg bis zur Alm **Planina Pretovč** (1127 m) 1 ¼ Std., T 35, T 36. Von hier auf ö.u. Frontsteigen sich leicht links haltend bis zum Mittelteil der Wand des Mrzli Vrh (tw. nicht leicht zu finden). Hier befinden sich viele ö.u. Kavernen. Nun li. auf dem Felsband weiter bis zur letzten Kaverne mit einem unscheinbaren kleinen Eingang. Im Inneren der Kaverne ein von ö.u. Soldaten aus Beton errichteter und der Muttergottes geweihter Altar mit folgendem Gebet in ungarischer Sprache, dessen Übersetzung ins Deutsche lautet: „Jungfrau Maria sei die Beschützerin deines Volkes". Ein darunter befindlicher deutscher Text besagt, dass hier 1917 das III. Bataillon des IR 46 aus Szeged unter seinem Kommandanten Mjr Diendorfer den Berg verteidigte.

Der slowenische Verein "Društvo Peski" hat sich in dankenswerter Weise dieser historisch wertvollen Anlage angenommen und sie renoviert. Allerdings wurde dabei der Eingang in die Kaverne durch ein Eisengitter verschlossen, um dieses zeitgeschichtliche Erbe zu bewahren.

Von hier erreicht man in kurzem Anstieg den Gipfel des **Mrzli Vrh** (1359 m), schöne Aussicht. Am Kamm befinden sich (re.) Grabenreste und kleinere Kavernen; am Ende des Kammes lagen sich die Gegner nur wenige Meter voneinander entfernt gegenüber.

Der Gipfel des Mrzli vrh war ein besonders erbittert umkämpfter Eckpfeiler der ö.u. Verteidigung über dem Tolmeiner Talbecken. Immer wieder stürmten die Angriffswellen der Alpini und Bersaglieri seine steilen Flanken empor, schwerstes ital. Trommelfeuer lastete auf den Höhenstellungen. Mehrmals wechselte der Gipfel seine Besitzer. Aber jedesmal rollten die Verteidiger ihre verloren gegangenen Stellungen im Gegenstoß wieder auf und nahmen sie wieder in ihren Besitz. Der Mrzli Vrh wurde so zu einem gefürchteten Blutberg für die Soldaten beider Seiten.

Soldatenfriedhof Mrzli Vrh, hinter dem Denkmal der Rdeči rob, re. der Mali Bogatin und der Veliki Bogatin, unten re. das Tolminka-Tal

Von den ö.u. Stellungen am Mrzli Vrh reicht der Blick über das Isonzotal bis zur Mengore

Besonders erwähnenswert ist die Tatsache, dass auf österreichischer Seite keine gebirgsgewohnten Truppen den Mrzli Vrh so erfolgreich verteidigten, sondern Söhne der Puszta, die aus den weiten Ebenen Ungarns stammten.

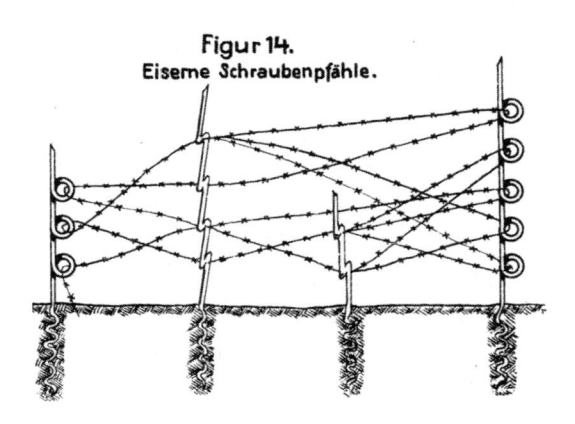

Figur 14.
Eiserne Schraubenpfähle.

TOUR 24

Drežnica - Gomiščkovo Zavetišče na Krnu/Krn-Hütte

Hinweg: R 5

Bes. Hinweise: Leichte aber Ausdauer erfordernde Bergtour, landschaftlich lohnend

Karten: Ka 1, 3, 4, 6, 8

Zeitbedarf: 4 - 4 ½ Std.

Weiterweg: T 22, T 35, T 45, T 60, T 61

Von **Drežnica** (540 m) führt der markierte ehem. ital. Frontweg in nordöstlicher und dann in östlicher Richtung um den Kožljak herum, das letzte Stück wurde die Trasse des Weges aus dem Fels herausgesprengt. Schließlich vereinigt sich unser Weg mit dem von der Planina Kuhinja heraufkommenden und über diesen gelangt man zur **Gomiščkovo Zavetišče na Krnu/Krn-Hütte** (2210 m), siehe T 22, auch hist. Teil C.

TOUR 25

Drežnica - Pl. Zapleč - Pl. Zaprikraj - Krasji vrh - Debeljak

Hinfahrt: R 5

Bes. Hinweise: Der Krasji vrh ist die östlichste Erhebung des Poludnik-Rückens, der vom Krn-Massiv verlaufend das Flitscher Becken im Süden begrenzt.

Heute ist das Gelände stark mit Unterholz bewachsen, dadurch sind viele Kaverneneingänge verdeckt. Trotzdem bietet diese Tour immer noch die Möglichkeit, sich ein eingehendes Bild von der militärischen Bautätigkeit des hier über zwei Jahre währenden Stellungskrieges zu machen. Eine unberührte Landschaft abseits der großen Touristenströme sind ein weiteres Plus, das durch eine ausgezeichnete Fernsicht vom Kanin bis zum Rombon noch ergänzt wird.

Karten: Ka 1, 3, 4

Zeitbedarf: Von der Pl. Zaprikraj bis zum Sattel Kote 1640 (unter dem Gipfel des Krasji vrh) 1 ¼ Std; vom Sattel zur Kote 1628 Debeljak 40 min; zum Gipfel des Debeljak weitere 20 min.

Weiterweg: zurück zum Ausgangspunkt

Zur Geschichte

Die Italiener bauten diese strategisch beherrschende Höhe zu einem Hauptstützpunkt ihrer Artillerie aus, von dem aus sie den von den Österreichern besetzten Abschnitt Ravelnik - Humčič - Lipnik - Javorček unter Feuer nehmen konnten. Dementsprechend stark war hier die Konzentration der Bautätigkeit für kavernierte Geschütze, offene Batteriestellungen, Fliegerabwehrkanonen sowie für diverse Unterkünfte und Magazine; siehe hist. Teil B; 1917 der Durchbruch durch die II. ital. Linie über die Pl. Zaprikraj.

Von **Drežnica** (540 m) fährt man zunächst auf schmälerer asphaltierter Straße bis Drežnica-Ravne. Bei den letzten Häusern geht die Straße in eine schlechtere Schotterstraße über und führt in Serpentinen bis zum Beginn des Triglav-Nationalparks; bei dem Hinweisschild Kfz parken.

Variante: Ca. 1 km oberhalb Ravne bei einer Viehtränke Fahrzeug abstellen und zu Fuß die Serpentinen abkürzend weiter bis Pl. Zaprikraj 1 Std.

Vom Beginn des Nationalparks nun zu Fuß weiter über die **Pl. Zapleč** (1201 m) zur nahen **Pl. Zaprikraj** (1208 m). Nahe dieser Alm - auf altem Weg rasch erreichbar - befindet sich der aufgelassene Friedhof des 6. Bersaglieri-Regiments mit einigen Gedenksteinen.

Links von der Alm beginnt ein alter ital. Saumweg, der auf den Krasji vrh führt. Eine Gedenktafel erinnert an die Erbauung dieser Mulattiera 1917 durch Kanoniere der 7. Batterie des 4. Feldkanonen-Regiments. Nach etwa 20 min Gehzeit kommt man zu einer Jagdhütte, links von dieser zwei Deckungskavernen. Nun sich stets links haltend weiter aufwärts, vorbei an zahlreichen Artilleriestellungen, Resten von Unterständen und Gräben.

Unterhalb des Gipfels des Krasji vrh verlässt man den Saumweg und steigt auf Wegspuren zu einem Sattel (1640 m) auf. Hier befinden sich zahlreiche Ruinen von großen Bauten, kavernierte Artilleriestellungen sowie eine Gedenksäule für den am 1.10.1915 gefallenen Sergente Maggiore Vincenzo Menna, 4. Feldart.Rgt.

Vom Sattel nun zum Gipfel des **Krasji vrh** (1773 m) mit umfassender weit reichender Aussicht.

Auf der Westseite des Berges Richtung Flitsch befinden sich die Reste einer sehr interessanten Feuerstellung für eine improvisierte Fliegerabwehrkanone M 75 Déport. Der kreisrunde Betonring und das Pivot sind noch sehr gut erhalten.

Nun wieder zurück zum Sattel 1640 und zur Pl. Zaprikraj

TOUR 30

Zum Deutschen Ehrenmal Tolmein

Hinfahrt: R 1, R 6, R 8, R 9, R 10

Bes. Hinweise: Das Ehrenmal liegt unterhalb von Tolmin, etwa 1 km vor der Einmündung der Tolminka in die Soča an deren linkem Ufer.

In der Ortsmitte bei einer Kreuzung biegt man bei einer Tankstelle in die Einbahnstraße ab und fährt auf asphaltierter Straße bis zum Hotel Paradiso, von diesem auf schlechter Naturfahrbahn noch ca. 400 m; Parkplatz u. Hinweistafel.

Das Ehrenmal wurde 1936-1939 durch den Deutschen Volksbund für Kriegsgräberfürsorge erbaut. Es ist der einzige deutsche Friedhof des Ersten Weltkrieges auf slowenischem Boden. Von kleinen Friedhöfen und Einzelgräbern wurden 1046 deutsche Soldaten, die fast ausnahmslos im Zuge der Herbstoffensive 1917 gefallen waren, hierher umgebettet.

TOUR 31

Zum ö.u. Soldatenfriedhof Tolmein in Loče

Hinfahrt: R 1, R 6, R 8, R 9, R 10

Bes. Hinweise: Spaziergang

Zeitbedarf: ½ Std.

Karten: Ka 1, 4

Von **Tolmin** in Richtung Most na Soči (R 9); **vor** der Brücke über die Tolminka biegt man nach **links** ab, fährt die Straße ein kurzes Stück aufwärts bis zu einem Hinweisschild zum ö.u. Soldatenfriedhof; hier nach rechts ca. 800 m bis zum Friedhof, auf dem 3000 Gefallene der Abschnitte vom Mrzli Vrh über Vodel bis nach Dolje zur letzten Ruhe beigesetzt wurden. Eine markante Steinpyramide trägt an ihrer Spitze einen Adler mit zwei Köpfen, symbolisierend die Monarchie Österreich-Ungarn. Die üblichen Betonplatten auf jeder Grabstelle weisen keine Namen mehr auf. Für Interessenten der Hinweis, dass im Innern der Soldatenkirche von Javorca (T 36) auf Lärchentafeln auch die Namen der hier Bestatteten verzeichnet sind.

TOUREN 183

Der Friedhof 1917 und 2001

Kozlov rob   Mrzli vrh   Ku.k. Fassungsstelle Tolmein - Loče   Tolminka-Tal   Kobala

Ö.u. Fassungsstelle Tolmein in Loče, im Mittelgrund li. Sveta Marija

TOUR 32

Kozlov rob/Tolminski grad/Tolmeiner Schlossberg

Hinfahrt: R 1, R 6, R 8, R 9, R 10

Bes. Hinweis: Spaziergang zu einem geschichtsträchtigen bekannten Aussichtspunkt

Karten: Ka 1, 4

Zeitbedarf: ½ Std.

Der **Kozlov rob** (426 m) liegt auf einer Geländeterrasse zwischen den beiden Flüssen Soča und Tolminka. In **Tolmein** bei der Ampelregelung vor dem Einkaufszentrum nach **links** abbiegen und der Straße in Richtung Kobarid zum Soča-Ufer folgen bis zum Anfang eines Fitnesspfades; re. Parkplatz. Ein markierter Spazierweg führt durch Wald zum **Schlossberg** hinauf.

Bedingt durch die strategisch günstige Lage entstanden schon frühzeitig Wehranlagen auf seinem höchsten Punkt. Im 11. Jahrhundert errichteten die Patriarchen von Aquileia hier eine Burg. Auf dieser weilte der Dichter Dante Alighieri im Sommer 1319 anlässlich seiner Verbannung als Gast der Patriarchen. Er hatte dabei die Gelegenheit, die Teufelsbrücke und die dortige große Höhle/Zadlaška jama kennen zu lernen (siehe T 33). Wie die Überlieferung berichtet, soll Dante dort unter dem Eindruck dieses Naturerlebnisses Inspirationen für den 12. Gesang, das "Inferno" in seiner "Göttlichen Komödie" empfangen haben.

Nach den Patriarchen folgten die Venezianer, die Grafen von Görtz und die Habsburger. Dann waren die Grafen von Coronini die Burgherren, die aber eine so harte und grausame Fron ausübten, dass 1513 und 1713 Bauernaufstände ausbrachen. Diese griffen auf das ganze Küstengebiet über, sie wurden aber blutig niedergeschlagen. Erdbeben zerstörten dann die Burg, von der heute nur mehr Mauerreste künden. Ein Denkmal im Burgbereich erinnert an die vergeblichen Versuche sich durch die beiden Bauernaufstände von der Fron der Grafen Coronini zu befreien.

Im 19. Jahrhundert fand hier ein großes Volkstreffen der Slawen statt, die für die in Italien lebenden Slowenen die offizielle Zulassung ihrer Muttersprache forderten (Gedenktafel).

Mit dem Einsetzen des Tourismus nach der Jahrhundertwende wurde der Schlossberg wegen seiner schönen Aussicht zu einem beliebten Ausflugsziel. Um die Attraktivität von Tolmein und Umgebung noch zu steigern, wurde 1907 eine hohe Aussichtswarte aus Eisenbeton durch dieselben Arbeiter erbaut, welche die Kaserne in Tolmein errichteten. Der Turm war den Bewohnern von Tolmein gewidmet.

Aussichtswarte, 1917

Schlossberg, k.k. Positionsbatterie 3/5, 24.5.1915 – 24.5.1916

Im Ersten Weltkrieg wurde der Schlossberg als besonders wichtige ö.u. Artillerie-Beobachtungstelle zu einem beliebten Ziel der ital. Artillerie, der es aber nicht gelang die Warte zu zerstören. Die ital. Soldaten bezeichneten den Hügel wegen seiner Form als Zuckerhut (Pan di zucchero), nicht zu verwechseln mit dem Svinjak (T 6). Erst in der Zwischenkriegszeit wurde die Aussichtswarte wegen der Kriegsschäden abgetragen.

TOUR 33

Tolmin/Tolmein/Tolmino - Hudičev most/Teufelsbrücke und Zadlaška jama/Dante-Höhle

Hinfahrt: R 1, R 6, R 8, R 9, R 10

Bes. Hinweise: Höhlenbesuch mit literarischem Hintergrund

Karten: Ka 1, 4

Vom Einkaufszentrum in **Tolmin** nimmt man zunächst die Straße nach Zatolmin. Gleich nach dem Ortsende zweigt eine Straße zum Tolminka-Fluss ab (Hinweisschild). Über diese abwärts zum Zusammenfluss der Tolminka und der Zadlaščica; großer Parkplatz (Bar, Orientierungstafel); ca. 2 km ab Tolmin.

Die anschließende Wanderung zum Fluss und zur Höhle ist sehr lohnend und beeindruckend. Der asphaltierte Weg führt leicht ansteigend zur **Hudičev most/Teufelsbrücke**, 10 min. Von dieser bietet sich ein prächtiger Blick hinunter in die einen Kilometer lange Schlucht, durch die sich die Tolminka durch Jahrhunderte zwischen hohen Felsen ihren Weg gebahnt hat.

Die ital. Artilleriewirkung reichte bis über Zatolmin

Die Teufelsbrücke, über die man in die Dante-Höhle gelangt, Sommer 1916

Der erste Teil der **Zadlaška jama/Dante-Höhle** kann mit Führer besichtigt werden. Man sollte diese Gelegenheit nützen, um eine Vorstellung zu gewinnen, wie der größte Poet der Renaissancezeit, Dante Alighieri, hier einst unter dem Eindruck dieses Naturerlebnisses einen Teil seiner "Göttlichen Komödie" geschaffen hat. Dantes Tolmeiner Aufenthalt in der Verbannung siehe T 32.

TOUR 34

Ö.u. Tolmeiner Brückenkopf - Mengore/Sv. Marija/Sta. Maria

Hinfahrt: R 9

Bes. Hinweise: unschwierige Wanderung über einen Brennpunkt der Kämpfe im Bereich der Soča, der ö.u. Brückenkopf war Ziel zahlreicher ital. Infanterieangriffe, er lag auch fast ständig unter gegnerischem Artillerie- und Werferfeuer; dementsprechend hoch waren die beiderseitigen Verluste; siehe auch ö.u. Soldatenfriedhof Modrejce, R 9a

Karten: Ka 1, 4

Zeitbedarf: 2 Std. ohne Besichtigungen

Rückfahrt: R 9, R 1b

Aus Richtung Tolmin fährt man wie bei R 9 angegeben über Most na Soči in Richtung Kozaršče aufwärts, bis man eine Abzweigung ca. am Scheitelpunkt der Einsattelung (253 m) erreicht, bei der rechts eine Schotterstraße beginnt; Kfz am Straßenrand abstellen.

Nach links führt ein Steig in den Wald, vorbei an den Resten von Schützengräben und kleineren Kavernen. Dann folgt links unter einer felsigen Erhebung eine größere Kaverne für eine Artilleriestellung mit einer Inschrift: *"k.k. Positions Batterie - I. Zug 1915 - von 2.11.1915 bis ......"* Dann gleich links Eingang zu einer größeren Kaverne, darüber die Inschrift: *"60 cm Scheinwerfer Nr. 33"*. Im Inneren der Kaverne ist noch ein Betonsockel - vermutlich von der Stromerzeugungsanlage - erhalten.

Danach kurz weiter ansteigend, vorbei an (unbewohnten) Häusern, von diesen nur noch ein kurzer Anstieg zur **Kirche Sv. Marija**. Über deren Anfänge existieren kaum authentische Berichte, bekannt ist nur, dass sie zwei wertvollere Holzaltäre besessen haben soll. An der Südseite sind noch Fresken aus dem zweiten Viertel des 16. Jahrhunderts vorhanden; im Kircheninneren befindet sich ein Taufbecken aus derselben Epoche. Die Kirche soll der Überlieferung nach Treffpunkt der Anführer des Bauernaufstandes 1713 gewesen sein.

Knapp hinter der vordersten ö.u. Stellung liegend wurde der Kirchturm zur Gänze zerstört und im Inneren entstanden schwere Schäden. Im Jahre 1928 erfolgte eine komplette Wiederherstellung der Kirche und 1932 eine Erweiterung des Baues auch mit Arbeiten der bekannten slowenischen Maler Tone und Mara Kralj; siehe auch R 16 bei Soča.

Unterhalb des **Mengore-Gipfels** (453 m) befinden sich rundherum viele Kavernen. Auf der anderen Seite absteigend erreicht man einen Sattel mit einer Zisterne. Bei der Kreuzung mit einem Karrenweg rechts weiter, am Abhang eine Kaverne (Vorsicht! Senkrechter Schacht beim Eingang).

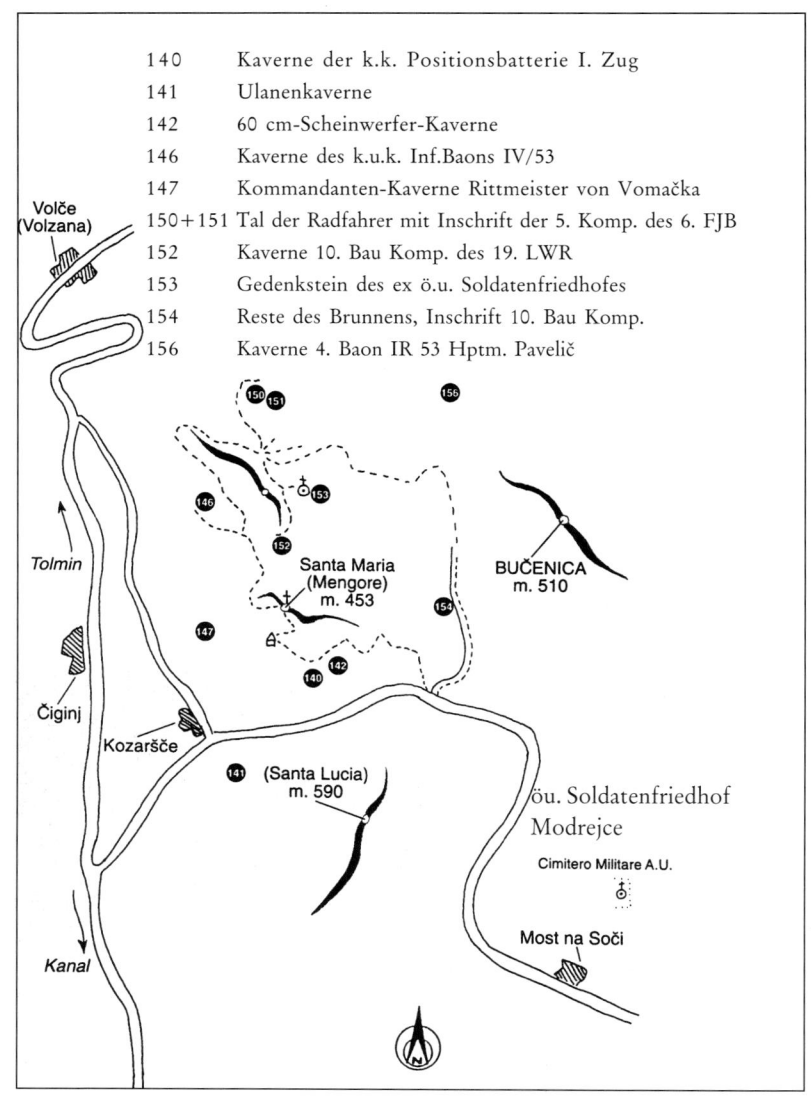

140	Kaverne der k.k. Positionsbatterie I. Zug
141	Ulanenkaverne
142	60 cm-Scheinwerfer-Kaverne
146	Kaverne des k.u.k. Inf.Baons IV/53
147	Kommandanten-Kaverne Rittmeister von Vomačka
150+151	Tal der Radfahrer mit Inschrift der 5. Komp. des 6. FJB
152	Kaverne 10. Bau Komp. des 19. LWR
153	Gedenkstein des ex ö.u. Soldatenfriedhofes
154	Reste des Brunnens, Inschrift 10. Bau Komp.
156	Kaverne 4. Baon IR 53 Hptm. Pavelič

Aus „Alpi Giulie" von A. u. F. Scrimali

Bei der dann folgenden Abzweigung vom Karrenweg befindet sich links ein Laufgraben ca. 100 m zu einer Kaverne mit zwei Eingängen, bei einem eine Tafel mit kroatischem Text. In der Nähe viele Reste von Schützengräben. Dann wieder zurück zum Karrenweg, nach einer Kurve links eine große Kaverne, die zum Teil verschüttet ist. Dann weiter zu einer größeren Kreuzung; ab hier gibt es zwei Möglichkeiten:

TOUREN

Variante 1
Links eine schmale Straße leicht abwärts, bis nach ca. 10 min ein kleines Tal erreicht ist, einst "Vallone dei ciclisti" *(Tal der Radfahrer=Bersaglieri)* genannt. Weiter abwärts zu Eingängen in ein großes Stollensystem; (**Vorsicht!** fast alle Kavernen sind verschüttet). Hier befinden sich zwei Tafeln mit folgenden Inschriften: *"Eroberung durch 5. Kompanie 6. bh. FJB, 17.3.1916"* und *"† Fähnrich d.R. V. Kanduč bei Erstürmung dieser Stellung 18.3.1916".*

Variante 2
Rechts auf einem Karrenweg leicht ansteigend wenige Minuten weiter bis zu einer großen Wiese. Gegenüber befindet sich ein Gedenkstein als letzter Rest des einstigen großen ö.u. Soldatenfriedhofs, die teilweise zerbrochene Tafel kündet immer noch: *"1915 – Den bei der V... des Rücken... heldenmüti... Kameraden – Inf.Baon ..."*

(SC)

Der Straße weiter folgend erreicht man links eine Felswand mit vielen großen Kavernen. Am Fuß der Felswand entlang weiter bis zu einem Kaverneneingang, auf dem sich der Abdruck einer Granate befindet, die hier einst eingemauert war. Es folgt dann eine kurze ausbetonierte Kaverne mit einem monumentalen Eingang. Von den einst vorhandenen Inschriften ist jetzt nur mehr lesbar: "*Baukomp* 10/Ldw.19."

Dann zurück zur Kreuzung. Auf der Schotterstraße absteigend, kurz vor deren Ende unter kleiner Felswand die Reste eines Brunnens mit der Inschrift: "*10. IV. 1916 Baukomp. 10/Landwehrregiment 19*".

Am Fuße des Hügels Sv. Maria in der Nähe von Kozaršče bei einem Laufgraben eine zum Großteil verschüttete Kaverne, beim Eingang eine Inschrift: "*Ulanenkaverne erbaut 1917 von der 1./12. Ulaneneskadron*".

TOUR 35

Tolmin/Tolmein/Tolmino - Pl. Pretovč - Pl. Sleme - Jezero v Lužnici/Lusnica-See - Batognica – Krnska Škrbina/Krn-Scharte - Krn/M. Nero - Gomiščkovo zavetišče na Krnu/Krn-Hütte

Hinweg: R 1, R 6, R 8, R 9, R 10

Bes. Hinweise: Aus alten Kriegswegen entstand ein eindrucksvoller Höhenweg (zugleich auch Geologischer Lehrpfad), ab der Planina Sleme handelt es sich um eine Hochgebirgswanderung, die Trittsicherheit und eine gute Kondition erfordert; ab dem Vodel führt die Tour stets entlang der einst schwer umkämpften Höhenstellungen, die heute anhand der noch vorhandenen Stellungsreste die ganze Problematik des Gebirgskrieges augenscheinlich aufzeigen; siehe hist. Teil C. Gleich nach Zatolmin betritt man den Triglav-Nationalpark, siehe Vorwort.

Karten: Ka 1, 3, 4

Zeitbedarf: 5 - 6 Std.

Weiterweg: T 22, T 24, T 45, T 60

Von **Tolmin** (201 m) gleichmäßig ansteigend, bis man im ehem. ö.u. Stellungsbereich des **Vodel** (1053 m) weiter an Höhe gewinnt. Vom Vodel verlief die ö.u. Hauptkampflinie hinab zum Talgrund bei Dolje (R 6), die Soča überquerend weiter zum Tolmeiner Brückenkopf am Woltschacher Feld/Volčansko polje (T 34). Weiter ansteigend kommt man an der Planina Zagrmuč vorbei. Hier befinden sich zahlreiche Fundamente und Reste eines größeren Barackenlagers.

(RL)

Am Weiterweg findet man die Reste des großen Ratvay-Brunnens aus der Kriegszeit, bevor die Einsattelung zwischen Sleme und Mrzli Vrh erreicht wird und bald danach die Alm **Planina Pretovč** (1124 m); hier ist ein wichtiger Kreuzungspunkt mehrerer Wege, auf denen die Tour fortgesetzt werden kann, wenn man nicht bis zum Krn weiterwandern will: über Javorca in das Tolminka-Tal nach Tolmin T 36; zum Dorf Krn und zum Mrzli Vrh T 23.

Alle Wege führen zur Front zwischen Vodil vrh - Sleme - Krn oder über Javorca - Duple Planina - Krn

Dieser Abschnitt zwischen Mrzli Vrh und der Pl. Sleme wurde zu einem der Brennpunkte der Kampfhandlungen, da hier Alpini und Bersaglieri immer wieder - allerdings vergeblich - versuchten diesen Eckpfeiler der ö.u. Verteidigung oberhalb des Tolmeiner Brückenkopfes zu erobern. Dementsprechend zahlreich sind in dem gesamten Gebiet die Reste und Spuren von Stellungsanlagen, Kavernen und Baracken.

An dieser Stelle erlitt Ass.Arzt Dr. Arthur Weil, Inf.Rgt N. 91 am 6.10.1915 seine tödliche Verwundung (RL)

Sleme mit Ausblick auf Rdeči rob

Der Weiterweg führt nun in nördlicher Richtung an der Westseite des Hanges zu der in aussichtsreicher Lage befindlichen Alm **Planina Sleme** (1148 m), Reste eines ö.u. Soldatenfriedhofes. Nach dieser Alm nun steiler aufwärts zwischen Maselnik (1906 m) und den westlichen Ausläufern des Rdeči rob (1913 m) hinauf in eine Scharte, die in ein Hochtal überleitet.

Lusnica-See, dahinter Kozljak, 1916

Über eine Talstufe weiter bis zu dem klaren Jezero v Lužnici/Lusnica-See und an diesem vorbei hinauf zur nächsten Scharte (2077 m) südl. des Peski, von den italienischen Soldaten als Monte Rosso bezeichnet. Hier erreicht man dann den Schauplatz schwerster Kämpfe und eines unterirdischen Minenkrieges, die **Batognica** (2163 m), weitere Details siehe T 45, T 61 und hist. Teil C.

Unser Weg führt nun an zahlreichen Stellungsresten und vielen Kavernen etwas ausgesetzter ein kurzes Stück abwärts zur **Krnska Škrbina/Krn-Scharte** (2052 m); T 60. Dann am Gegenhang sich rechts haltend aufwärts zum Gipfel des **Krn/M. Nero** (2245 m); hervorragender Aussichtspunkt auf fast alle Gipfel der Julier bis zum Meer; zahlreiche Stellungsreste; vom Betreten der Kavernen bzw. Stollen wird jedoch wegen der Einsturzgefahr dringend abgeraten!

Ein ganz kleines Stück bergab und die **Gomiščkovo zavetišče na Krnu/Krn-Hütte** (2210 m) ist erreicht; bew., Übernachtung möglich, wenig Trinkwasser; Näheres über die Hütte und ihre Geschichte siehe T 22.

TOUR 36

(Tolmin/Tolmein-) Tolminka-Tal - Soldatenkirche Javorca - Pl. Pretovč

Hinfahrt: R 11

Bes. Hinweise: Bergwanderung über ehem. ö.u. Front- u. Saumwege, die einst die direkte Verbindung aus dem Tolminka-Tal zu den Abschnitten Vodel, Sleme und Mrzli vrh herstellten

Karten: Ka 1, 3, 4

Zeitbedarf: 2 - 2 ½ Std.

Weiterweg: T 23, T 35

Wie bei R 11 beschrieben von **Tolmin** durch das **Tolminka-Tal** bis zu einer Abzwg. links (Hinweisschild); hier Kfz abstellen. Ab hier besser zu Fuß über die ehem. ö.u. Kriegsstraße weiter zur Kirche; knapp bevor man diese erreicht, befindet sich neben der Straße jene Stelle, wo einst der große ö.u. Soldatenfriedhof war (Gehzeit ab Abzwg. 20 min.).

Javorca, die Soldatenkirche im Jugendstil

Soldaten der k.u.k. 3. Gebirgsbrigade regten den Bau einer Kirche zum Gedächtnis ihrer gefallenen Kameraden an. Diese Idee wurde vom Brigadekommando aufgegriffen. Die Wahl des Bauplatzes fiel auf eine kleine ebenere Fläche über dem Tal, wo sich heute etwas oberhalb der Bergbauernhof Breg befindet. Besonders wurde dabei darauf geachtet, dass die Entfernung von allen drei Frontabschnitten der Brigade zur Kirche annähernd gleich sein sollte. Die Planung wurde dem Wiener Architekten Oblt Remigius Geyling übertragen, als Bauleiter wurde Oblt Geža Jablonski eingeteilt.

Im Februar 1916 begannen die Soldaten der Gebirgsbrigade mit dem Sammeln von Geldspenden. Der Erfolg war so groß, dass bereits am 1. März 1916 mit dem Bau begonnen werden konnte. Bei der Wahl des Baumaterials fiel die Entscheidung zugunsten einer Holzkonstruktion aus Lärchenholz. Über 1.000 Soldaten waren dann insgesamt beim Bau tätig. Die Außenwände des Gebäudes weisen in den Zwischenräumen zwischen den Fenstern in Freskotechnik sämtliche Wappen der k.u.k. Monarchie auf. Im Bereich des Turmes befinden sich die gemeinsamen Wappen Österreich-Ungarns und der große Schriftzug "PAX".

Das Kircheninnere betritt man durch einen Vorbau, der von zwölf Holzsäulen getragen wird. Der Fußboden ist ein mattgrauer Terrazzoboden, zu dem die sonst verwendeten vier Farben blau, gold, schwarz und etwas weiß den geeigneten Kontrast bilden. Über dem Altartisch erhebt sich ein Tabernakelschrein, dessen Türflügel vom Bildschnitzer Anton Perathoner aus St. Ulrich im Grödnertal geschaffen wurden, der als Soldat bei der Brigade diente. In die aus Eichenholz gefertigten drehbaren Tafeln brannte man die Namen der 2.808 Soldaten ein, die auf den umliegenden Höhen gefallen sind. Die Einweihung der Kirche zum Hl. Geist erfolgte am 1. November 1916.

Detail von einer der Lärchenholztafeln

Details des Kircheninneren, an der Seitenwand Lärchenholztafeln mit den Namen von 2.808 Gefallenen der Brigade, abschließend ein betender Engel im Jugendstil; Beachtung verdient auch die künstlerisch gestaltete Kassettendecke

Die Kirche hatte auch die Wirren des Zweiten Weltkrieges und der folgenden Zeit relativ unbeschädigt überstanden, jedoch der Zahn der Zeit hatte ihr immer mehr zugesetzt, sodass ihr Weiterbestand bereits ernstlich gefährdet war. Es ist ein Verdienst einiger Einheimischer, dass selbst zur Zeit der Volksdemokratie schließlich die allernotwendigsten Sicherungsarbeiten erfolgten. Seit der Wende 1991 hat sich die Republik Slowenien der fachlich hervorragend gelungenen Restaurierung des Gesamtkomplexes angenommen, bei der auch die erheblichen Erdbebenschäden der letzten Jahrzehnte beseitigt wurden. Dieser Tätigkeit ist es zu danken, dass ein zeitgeschichtlich einmaliges Musterbeispiel des Jugendstils in alpiner Umgebung nun für die Nachwelt erhalten wurde.

Führungen in der Kirche: Es wird empfohlen, beim Tourismusbüro in Tolmin Erkundigungen einzuholen.

Javorca, heute

Auf einem wieder hergerichteten Saumweg kann man von der Kirche dann weiter aufsteigend die **Pl. Črča** mit einer Wegteilung erreichen. Steigt man hier den Hang hinter der genannten Alm aufwärts, so trifft man wieder den vorher begangenen Saumweg. Dieser dann nicht immer deutlich erkennbare Weg führt wiederholt an Resten von Schützen- und Laufgräben sowie von Barackenfundamenten vorüber, bis man bei der **Pl. Laška seč** angekommen ist.

Nach dieser Alm erreicht man auf zahlreichen vom Weidevieh ausgetretenen Spuren wieder den ursprünglichen Saumweg und über diesen die nächste Alm, die **Pl. Medrja**. Hier befand sich 1915-1917 ein großes ö.u. Lager mit Baracken und Magazinen, die der Versorgung des Sleme Abschnitts dienten, von diesem Lager zeugen heute noch die vielen Fundament- und Mauerreste.

Noch in Sicht der Pl. Medrja verlässt man den bisherigen Saumweg, der nach Norden weiterführt und steigt über Almwiesen zwischen den zahlreichen Resten des einstigen Lagers hinauf zu der genannten Alm. Rechts unterhalb der Alm kennzeichnen einige große Bäume den Standort des k.u.k. Soldatenfriedhofs, dem Zeitablauf und alpines Klima schwer zugesetzt haben. Sichtbar sind heute noch die vier terrassenförmigen Absätze der Gräberreihen und eine der steinernen Eingangsbegrenzungen, zwischen denen sich ein Tor befand. Hier fanden vor allem die vielen Gefallenen der Kämpfe um die Pl. Sleme ihre letzte Ruhestätte. Von der Pl. Medrja öffnet sich ein weiter Rundblick von Nord nach Süd, man sieht nun die einst schwer umkämpften Höhen zwischen Rdeči Rob - Sleme - Mrzli Vrh.

Ab der Alm wendet man sich in nördlicher Richtung und gelangt wieder auf einen Saumweg, über den man die von Tolmin heraufführende Forststraße (T 35) erreicht. Auf dieser geht man nun nach Süden und kommt am Sleme entlangwandernd zu einem Sattel zwischen Sleme und Mrzli Vrh, von dem man zur **Pl. Pretovč** absteigen kann (1124 m), T 23, Geologischer Lehrpfad. Hier bietet sich ein schöner Ausblick von Ost nach West auf Sleme, das Krn-Massiv und die weite Mulde unterhalb des Krn.

TOUR 37

Koča na Pl. Stador - Kobala

Hinfahrt: R 12

Bes. Hinweise: leichte Wanderung zu einem hervorragenden Aussichtspunkt

Karten: Ka 1, 4

Zeitbedarf: ¾ Std.

Weiterweg: zurück zum Ausgangspunkt

Von der **Koča na Pl. Stador** (800 m, Parkplatz) hinauf zum Gipfel der **Kobala** (1080 m), bes. schöne Aussicht über das Isonzotal auf fast alle umliegenden Berge und Höhenzüge.

Die Kobala als Feldherrnhügel

Im Zuge der Vorbereitungen für die 12. Isonzoschlacht, an der auch starke deutsche Verbände teilnahmen, wurden bereits im September 1917 durch die einzelnen Befehlshaber die Erkundungen im Gelände zur weiteren Entschlussfassung durchgeführt. Generalmajor von Below, Kommandant der deutschen 14. Armee, und der Kommandant des k.u.k. XV. Korps, General Scotti, bestiegen am 22.9. die Kobala. Sie erkundeten vor allem in Richtung Mengore-Woltschacher Feld den damals schwer umkämpften ö.u. Brückenkopf von Tolmein, der ihren Truppen als eines der Angriffsziele für die geplante Offensive zugewiesen worden war.

Der Gipfelbereich der Kobala ist jetzt ein beliebter Aussichtspunkt für Wanderer und ein begehrter Startplatz für Paragleiter.

TOUR 38

Pl. Lom - Koča na Pl. Razor/Schutzhaus Razor-Alm

Hinfahrt: R 12

Bes. Hinweise: leichte Wanderung

Karten: Ka 1, 3, 4

Zeitbedarf: ¾ Std.

Weiterweg: T 39, T 45, T 47, T 48, T 49

Von der **Pl. Lom** auf einem Wirtschaftsweg aufwärts bis zur Pl. Kuk. Nun auf breitem markiertem Weg hinauf bis zu dem landschaftlich besonders schönen Almgebiet mit dem Schutzhaus **Koča na Pl. Razor** (1315 m); ursprünglich als italienische militärische Unterkunft in der Zwischenkriegszeit an der damaligen italienisch-jugoslawischen Grenze erbaut, übernahm der Slowenische Alpenverein 1948 das Objekt als Schutzhütte; inzwischen erfolgten mehrere Umbauten und Modernisierungen; heute beliebter Ausgangspunkt für zahlreiche Wanderungen.

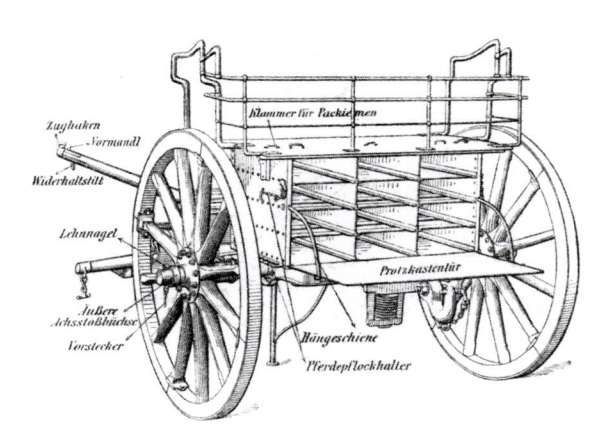

TOUR 39

Tolminske Ravne - Koča na Pl. Razor/Schutzhaus Razor-Alm

Hinfahrt: R 13

Bes. Hinweise: leichte Wanderung

Karten: Ka 1, 3

Zeitbedarf: 1 - 1 ½ Std.

Weiterweg: T 38, T 45, T 47, T 48, T 49

Von **Tolminske Ravne** (924 m) zunächst zur Pl. Plazje und von dieser weiter zur **Koča na Pl. Razor**/Schutzhaus Razor-Alm (1315 m); Ausgangspunkt für zahlreiche Wanderungen und Touren.

TOUR 45

Slowenische Bergtransversale: Koča na Pl. Razor/Schutzhaus Razor-Alm - Pl. na Kalu - Pl. Dobrenjščica - Prehodci sedlo/Prehodel-Sattel - Batognica - Krn/M. Nero - Gomičškovo zavetišče na Krnu/Krn-Hütte

Hinweg: T 38, T 39, T 47, T 48, T 49

Bes. Hinweise: anspruchsvolle Hochgebirgswanderung, Ausdauer erforderlich; landschaftlich bes. schön, hist. sehr interessant bes. letztes Teilstück

Karten: Ka 1, 3, 4

Zeitbedarf: 5 Std.

Weiterweg: T 22, T 24, T 35, T 60

Der Höhenweg führt von der **Koča na Pl. Razor**/Schutzhaus Razor-Alm (1315 m) zunächst zur Alm **Pl. na Kalu** (1490 m) und von dieser weiter zur nächsten Alm, **Pl. Dobrenjščica** (1304 m), hier mündet der vom Tolminka-Tal über Polog heraufführende Weg (T 46) ein. Am Weiterweg wird dann der **Prehodci sedlo**/Prehodel-Sattel (1639 m) erreicht, der 1915-1917 zu einem wichtigen Verkehrsknoten wurde:

Ö.u. Kriegswege führten von Duplje Planina bzw. Bogatin hierher und hinunter nach Polog im Tolminka-Tal und bergwärts zu den Höhenstellungen auf Peski und Batognica.

Ö.u. Kriegseilbahnen führten von Zlatorog über Bogatin und Prehodel hinauf zum Peski sowie vom Prehodel nach Polog und weiter aus dem Tolminka-Tal zu den Stellungen am Mrzli Vrh und am Vodel.

Vom Prehodel-Sattel leitet der ö.u. Saumweg in zahlreichen Serpentinen durch felsiges Gelände und über Geröll aufwärts bis in den Bereich der Höhenstellungen auf Peski, von den Italienern M. Rosso genannnt, und der **Batognica** (2163 m), T 35, T 61. Am Peski lag auch das Kommando der zuständigen k.u.k. 15. Gebirgsbrigade; diese errichtete 1916 hier ein Denkmal, den obersten Abschluss bildete eine große Steinkugel, die Bronzetafeln mit den Namen der hier Gefallenen sind leider spurlos verschwunden; das Mauerwerk des Denkmals, das sich bereits in einem desolaten Zustand befand, wurde durch die Eigeninitiative Einheimischer wieder vor dem Verfall gerettet. Über die erbitterten Gefechte und den unterirdischen Minenkrieg um die Batognica siehe bei T 61 oder auch hist. Teil C.

Von der Seilbahn-Bergstation auf Peski mussten Träger den Weitertransport in die Stellungen übernehmen

Unser Weg führt dann an zahlreichen Stellungsresten und vielen Kavernen nun etwas ausgesetzter ein kurzes Stück abwärts zur **Krnska Škrbina** (2052 m), T 60. Dann am Gegenhang sich rechts haltend aufwärts zum Gipfel des **Krn/M. Nero** (2245 m);

hervorragender Aussichtspunkt auf fast alle Gipfel der Julier bis zum Meer; zahlreiche Stellungsreste, vom Betreten der Kavernen bzw. Stollen wird jedoch wegen der Einsturzgefahr dringend abgeraten!

Ein ganz kleines Stück bergab und die **Gomiščkovo zavetišče na Krnu**/Krn-Hütte (2210 m) ist erreicht; bew., Übernachtung möglich, wenig Trinkwasser (Näheres siehe T 24).

TOUR 46

Polog - Izvir Tolminke/Tolminka-Ursprung - Pl. Dobrenjščica

Hinweg: R 11

Bes. Hinweis: Bergwanderung

Karten: Ka 1, 3, 4

Zeitbedarf: 2 Std.

Weiterweg: T 45 Slowenischer Höhenweg

Von **Polog** führt eine ehem. ö.u. Kriegsstraße (für Fahrzeuge gesperrt) weiter zur Planina Pod Osojnico mit dem **Izvir Tolminke**/Tolminka-Ursprung.

Variante zum Prehodci (*Prehodel*) Sattelsedlo/Prehodel-Sattel

Von dieser Alm führt ein ö.u. Saumweg hinauf zur Pl. Na zg. Prodih, von dieser nun in kurzen Serpentinen den steilen Hang aufwärts bis zum Prehodel-Sattel (1639 m); von hier weiter zum Krn (T 45) oder auf Kriegssteigen zur Komna oder Pl. Duplje.

Von der Pl. Pod Osojnico auf markiertem Weg hinauf bis zur Alm **Pl. Dobrenjščica** (1304 m).

TOUR 47

Koča na Pl. Razor/Schutzhaus Razor-Alm - Vogel - Visoki Orlov rob (Bohinjsko Jezero/Wocheiner See)

Hinweg: T 38, T 39, T 45, T 48, T 49

Bes. Hinweis: Auch in umgekehrter Richtung vom Bohinjsko jezero/Wocheiner See aus eine gerne unternommene Tour, da unter Benützung der Vogel-Seilbahnen viel an Höhenunterschieden eingespart werden kann; diese Kammwanderung führt entlang der früheren italienisch-jugoslawischen Grenze der Jahre 1918-1945.

Karten: Ka 1, 3, 4

Zeitbedarf: 2 ½ - 3 Std.

Weiterweg: R 17

Von der **Koča na Pl. Razor/Schutzhaus Razor-Alm** (1315 m) führt der Höhenweg N° 1 ein kürzeres Stück aufwärts, bis eine Abzwg. erreicht wird, T 48. Hier bleibt man **rechts** weiter am Höhenweg und wandert in östlicher Richtung zum Gipfel des **Vogel** (1922 m), nach dem man dann den **Visoki Orlov rob** (1800 m) erreicht; Bergstation Sessellift siehe T 62.

TOUR 48

Koča na Pl. Razor/Schutzhaus Razor-Alm - Globoko Sattel - Ukanc am Bohinjsko Jezero/Wocheiner See

Hinweg: T 38, T 39, T 45, T 47, T 49

Bes. Hinweis: Gebirgswanderung

Karten: Ka 1, 3, 4

Zeitbedarf: 3 Std.

Weiterfahrt: R 17

Von der **Koča na Pl. Razor/Schutzhaus Razor-Alm** (1315 m) führt der Höhenweg N° 1 ein kürzeres Stück aufwärts, bis eine Abzwg. erreicht wird, T 47. Hier wendet man sich **links** und wandert hinauf zum **Globoko-Sattel** (1828 m). Von diesem nun im Abstieg nach **Ukanc** (525 m) am Bohinjsko Jezero/Wocheiner See.

TOUR 49

Koča na Pl. Razor/Schutzhaus Razor-Alm - Globoko-Sattel - Dom na Komni/Komna-Haus

Hinweg: T 38, T 39, T 45, T 47, T 48

Bes. Hinweise: Landschaftlich sehr schöne Wanderung, die Hänge und Almmatten entlang des Weges zeigen je nach Jahreszeit den ganzen Blütenreichtum der Julier.

Karten: Ka 1, 3, 4

Zeitbedarf: 3 ½ - 4 Std.

Weiterweg: T 56, T 57

Von der **Koča na Pl. Razor/Schutzhaus Razor-Alm** (1315 m) hinauf zum Globoko-Sattel (1828 m). Der Weg führt weiter über den Rušnati vrh (1915 m), den Konjsko sedlo (1782 m) und die Pl. Migovec über das wellige Gelände zum **Dom na Komni/Komna-Haus** (1525 m).

TOUR 54

Rund um den Bohinjsko jezero/Wocheiner See: Ribčev Laz - Govic slap/Wasserfall - Ukanc/Zlatorog - Sveti Duh - Ribčev Laz

Hinfahrt: R 17

Bes. Hinweise: Leichte Wanderung durch einen besonders schönen Teil des Triglav-Nationalparks

Karten: Ka 1, 3

Zeitbedarf: 3 Std

Weiterfahrt: R 17

In **Ribčev Laz** ist der günstigste Ausgangspunkt der große Parkplatz gegenüber der Kirche Sv. Janez. Zunächst überschreitet man die Brücke über den Abfluss des Sees am Ostufer. Unser Weg leitet entlang von Wiesen und durch Laubwald direkt an die steilen Felswände am nördlichen Ufer. Entlang dieser weiter, bis eine typische Karsterscheinung bedingt durch die dortigen Schachthöhlen für Überraschung sorgen kann: Das Wasser steigt bei starkem Regen oder Schneeschmelze in diesen Höhlen so lange an, bis es durch eine Felsspalte - wie hier als **Govic-Wasserfall** - ins Freie tritt. Bedingt durch diese geologischen Gegebenheiten kann der Wasserfall plötzlich versiegen, um dann wieder mit voller Stärke herabzustürzen.

Am Westufer des Sees erreicht man **Ukanc**; beim Hotel Zlatorog wird die Straße erreicht, auf der man ab hier mit dem Bus nach Ribčev Laz zurückfahren kann. Oder man wandert, umgekehrt wie bei R 17 beschrieben, über Sv. Duh an den Ausgangspunkt zurück.

TOUR 55

Vom Bohinjsko Jezero/Wocheiner See zum Slap Savica/Wasserfall

Hinweg: R 17

Bes. Hinweise: Man kann auch mit Bus oder Kfz wie bei R 17 beschrieben bis zur Savica-Hütte. fahren, großer Parkplatz

Karten: Ka 1, 3, 4

Zeitbedarf: 1 - 1 ½ Std.

Weiterweg: wie Anstieg

Von **Ukanc** (525 m), beim Hotel Zlatorog am Westufer des Wocheiner Sees führt der Fußweg in ¾ Stunde zur Savica-Hütte (641 m) empor. Vom Parkplatz bei der Koča pri Savici/Savica Hütte führt der Weg gut ausgebaut und mit vielen Stufen hinauf bis zum **Slap Savica**/Wasserfall (ca. 800 m), ½ Std; ein Naturschauspiel ganz besonderer Art.

Die starke Quelle der Savica entspringt hier einer typischen Karsthöhle (ähnlich der Soča-Quelle/Izvir Soča, siehe T 65 oder Vipava-Quelle R 10b) und stürzt mit einem ca. 50 m hohen Wasserfall über die Felswand in ein mit hellgrünem Wasser gefülltes natürliches Felsbecken. Farbversuche zeigten, dass der Wasserfall vom Sieben-Seen-Tal her gespeist wird.

Die eindrucksvolle Naturkulisse des Wasserfalles bot sich als Motiv für eine der bedeutendsten slowenischen Legenden geradezu an, die vom Fürsten Črtomir und der schönen Bogomila handelt. Sloweniens Nationaldichter France Prešeren schuf durch sein Epos mit der "Taufe an der Savica" ein Stück bleibendes Volksgut, siehe R 17 unter Bled, Insel Blejski otok.

Das Wasser der Savica wurde aber auch im Ersten Weltkrieg genützt, um die Turbine des durch die k.u.k. Eisenbahntruppe erbauten Elektrizitätswerkes in Zlatorog-Ukanc zu betreiben, das den Strom für die elektrische Heeresfeldbahn (siehe R 17) und die Seilbahnen lieferte.

TOUR 56

Koča pri Savici/Savica-Haus - Dom na Komni/Komna-Haus - Pl. na Kraju - Koča pod Bogatinom/Bogatin-Hütte - Vrh Škrli - Mahavšček - Bogatin - Vratca - Dupeljsko jezero/Duplje-See - Koča pri Krnskih jezerih/Krn-Seen-Hütte

Hinweg: R 17

Bes. Hinweise: Von der Koča pri Savici ist Gepäcktransport mit einer Materialseilbahn zum Komna-Haus möglich.

Karten: Ka 1, 3, 4

Gehzeit: 6 Std.

Weiterweg: T 57, T 59, T 60, T 61

Von der **Koča pri Savici** (651 m) führt die ehem. ö.u. Kriegsstraße mit insgesamt 52 nummerierten Kehren oft auf meterhohen Stützmauern erbaut über eine Steilstufe und am Hang eines Grabens auf die Hochfläche der Komna. Noch vor Erreichen des Plateaus öffnet sich ein beeindruckender Tiefblick auf den Bohinjsko jezero/Wocheiner See. Diese ö.u. Kriegsstraße über Bogatin war die entscheidende Lebensader für die Versorgung des heftig umkämpften Krn-Abschnittes. Entlang des Weges sieht man immer wieder die Betonsockel der Stützen von der k.u.k. Kriegsseilbahn Zlatorog - Bogatin - Krn.

Munitionswagen M. 75/5.

TOUREN

Station Kohlstätte, die beiden Gebäude mit schrägen Dächern sind die Talstationen der Aufzüge Nr. 1 und Nr. 2 der Sektion II zur Station Felswand.

Station Kohlstätte, Ausfahrtseite der Aufzüge Nr. 1 und Nr. 2, man beachte die aufwändige Holzkonstruktion der beiden Ausfahrstützen

Bergstation Felswand der Aufzüge Nr. 1 und Nr. 2, die von der Station Kohlstätte heraufführten, im Tal der Wocheiner See

Der Seilbahnwagen der Sektion 2 erreicht die Station Felswand, der Wagen war für den Transport von 5 Personen zugelassen

Ö.u. Fassungsstelle Bogatin

Alice Schalek, als einzige Frau zur ö.u. Kriegsberichterstattung zugelassen, schrieb in ihrem Buch "Isonzo 1916": .... *Die wunderbare Straße ist natürlich ein Kriegswerk - war doch der Krn vorher nahezu eine Terra incognita - ein Werk technischer Truppen. Die Kriegstechniker haben an der Isonzofront Übermenschliches geleistet. Da während des Krieges das meiste davon geheim bleiben muss und nach dem Kriege fast alles sofort verlassen wird, dürfte die Welt niemals erfahren, welche Ungeheuerlichkeit hier der Nachschubdienst ist...*

Nach 2 Std. wird das große dreistöckige **Dom na Komni** (1525 m), nahe des Ostrandes der Hochfläche gelegen, erreicht. Das 1935 erbaute Haus ging im Zweiten Weltkrieg in Flammen auf, wurde 1948 wieder aufgebaut und 1993 umgebaut.

Eine knappe halbe Stunde weiter liegt die **Koča pod Bogatinom** (1513 m), ab Savica-Hütte 2 ½ Std. Die Hütte beherbergte 1915-1917 das k.u.k. Abschnittskommando, hier befand sich außerdem eine Fassungsstelle, eine Seilbahnstation sowie ein k.u.k. Soldatenfriedhof. Kurz vor Beginn des Zweiten Weltkrieges wurden die Gefallenen exhumiert und unter die heute noch bestehende Steinpyramide umgebettet.

Von der Bogatin-Hütte fast eben weiter über das wellige blumenreiche Gelände der Alm **Pl. na Kraju**. Hier befand sich das große k.u.k. "Erzherzog Eugen-Lager" mit über 20 gemauerten Objekten. Auch auf der folgenden Pl. Govnjač warenumfangreiche ö.u. Unterkunfts- und Magazinsbaracken sowie ein Offizierswohnhaus samt Offiziersmesse und das k.u.k. Feldspital Nr.1/15, ein Teil desselben besteht heute noch als Almhütte.

Unser Weg führt daher an beachtlichen Resten und Ruinen verschiedener ö.u. Kriegsbauten, Zisternen und einem Lawinenleitdamm vorbei und dann aufwärts zum **Vrh Škrli** (1926 m), 1 Std. ab Bogatin-Hütte. Hier verlief von 1918 bis 1945 die italienisch-jugoslawische Grenze; teilweise sind die alten Grenzsteine noch vorhanden; im Sattel steht die Ruine der ehem. italienischen Grenzkaserne, die dem Schneedruck zum Opfer fiel.

Vom Vrh Škrli führt unser Weg dem Kammverlauf folgend hinauf zum **Mahavšček** (2008 m) 1 ½ Std, sehr schöne Aussicht. Abwärts wandernd erreicht man den **Bogatin** (1977 m), 4 ¾ Std.

Erzherzog Eugen-Lager, Spätfrühjahr 1917

Vordergrund rechts Lager Pl.na Kraju mit Baracke für 450 Mann, Bildmitte Hintergrund der Bogatin-Sattel, links Kl. Bogatin, anschließend der Gr. Bogatin (BU)

Bogatin, ein Berg mit Vergangenheit

Bis nach Venedig drang bereits im Mittelalter die Kunde vom angeblichen Goldreichtum des sagenumwobenen Schatzberges Bogatin. Venezianer ließen Stollen zur Goldsuche anlegen. Nach überlieferten Berichten haben Generationen noch bis in das 20. Jahrhundert hier nach dem Gold gesucht. Die große Geröllhalde im Bereich des Bogatin-Ostgrates sind die letzten Spuren der Schürftätigkeit. Wieviel allerdings von dem begehrten Edelmetall jemals hier gefunden wurde, darüber gibt es keine genauen Berichte.

Das zerklüftete Gebiet der Komna ist wie berufen, um den Nährboden für Sagen zu bilden. So wurde einst diese Hochfläche zur Heimat der Weißen Frauen und ihrer weißen Gämsen. Anführer der Herde war der Gamsbock Zlatorog, dessen goldene Krickeln der Schlüssel zu den ungeheuren Reichtümern im Berg Bogatin waren. Da deswegen viele Schatzsucher die goldenen Krickeln begehrten, hatten die Weißen Frauen dem Gamsbock Zlatorog einen besonderen Schutz verliehen. Wenn er verwundet wurde und sein Blut zu Boden tropfte, dann erblühte aus jedem Tropfen eine Blüte, die rote Triglavrose *(Dolomiten-Fingerkraut, Potentilla nitida)*. Diese heilte seine Wunden sofort, sobald er auch nur ein Blatt oder eine Blüte davon gefressen hatte.

Dort, wo die wilde Koritnica in die Soča mündet, stand einst ein beliebter Gasthof, in dem auch die venezianischen Händler mit ihren Saumtieren gerne einkehrten. Neben der bekannt guten Küche des Hauses war aber auch die Schönheit der Wirtstochter ein Anziehungspunkt. Ein kühner Jäger der Trenta liebte dieses Mädchen. Als er sie eines Tages um einen Tanz bat, lehnte sie ab. Ein venezianischer Händler hatte sie mit reichen Geschenken und vielen Versprechungen blind für echte Liebe gemacht. Das Mädchen verhöhnte den Jäger und warf ihm vor, dass er ihr noch immer nicht die Triglavrose gebracht hätte. Tief von diesen abweisenden Worten getroffen verließ der Jäger das Wirtshaus. Da stand plötzlich der "Grüne Jäger" vor ihm und überredete ihn, gemeinsam Zlatorog zu erlegen, um seiner goldenen Krickeln habhaft zu werden.

Schon am nächsten Tag bei Morgengrauen stellten die beiden Zlatorog. Von einer Kugel tödlich getroffen glitt er hinab, bis er auf einem Felsband liegen blieb. Der Trenta- Jäger kletterte rasch zu ihm hinauf und als er Zlatorog gerade erreicht hatte, trafen die ersten Sonnenstrahlen dessen goldene Krickeln. Geblendet stürzte der Jäger in die Tiefe. Vergebens wartete das Mädchen unten im Tal auf die Heimkehr des Jägers. Erst im nächsten Frühjahr trug die hochwasserführende Soča den Liebsten zu ihr ins Tal. In seiner Faust hielt er noch einen Strauß Triglavrosen.

Als dann die Hirten wieder ihre Herden zur Alm Jezerca hinauftrieben, fanden sie statt üppigen Weideflächen nur eine Steinwüste vor. Die enttäuschten Weißen Frauen haben mit ihren weißen Gämsen erzürnt diese Bergwelt für immer verlassen.

Auch wenn diese Sage so manchem in unserer scheinbar nüchternen Zeit vielleicht als überholte romantische Story erscheinen mag, so birgt sie doch erschreckende Parallelen zur Gegenwart. Denn das Thema ist stets dasselbe geblieben: Wo menschliche Geldgier oder Unverstand ein Stück Natur vernichtet, bleibt unwiderruflich eine Wüste zurück.

Vom Bogatin führt dann der Abstieg zunächst zum Vratca (1803 m), wo wir den Slowenischen Geologischen Lehrpfad erreichen, T 57. Auf diesem weiter zu der prachtvollen Almfläche der Duplje Planina mit dem kleinen **Dupeljsko jezero/Duplje-See,** an dem die **Koča pri Krnskih jezerih** liegt (1370 m), 1 ¼ Std.

TOUR 57

Dom na Komni/Komna-Haus - Koča pod Bogatinom/Bogatin-Hütte - Koča pri Krnskih jezerih/Krn Seen-Hütte

Hinweg: T 49, T 56

Bes. Hinweise: Bei dieser Tour benützt man ehem. ö.u. Kriegswege, die einst den Raum um den Wocheiner See über die Komna mit Duplje Planina verbanden und dann weiter über das Lepenje/Lepena-Tal bis nach Soča führten.

Karten: Ka 1, 3, 4

Gehzeit: 2 ½ Std.

Weiterweg: T 56, T 59, T 60, T 61

Vom **Dom na Komni** (1525 m) wie bei T 56 beschrieben auf breiter ehem. ö.u. Kriegsstraße bis zur **Koča pod Bogatinom/Bogatin-Hütte** (1513 m).
Man folgt nun einem ehem. ö.u. Saumweg weiter - heute geologischer Lehrpfad - ansteigend bis zum Vratca (1803m), T 56. Von hier abwärts zu den Almböden der Duplje Planina mit der **Koča pri Krnskih jezerih** (1370 m).

TOUR 58

Ö.u. Kriegswege vom Lepenje/Lepena-Tal aus: Der Majewski-, Georgi- und Unger-Weg

Hinweg: R 16, T 59

Bes. Hinweise: Eine historisch besonders interessante Wanderung auf ehem. ö.u. Frontwegen, vorbei an Resten milit. Bauten und vielen interessanten Gedenksteinen, man könnte die Tour auch den "Weg der steinernen Visitkarten" nennen, es sind Zeugen ihrer Zeit. Allerdings ist die Fortsetzung eines Wegstücks nicht immer leicht zu finden, da verschüttete Stellen oder Unterholz das Auffinden etwas erschweren können, trotzdem eine sehr empfehlenswerte Tour abseits des Massentourismus.

Karten: Ka 1, 3, 4

Zeitbedarf: 3 ½ - 4 Std.

Weiterweg: T 59

Zur Geschichte

Vor Kriegsbeginn war das Gebiet zwischen dem Lipnik (1867 m) - Vršič (1897 m) - Vrata (1938 m) und dem Potoče-Sattel (1850 m) ein nur von Hirten oder Jägern selten aufgesuchtes kaum erschlossenes Gebiet, das im Mai 1915 zur vordersten Front wurde.

Unter schwierigsten Bedingungen musste erst die allernotwendigste Infrastruktur geschaffen werden, um überhaupt für die Truppe in den Höhenstellungen ein Überleben zu ermöglichen. Für die vielen Menschen war auch das Wasserangebot der Quellen viel zu gering. Erst eine 600 m lange Wasserleitung mit einem eigenen Pumpwerk vom Lepenatal zum Standort des Brigade- und Regimentskommandos brachte eine gewisse Erleichterung. Vorher musste die Wasserversorgung durch Trägerabteilungen ab dem Lepenatal bis in den Gipfelbereich erfolgen. Nun reduzierte sich der Transportweg auf die Entfernungen vom Regimentskommando bis hinauf zu den einzelnen Stellungen. Die nun ausreichende Versorgung mit Wasser ermöglichte es, in der Folge auch beim Brigade- und Regimentskommando eine Gebirgsfeldbäckerei einzurichten.

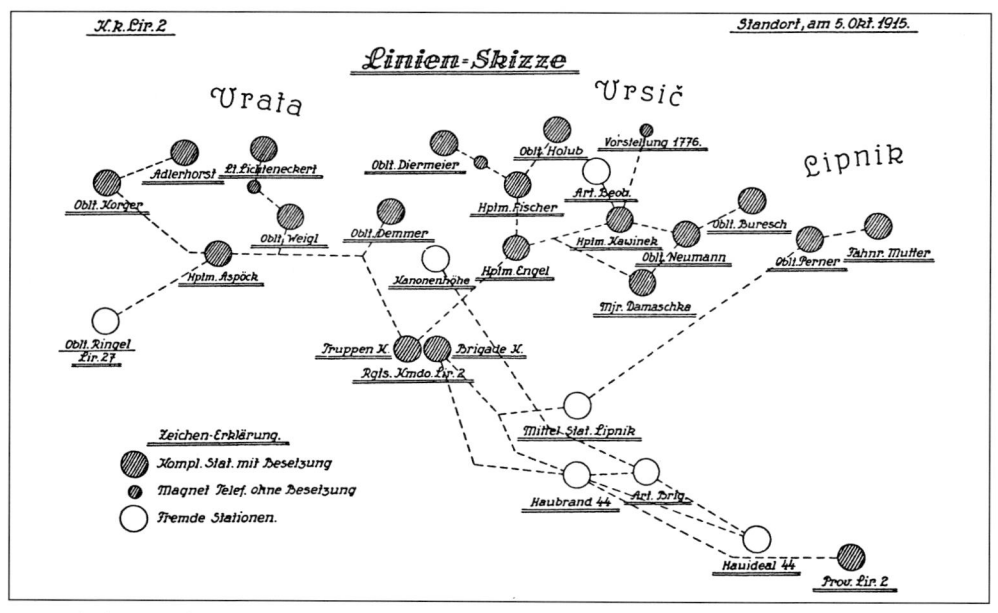

Die Telephon-Verbindungen im Abschnitt des k.k. LIR 2

Die Leitungsskizze zeigt, wie umfangreich das Telephonnetz eines Regiments im Stellungskrieg sein musste, um die Kommunikation innerhalb der Truppe und zu übergeordneten Kommanden herzustellen. Daraus resultiert wiederum, welche hohen Materialanforderungen an die Industrie - angefangen von Isolatoren über Leitungsdrähte bis zum Vermittlungsschrank - gestellt wurden. Zusätzliche Erschwernisse

TOUREN

entstanden für Telefonisten durch die extrem vermehrte Störungssuche, da nicht nur durch gegnerische Waffenwirkungen, sondern im alpinen Gelände auch noch durch Stein- und Blitzschlag sowie Lawinenabgänge verursachte Leitungsstörungen oft unter extremen Bedingungen zu beheben waren.

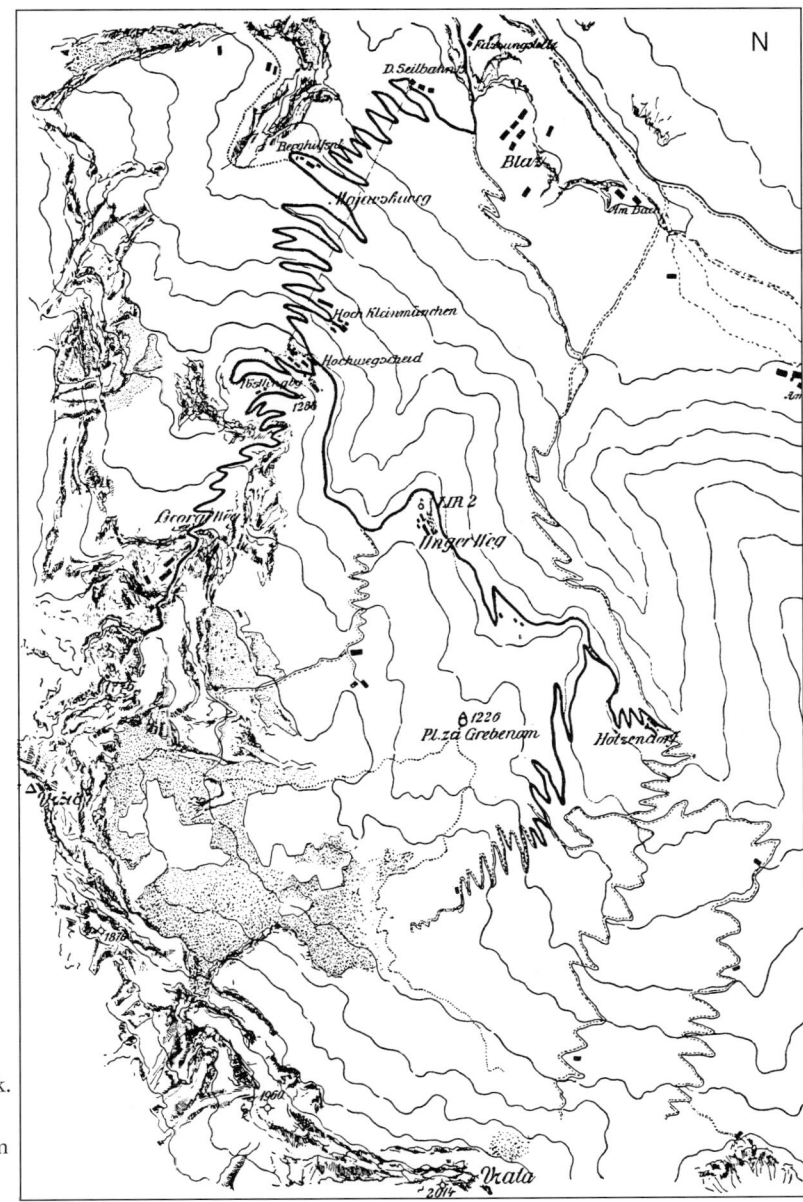

Das Wegnetz im Abschnitt Pl. za Grebenom des k.k. LIR 2 (aus "Die Zweierschützen im Weltkrieg")

Zuerst verteidigte das Honvéd-Infanterieregiment Nr. 4 diesen Abschnitt, es wurde dann am 2. Juni 1915 durch das oberösterreichische k.k. Landwehr-Infanterieregiment (LIR) Linz Nr. 2 abgelöst.

Woher kommen die Namen der Frontwege? Wichtige militärische von Soldaten erbaute Einrichtungen wie Straßen oder Seilbahnen trugen oft die Namen von Kommandierenden oder Angehörigen des Kaiserhauses, so auch hier. Der ganze Abschnitt gehörte zum Befehlsbereich der 44. Landwehrinfanteriebrigade, die Generalstabsoberst Stephan **Majewski** am 11.10.1915 übernahm, daher der Name "**Majewski-Weg**".

Ab 1.11.1915 wurde Oberst Franz Karl **Unger** von Žurawniki Kommandant des LIR Nr. 2. Im Zuge der Verleihung eines Adelstitels konnte sich der Geehrte zu seinem Familiennamen ein Adelsprädikat erbitten. Daher auch im Falle von Oberst Unger das "von Žurawniki", nach einem Ort in Gallizien, wo das k.k. LIR Nr. 2 am 9.8.1914 seine Feuertaufe erhalten hatte. Da der Regimentskommandant bei seinen Soldaten beliebt war, benannten sie die von ihnen erbaute neue Verbindung den "**Unger-Weg**".

Der k.k. Landesverteidigungsminister war Generaloberst von **Georgi**, daher der Name "**Georgi-Weg**".

Das in der Verteidigung erfolgreiche LIR 2 wurde dann im Zuge der bevorstehenden Offensive am 15.3.1916 nach Tirol verlegt.

Trotz aller Entbehrungen, der Not und dem vielfachen Tod neben ihm, schrieb ein Soldat dann in seinem Tagebuch über die Monate zwischen Lipnik und Vrata:

"Fast unirdisch stehen die Berge da, Himmel und Fels von gleicher lichter Farbe, nur die Schneefelder leuchten wie flüssiges Silber. Da liegt der Grintouz und der silberschimmernde Sreberniak, die trotzige Felsenburg des Rombon und das weiße, vieltürmige Märchenschloß des Prisang. Das ist das freie, unbezwungene Land, das Land unserer Sehnsucht, das Land des Friedens."

Auf der aus dem Trenta-Tal in das **Lepena-Tal** führenden alten ö.u. Kriegsstraße (T 59) ca. 2,5 km aufwärts, bis man re. eine Brücke erreicht, die über den Bach führt; vor der Brücke Kfz abstellen.

Man geht über diese Brücke auf die orografisch linke Seite des Lepenjica-Baches und wendet sich ein kurzes Stück dem Šumnik bach zu, bis eine größere Wiese mit einem von weitem sichtbaren Stein in der Mitte erreicht, wird. Auf diesem sind noch die Bezeichnungen von k.u.k. Einheiten lesbar. *Helden des k.u.k. bh. IR 4/IV / Helden des k.u.k. Inft.Baon I/91 15.3. - 30.3.1916 / Helden vom L.St.R 1/26*

Etwas oberhalb des Steines ein stark beschädigtes Denkmal, auf dessen Spitze sich einst eine Granate befunden hatte, mit der Inschrift: *Gut und Blut für unseren Kaiser / Gut und Blut fürs Vaterland / LST. RGT N. 2/506*

Auf diesem Friedhof wurden vor allem 300 Soldaten des k.k. Landwehr-Infanterieregiments Nr. 2, Linz, bestattet. Bei vielen von ihnen handelt es sich um Lawinenopfer.

Am Hang oberhalb dieser Wiese beginnt ein nicht ganz leicht zu findender Steig, der sofort aufwärts führt. Bei einer Geröllschlucht kommt man links zu einem markierten Weg, der nach rechts in ein Tal überleitet, das aus dem Wald hinausführt, wo sich die

Der Friedhof, Zustand Sommer 1916

Wegspuren wieder verlieren. Nun muss man ca. 50 m weglos aufsteigen, bis man sich links haltend noch einmal den Wald und wieder den früheren Kriegssaumweg erreicht, der in seinem ersten Teil bis hierher verschüttet und überwuchert ist. Der Weg führt nun im Wald in vielen Kehren mit leichter Steigung hinauf bis etwa zur Kote 900, wo man auf mehrere Wege stößt. Knapp davor re. ein Felsblock mit der Inschrift "*Majewski-Weg*". Anschließend befindet sich ein künstlerisch gestalteter Stein mit einer Ausnehmung für eine Figur oder Granate (?) mit der Inschrift: *K.K.LIR 2 gestiftet 1916 unter dem Kommando des Obersten Franz Karl Unger von Žurawniki.*

Rundherum findet man Mauerreste und Absätze mit Sockelresten von Baracken; ca. 100 m weiter wieder Sockelreste und ein Wasserauffangbecken.

Der nun folgende Steig ist anstrengender und infolge der dichten Vegetation auch nicht leicht zu finden. Man kann noch relativ problemlos bis in etwa 1400-1500 m Höhe aufsteigen, zu einem großen Betonsockel, der einst als Seilbahnstation gedient haben könnte.

Eine Fortsetzung der Wanderung ist nur Geübten zu empfehlen. Der "Georgi-Weg" führt jetzt mit einem langen Anstieg in die Nähe der wichtigen "Kote 1776" am Fuße des Lipnik (Gipfel 1867 m) mit vielen Kavernen und Stollen. Bei einem Kaverneneingang befindet sich in Beton die Bezeichnung "*LUISEN-STOLLEN*" sowie eine weitere Inschrift: *Erbaut Zug IV MGK u. d. KMDO d. H. OBLT Dr. K. SCHECHNER ZUGSKMDT ...(?)*

Von dort kehrt man zu dem erwähnten Felsblock, dem "Oberst Unger-Stein" zurück, und wandert auf dem Saumweg bequem weiter. Auf den Buchenstämmen entlang des Weges viele Isolatoren, die noch aus der Kriegszeit stammen. Nach einem leichten Abstieg erreicht man einen weiteren Felsen mit folgender Inschrift: *WELTKRIEG 1914 GRUPPE ZA GREBENOM / HIER HIELTEN GRENZWACHT.* Es folgen die Namen von fünf Kommandanten samt deren Truppenteilen.

Der Saumweg führt ständig im Wald weiter abwärts bis zu einem Stück, von dem man die Kehren dann auch weiter talwärts ziehen sieht. Hier zweigt re. ein nicht gut erkennbarer unbezeichneter Steig zur Pl. Zagreben ab; 1 Std.

Wir verlassen aber unseren Saumweg nicht und gelangen im weiteren Abstieg zu einem Betonblock mit der Inschrift "*1916 Unger-Weg*". Immer am Bach entlang abwärts bis zu einem kleineren Haus, von dem man schließlich in Richtung Blaž wieder die Straße im Lepenje-Tal erreicht.

TOUR 59

Soča in der Trenta - Lepena/Lepenje-Tal - Dom dr. Klementa Juga/Haus - Koča pri Krnskih jezerih/Krn-Seen-Hütte

Hinfahrt: R 16

Bes. Hinweise: bis zum Dom dr. Klementa Juga/Haus mit Kfz fahrbar

Karten: Ka 1, 3, 4

Zeitbedarf: Soča - Dom dr. Klementa Juga 1 ½ Std, Klementa Juga-Krn-Seen-Hütte. 2 ¼ Std.

Weiterweg: T 56, T 57, T 60, T 61

Knappe zwei Kilometer westl. der Ortschaft **Soča** (403 m) zweigt (li.) eine Straße in Richtung des Lepena/Lepenje-Tales ab. Zunächst leitet eine Brücke über den Soča-Fluss. Dann bleibt man ein kurzes Stück am linksseitigen Ufer, bis man die Einmündung der Lepenjica in die Soča erreicht; re. Campingplatz. Hier wendet sich die Straße nun in östlicher Richtung dem **Lepena/Lepenje-Tal** zu, sie führt ständig gleichmäßig steigend aufwärts.

Die Straße leitet weiter im Lepena-Tal ansteigend bis zum **Dom dr. Klementa Juga** (700 m), 6 km ab Soča, 1 ½ Std; Parkplatz. Im Jahre 1953 wurde das ehemalige italienische Offiziersheim vom Slowenischen Bergsteigerverband übernommen und als Bergsteigerheim umgebaut; die neue Benennung erfolgte nach dem 1924 am Triglav abgestürzten slowenischen Bergsteiger Dr. Klement Jug.

Der ehem. ö.u. Saumweg führt in weit ausholenden Kehren eine waldige Steilstufe empor, man kann aber auch etliche der Serpentinen abkürzen. Nachdem über einen Sattel die weiten Almböden Duplje Planina erreicht sind, kommt man zu der in landschaftlich besonders schöner Lage befindlichen neuen **Koča pri Krnskih jezerih/Krn-Seen-Hütte** (1370 m).

Duplje Planina, vorne Bäckerei, rückwärts Fleischerei, Spätfrühjahr 1917

Vor Beginn des Ersten Weltkrieges führte nur ein besserer Almweg im Lepena-Tal aufwärts, der den bescheidenen Ansprüchen der Vieh- und Waldwirtschaft genügte. Mit der Kriegserklärung Italiens im Mai 1915 änderte sich die Situation schlagartig und grundlegend. Die Berge um das Flitscher Becken mit den Höhenzügen Javoršček (1557 m) - Vršič (1897 m) - Lemež (2042 m) - Vrata (1913 m) - Krn (2242 m) wurden nun vorderste Front. Für die ö.u. Höhenstellungen in diesem Abschnitt kam geländebedingt nur das Lepenje-Tal als einziger Nachschubweg in Betracht. Dementsprechend intensiv wurde an dessen Ausgestaltung bis Spätherbst 1917 gearbeitet; an die Erbauung der Straße durch k.u.k. Soldaten erinnert heute noch eine Gedenktafel nahe der Krn-Seen-Hütte.

Im Bereich der Duplje Planina befanden sich zahlreiche ö.u. Baracken und Magazine, deren Fundamente heute noch teilweise sichtbar sind (siehe hist. Teil B und C).

TOUR 60

Koča pri Krnskih jezerih/Krn-Seen-Hütte - Krnsko jezero/Krn-See - Planina na Polju - Krnska Škrbina/Krn-Scharte - Krn/M. Nero - Gomičškovo zavetišče na Krnu/Krn-Hütte

Hinweg: T 57, T 59, T 61

Bes. Hinweise: Bergwanderung, die Kondition und Trittsicherheit erfordert; sie führt direkt in die schwerst umkämpften Höhenstellungen des Abschnitts Krn - Batognica, zahlreiche Überreste von Stellungen, Unterkünften und Stollenanlagen

Karten: Ka 1, 3, 4

Zeitbedarf: 2 ½ - 3 Std.

Weiterweg: T 22, T 24, T 35, T 45

Von der **Koča pri Krnskih jezerih** (1370 m) wandert man in 15 min zum **Krnsko jezero** (1395 m) mit einer Länge von 380 m, westlich eingebettet zwischen der Einsattelung Čez Potoče (1850 m) und dem Lemež (2042 m) und östlich vom M. Šmohor (1939 m); vom See Aussicht auf den Gipfel des Krn.

Vom Krnsko jezero führt der Weg ständig ansteigend zur Alm **Planina na Polju** (1530 m, Quelle); von hier nun steil aufwärts mit zahlreichen Serpentinen bis zu einer Wegteilung (ca. 1800 m; li. zur Batognica siehe T 61).

Hier hält man sich **rechts** und steigt steil aufwärts zur **Krnska škrbina/Krn-Scharte** (2058 m) und über den Ostgrat direkt hinauf zum Gipfel des **Krn/Monte Nero** (2245 m); von diesem bietet sich ein herrliches Panorama, das von den Gipfeln der Julier bis zur Adria reichen kann; zahlreiche Reste von Stellungen und Baracken entlang des Weges und im Gipfelbereich; vom Betreten von Stollen ist wegen des brüchigen Gesteins, des früheren schweren Artilleriefeuers, den Minensprengungen und den letzten Erdbeben unbedingt abzuraten (näheres siehe hist. Teil C).

Vom Gipfel des Krn/Monte Nero ein ganz kurzes Stück abwärts zur **Gomiščkovo zavetišče na Krnu/Krn-Hütte** (2210 m), bew., Übernachtung möglich, wenig Trinkwasser (Näheres über die Hütte und Umgebung siehe T 22).

TOUR 61

(Koča pri Krnskih jezerih/Krn-Seen-Hütte -) Pl. na Polju - Batognica - Krnska Škrbina/Krn-Scharte - Krn/M. Nero - Gomiščkovo zavetišče na Krnu/Krn-Hütte

Hinweg: T 57, T 59, T 60

Bes. Hinweise: Bergwanderung, die Kondition und Trittsicherheit erfordert; sie führt direkt in die schwerst umkämpften Höhenstellungen des Abschnitts Krn - Batognica, zahlreiche Reste von Stellungen, Unterkünften und Stollenanlagen; siehe auch hist. Teil C

Karten: Ka 1, 3, 4

Gehzeit: 3 Std.

Weiterweg: T 22, T 24, T 35, T 45, T 60

Von der **Koča pri Krnskih jezerih** (1370 m) wandert man wie bei T 60 beschrieben zunächst zur Alm **Pl. na Polju** (1530 m, Quelle), von hier nun steil aufwärts entlang zahlreicher Serpentinen bis zu einer Wegteilung, ca. 1800 m; will man zur Batognica wählt man den **linken** Steig; (re. direkt zur Krnska Škrbina/Krn-Scharte, T 60).

Der ehem. ö.u. Frontsteig zur Batognica führt in kurzen Kehren steil hinauf und noch ehe das Gipfelplateau betreten wird, gelangt man zu einem markanten Felseinschnitt, dem so genannten "**Kavernenhof**" mit zahlreichen ö.u. Stellungsresten und mehreren Eingängen zu langen Stollen mit Holzresten bzw. tiefen Kavernen.

Nach wenigen Metern Aufstieg zum Gipfelplateau erreicht man die **Batognica** (2163 m); hier vereinigt sich unser Weg mit dem von Tolmin heraufführenden Höhenweg (T 35) und der T 45. Auf der Nordseite - 10 m unter dem Gipfel - auf der Betonwand einer ital. Stellung die Inschrift "2. Reg. Alp." (2. Alpiniregiment).

Die ganze Schwere des Kampfes auch nur um einzelne strategisch wichtig erscheinende Punkte der Höhenstellungen zwischen dem Vodel und der Batognica geht aus der

Verlustmeldung der k.u.k. 3. Gebirgsbrigade hervor, die in vier Tagen 1.200 Mann, also die Hälfte ihres Gefechtsstandes verlor. Das unentschiedene Ringen um die Stellungen auf der Batognica führte schließlich zum unterirdischen Minenkrieg. Beide Gegner versuchten in einem dramatischen Wettlauf mit der Zeit der anderen Seite mit der Sprengung zuvorzukommen, was den ö.u. Soldaten schließlich auch gelang. Am 24.10.1917 zündeten sie die Mine unter der italienischen Stellung auf der Kote 2136. Schätzungsweise 200 ital. Soldaten liegen seitdem unter den Trümmern ihrer Stellung begraben. Heute sind dort noch drei Sprengtrichter sichtbar; näheres siehe auch hist. Teil C.

Unser Weg führt dann an zahlreichen Stellungsresten und vielen Kavernen ein kürzeres Stück abwärts zur **Krnska Škrbina** (2058 m); direkter Abstieg zum Krn-See T 60.

Ö.u. Frontwege und Stellungen auf Batognica

Variante nur für **Geübte** u. Schwindelfreie, sehr ausgesetzt, Rutschgefahr durch feines Geröll! Von der Batognica führen breite Betontreppen des ehem. Alpini-Steiges durch die Felswand mit prachtvollem Tiefblick direkt zur Krn-Scharte.

Von der Krnska Škrbina sich am Gegenhang rechts haltend aufwärts zum Gipfel des **Krn/M. Nero** (2245m); hervorragender Aussichtspunkt über fast alle Gipfel der Julier bis zur Adria; zahlreiche Stellungsreste, vom Betreten der Kavernen bzw. Stollen wird jedoch wegen der Einsturzgefahr dringend abgeraten!

Vom Gipfel des Krn/M. Nero ein ganz kurzes Stück abwärts zur **Gomiščkovo zavetišče na Krnu/Krn-Hütte** (2210m); bew., Übernachtung möglich, wenig Trinkwasser; (Näheres über die Hütte und Umgebung siehe T 22).

Italienischer Frontsteig Batognica – Krn-Scharte (SC)

TOUR 62

Mit den Vogel-Seilbahnen zum Visoki Orlov rob

Hinfahrt: R 17

Bes. Hinweise: Durch Ausnützung der Bahn und der Lifte kann man viel Zeit zugunsten längerer schöner Höhenwanderungen sparen.

Karten: Ka 1, 3

Weiterweg: T 45, T 47, T 48, T 49, T 63

   Am westlichen See-Ende in **Ukanc** direkt an der Straße beim großen Parkplatz befindet sich die Talstation der Gondelbahn, mit der das Sport- oder Schihotel **Vogel** erreicht wird (1540 m).
   Ab diesem führen zwei Sessellift-Sektionen weiter über Orlova glava bis zur Bergstation am **Visoki Orlov rob** (1800 m); sehr lohnende Aussicht, Ausgangspunkt für zahlreiche Höhenwanderungen.

Talstation der Vogel-Seilbahn

TOUR 63

Visoki Orlov rob - Konjsko Sedlo/Pferde-Sattel - Pl. Govnjač - Dom na Komni/Komna-Haus oder Koča pod Bogatinom/Bogatin-Hütte

Hinweg: R 17, Vogelseilbahn siehe T 62

Bes. Hinweise: Besonders lohnende, aber Ausdauer erfordernde Höhenwanderung, teilweise unter Ausnützung ehem. ö.u. Kriegswege; landschaftlich sehr schön, im ehem. frontnahen ö.u. Raum zahlreiche Überreste von Kriegsbauten.

Karten: Ka 1, 3, 4

Zeitbedarf: 5 - 5 ½ Std.

Weiterweg: T 56, T 57

Von der Bergstation der zweiten Sektion des Sessellifts der žičnica Vogel-Seilbahn am **Visoki Orlov rob** (1800 m) zunächst absteigend über die Pl. Zadnji/Pl. Vogel, bis man den obersten Teil des Žagarjev-Grabens erreicht. Ab der Kote 1346 wandert man nun wieder ansteigend zum **Konjsko sedlo** (1782 m). Beim Weiterweg von diesem Sattel am Westhang des Bohinjski Migovec entlang, bis man die einstige Alm **Pl. Govnjač** (1475 m) erreicht. Hier sind noch zahlreiche Überreste von ö.u. Kriegsbauten, auf einer Anhöhe befindet sich die Ruine des ö.u. Abschnittskommandos.

Pl. Govnjač, Winter 1916

Von der Planina Govnjač über ehem. ö.u. Kriegswege entweder zum **Dom na Komni** (1525 m) oder zur **Koča pod Bogatinom** (1513 m).

TOUR 64

Idrija - Divje Jezero/Wilder See

Hinfahrt: R 10

Bes. Hinweise: angenehme Wanderung zu einem See, der wegen seiner Schönheit zum Naturdenkmal erklärt wurde; ferner technisch sehr interessante Wehranlage aus dem 18. Jahrhundert, die zum Aufstauen des Flusses diente.

Zeitbedarf: ¾ Std.

Von **Idrija** (123 m) führt der markierte Wanderweg "Pot ob Rakah" inmitten einer ausgesprochen lieblichen Landschaft entlang des Idrijca-Kanals zum kleinen von Felsen und Wald umschlossenen See. Das 83 m tiefe Gewässer wird von einer Karstquelle gespeist, der es sein klares Wasser verdankt.

Einige hundert Meter weiter kommt man zu einer Klavže/Wehranlage, die lange Zeiten hindurch zum Aufstauen des Flusses diente, der dazu genützt wurde, die in den umliegenden Wäldern gefällten Baumstämme nach Idrija zu schwemmen. Das Bergwerk benötigte pro Jahr etwa 30.000 m^3 Holz für die Zimmerung der Stollen und zum Extrahieren des Quecksilbers aus dem abgebauten Material.

TOUR 65

Izvir Soča/zum Soča-Ursprung - und in die Zadnja Trenta/Hintere Trenta

Hinfahrt: R 16

Bes. Hinweise: Wanderung zu einer der schönsten Karstquellen, man muss aber wie bei allen diesen Quellen im Karst mit einem stark schwankenden Wasserstand rechnen.

Karten: Ka 3, 4, 12

Gehzeit: 20 Min. bis zur Quelle, bei Besuch des Einödhofes 1 Std.

Rückweg: zurück zum Ausgangspunkt

Wie bei R 16 beschrieben biegt man bei der Kurve Nr. 49 ins Tal der **Zadnja Trenta/ Hintere Trenta** ab und fährt auf asphaltierter Straße ca. 1,3 km bis zu einem gekennzeichneten Parkplatz, dort Kfz abstellen. Hier befindet sich die Schutzhütte **Koča pri izviru Soče** (886 m); von dieser auf einem etwas schottrigen Steig aufwärts bis zu einer

Wegteilung: li. versicherter Steig zur Quelle, rechts führt der Normalweg das letzte kurze Stück über Fels ebenfalls zur Quelle; Seehöhe hier etwa 1000 m. Nicht umsonst wird die Soča als die Perle des Triglav-Nationalparks bezeichnet. Hier tritt der vielleicht schönste Fluss Europas mit seinem glasklaren Wasser aus einer Felsenhöhle ins Freie und stürzt sofort in kleinen Kaskaden über die Felsen hinab.

Nach dem Besuch der Quelle kehrt man zum Parkplatz zurück und kann dann taleinwärts auf der Schotterstraße durch eine prächtige Wiesenlandschaft noch 1,5 km weiterwandern, bis zur Häusergruppe von **Flori** (963 m), Parkplatz. Der Talschluss wird hier von der mächtigen Felsgestalt des Jalovec gebildet, zu der sich im Vordergrund die Lepo Špičje/Schönen Spitzen einfügen.

Entlang der Straße treffen wir auf Gehöfte in einer althergebrachten Bauweise mit einem neben dem Haus stehenden Kamin. Man möchte damit die Feuergefahr vermindern. Diese für etliche Höfe und Almen in Slowenien noch recht typischen Gebäudeformen finden wir unter anderem eben hier in der Zadnja Trenta/Hinteren Trenta, aber genauso bei den Almen auf der Südseite des Krn. Im Erdgeschoß befindet sich der aus Natursteinen gemauerte Stall für das Vieh, der aus Holz gezimmerte Dachboden ist dem Heu vorbehalten, manchmal dient er auch als Unterkunft für die Hirten; (siehe auch Pl. Kuhinja, R 6a, T 22).

TOUR 66

Der ö.u. Verbindungsstollen durch den Monte Santo

Zufahrt: R 9b

Bes. Hinweise: Hist. besonders interessante Stollenanlage; sie ist für die Isonzofront die Einzige ihrer Art! Diese Stollenanlage stellte die beschusssichere Verbindung vom nordseitigen Hinterhang zu den vordersten ö.u. Infanteriestellungen am Südhang her. Der Bau des Stollens wurde durch k.u.k. Sappeure von beiden Seiten gleichzeitig begonnen, um einen möglichst raschen Vortrieb zu erzielen, er beweist, welche taktisch operative Bedeutung man dem M. Santo von ö.u. Seite beigemessen hatte. Wegen der Länge des Stollens unbedingt zwei Taschenlampen mitnehmen! An den steileren Stellen im Stolleninneren sind zwar Seilversicherungen angebracht, festes Schuhwerk ist wegen Rutschgefahr an diesen Stellen trotzdem anzuraten. Wanderern, die zu Klaustrophobie neigen, ist von der Begehung des Stollens abzuraten!

Karten: Ka 2, 7

Zeitbedarf: bis zum Stolleneingang 15 - 25 min, Begehung des Stollens ca. 30 - 40 min; vom Stollenausgang bei Abstieg nach Sella Dol 40 min, bei dieser Variante lässt man ein Kfz bei Sella Dol, um mit diesem zum Gipfel zurückzukehren, oder zu Fuß vom Stollenausgang zurück zum Gipfel 1 Std.

In der Nähe der ehem. Bergstation der Seilbahn beginnen die ersten italienischen Stollen; Begehung nicht ratsam, da als Müllablage verwendet!

Entlang des Kammes bis zu den Resten eines Denkmals, bei denen der Weg scharf nach links abbiegt. Von hier steiler abwärts durch ein Wäldchen, bis auf halber Hanghöhe der Eingang in den ö.u. Stollen erreicht wird (hierher auch entlang alter Laufgräben und auf einem Kriegssaumweg).

Nach dem nordseitigen Eingang führt der Stollen zunächst waagrecht in das Berginnere bis zu einer Zisterne. Ab dieser nun steiler abwärts; teilw. Seilsicherungen, hier meist Rutschgefahr; da letztes Stollenstück etwas niedriger, Kopfbedeckung oder **Steinschlaghelm verwenden!** An den südseitigen Ausgang schließt ein Laufgraben an, dem man entweder weiter abwärts folgt oder man biegt links ab und kommt rasch zu einer Kehre der Straße, die auf den M. Santo führt.

Folgt man jedoch dem nicht immer gut ersichtlichen Laufgraben weiter abwärts, so gelangt man schließlich zu mehreren betonierten Kavernen. In einer befindet sich auf einem herabgefallenen Fels u.a. folgende Inschrift: Feld.Komp. 18/VI 1916. Der Weg führt weiter steil abwärts immer im Bereich von Gräben, Kavernen und Stollen, bis der markierte Weg erreicht ist, der zum M. Santo führt.

TOUR 67

Vratca/Kronbergsattel - Škabrijel/Monte S. Gabriele

Hinfahrt: R 15a

Bes. Hinweise: Südlich der Sveta Gora/M. Santo (682 m) befindet sich die Einsenkung des Prevalo- oder Dol-Sattels (336 m). Östlich von diesem erhebt sich der Veliki hrib (526 m), von diesem zieht in östlicher Richtung ein Höhenzug ansteigend zum Gipfel des Škabrijel/M. San Gabriele (646 m). Im weiteren Verlauf fällt der Hang steil und steiniger zum Vratca/Kronbergsattel (408 m) ab, um nach diesem wieder ansteigend den Štanjel/M. San Daniele (553 m) zu erreichen.

Knapp oberhalb von Solkan am Westhang des Škabrijel/M. S. Gabriele befindet sich der Hügel der Hl. Katharina, der ab 1916 zum vorgeschobenen ö.u. Stützpunkt werden sollte.

Wegen des dichten Unterholzes ist es empfehlenswert, die Tour im Herbst zu unternehmen.

Karten: Ka 2, 7

Gehzeit: 1-1 ½ Std, wer noch einen Abstecher zum Veliki hrib machen will, muss mit einer zusätzlichen Stunde rechnen.

Rückweg: wie Hinweg

Zur Geschichte

Als die ö.u. Armee im Zuge der 6. Isonzoschlacht den Görzer Brückenkopf räumen musste, besetzten die Italiener am 9.8.1916 die Stadt. Die neue k.u.k. Verteidigungslinie verlief nun wie folgt: Plava (97 m) - Kuk (611 m) - Westrand Vodice (651 m) - M. Santo (681 m) - sv. Katerina ob Solkan (307 m) - Monte S. Gabriele (646 m) - Vratca/Kronbergsattel (408 m) - Štanjel/Monte S. Daniele (553 m). Von hier dann weiter nach Gračna/Grazigna - M. San Marco und über das Karstplateau bis zum Golf von Triest nahe Duino.

General Cadorna bestimmte jetzt als neues Hauptangriffsziel den Raum beginnend vom Südrand der Ternovaner Hochfläche über den M. San Gabriele, der wie ein Dorn in die ital. Linien ragte, und weiter bis zum M. San Daniele. Daraufhin stellte der Kommandant der II. ital. Armee, General Capello, die Masse der ihm unterstellten Verbände für Angriffe auf den M. San Gabriele bereit.

Auf ö.u. Seite hatte General d. Kavallerie Fürst Schönborn-Hartenstein das Kommando. Er war bekannt dafür, dass er wiederholt an der vordersten Front erschien, um sich persönlich ein Bild von der Lage zu machen, so auch am M. San Gabriele.

Immer heftiger wurde der Beschuss des Monte S. Gabriele durch die italienische Artillerie, wobei sich die kavernierten Geschütze am Monte Sabotino besonders unangenehm bemerkbar machten. Schnellfeuergeschütze eröffneten bald auf jeden einzelnen Mann, der am Gabriele sichtbar wurde, ihr Feuer. Nachts glitten die grellen Lichtkegel der großen Scheinwerfer ebenfalls vom Sabotino her ruhelos über die ö.u. Stellungen. Auch Nachts schwiegen die Geschütze kaum.

Der übliche ö.u. Nachschub- und Anmarschweg führte von Pri Peči zunächst zum Kronbergsattel/Vratca. Ab diesem durch den langen dem Gegner bekannten Laufgraben bis hinauf zum obersten Stellungsbereich am Gabriele.

Nacht für Nacht waren hier die Trägerkolonnen, die Sanitäter mit den Tragbahren, die Meldegänger sowie Ablösende und Abgelöste unterwegs. In dem Laufgraben kam es bedingt durch die Massen, welche hier unterwegs waren, zu ständigen Stauungen zwischen Auf- und Absteigenden. Der Gegner versuchte durch schwerstes Sperrfeuer, das immer mehr Opfer forderte, diese lebenswichtige Verbindung für die Verteidiger zu unterbinden.

Der Laufgraben wurde zum Kreuzweg für jene Soldaten, von denen kein Frontbericht jemals sprach, die aber auch kaum eine sichtbare Anerkennung erhielten außer den Dank der Kameraden, die oben am Gabriele den ganzen Tag ohne Wasser und Verpflegung ausharren mussten. Mjr Heinrich Schuldes, Kommandant des IV. Baons vom oberösterreichischen k.u.k. IR 14, das den Gabriele lange Zeit verteidigte, berichtete:

"Die Trägermannschaften wurden vom polnischen k.u.k. IR 77 und dem ungarischen IR 52 beigestellt. Von diesen Leuten wurden viele durch Gesteinstrümmer oder Geschoße verwundet oder getötet, andere wieder verschüttet, endlich warf ein Teil, namentlich Mannschaft des IR Nr. 77, um diesem fürchterlichen Geschoßhagel zu entgehen, die Menage samt den Kesseln unterwegs fort und lief zurück. Dadurch kam während dieser Zeit nie eine zubereitete Menage zu den Kompanien des Linzer Hausregiments.

Der Mt. S. Gabriele

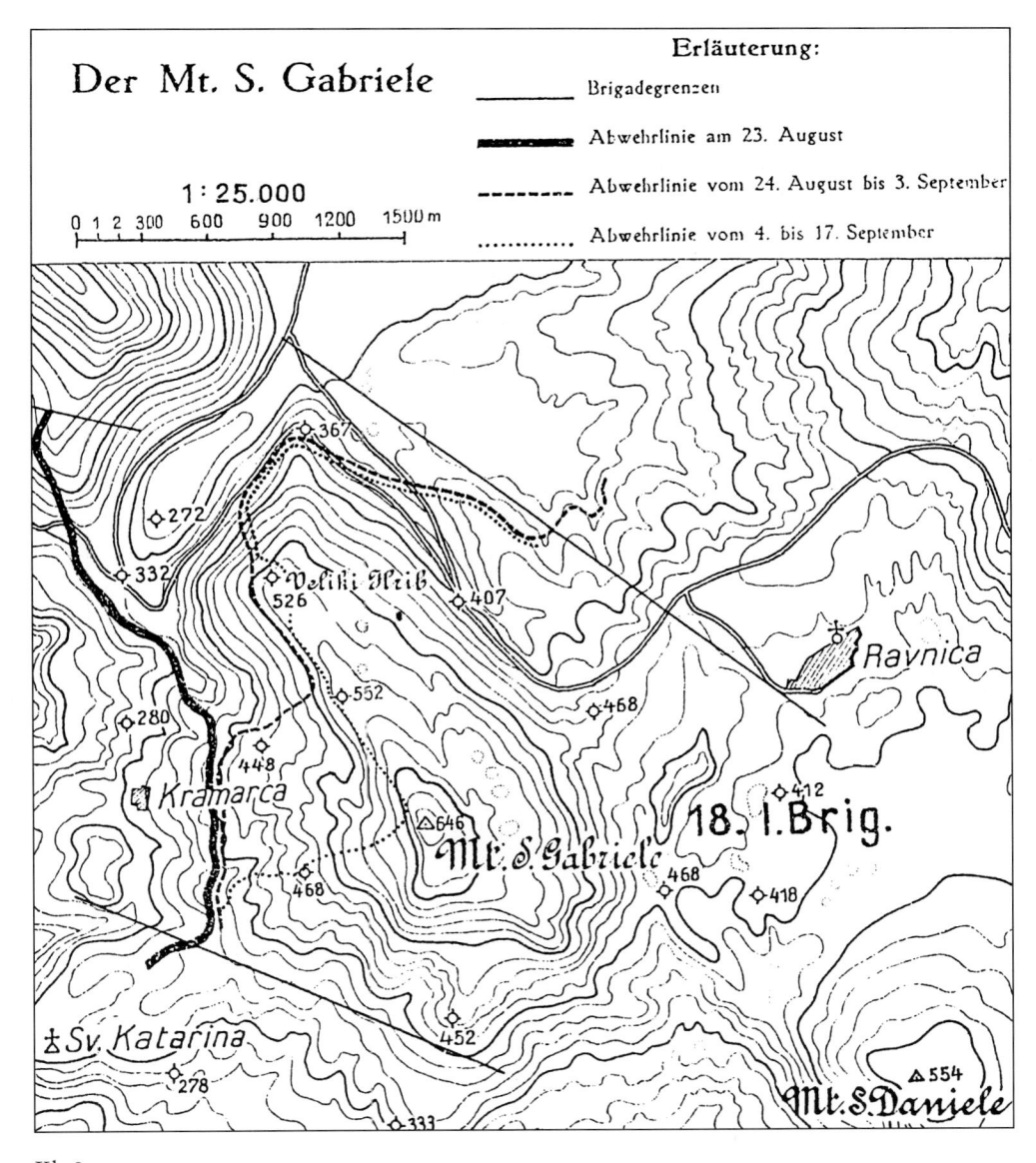

Erläuterung:
——— Brigadegrenzen
▬▬▬ Abwehrlinie am 23. August
- - - - Abwehrlinie vom 24. August bis 3. September
.... Abwehrlinie vom 4. bis 17. September

1 : 25.000

Kh 9

Die braven Leute waren somit auf die mitgenommenen Fleischkonserven angewiesen, welche auf die Dauer insbesondere bei Berücksichtigung der ausgestandenen Strapazen keine hinreichende Nahrung bieten konnten, dafür aber das ohnehin starke Durstgefühl wenn möglich noch steigerten. Es meldeten sich darauf einige Leute, die den Todesweg durch den Laufgraben zur einzigen am Fuße des M. San Gabriele befindlichen Quelle zurücklegen wollten, um dort für sich und die Kameraden Wasser herbeizuschaffen. Erwähnt muss noch werden, dass diese Quelle dem Italiener wohl bekannt war und dass sie diesen Ort ununterbrochen in Zeitabständen von drei bis fünf Minuten beschossen. Es schlugen daher fortwährend 28 cm Granaten in unmittelbarer Nähe der Quelle ein. Viele der braven 'Hessen', welche ungeachtet dieser Gefahren dort Wasser holen wollten, kamen nicht wieder."

Ö.u. Geschützkaverne, Monte San Gabriele

Fast täglich mit dem Morgengrauen setzten wieder die Infanterieangiffe ein, Stellungsteile wechselten wiederholt im Nahkampf den Besitzer, doch der Monte San Gabriele blieb letzten Endes fest in der Hand der Verteidiger.

Der Berg wandelte sich immer mehr in einen riesigen Trümmerhaufen, übersät mit Teilen von Geräten und Waffen und unzähligen Gefallenen beider Seiten, die nicht beerdigt werden konnten. Tag und Nacht lastete der süßliche Verwesungsgeruch über dem Berg, er drang auch in jede Kaverne, wo er sich mit dem Pulverdampf und der Atemluft der dicht zusammengedrängten Schutz suchenden Soldaten mischte und zu Atemnot und Erstickungsanfällen führte. Auch die Sanitätskavernen waren so überfüllt, dass man Sterbende ins Freie legen musste, um für neu ankommende Verwundete Platz zu schaffen, für die noch Überlebenschancen bestanden.

Soldaten des (Honvéd-Infanterieregiments) HIR 17 in einer Kaverne am M. S. Gabriele während schweren ital. Trommelfeuers

Nach dem Winter standen die ö.u. Verteidiger 1917 einem wesentlich verstärkten Gegner gegenüber. Im Frontraum des Monte S. Gabriele verfügten die Italiener nun über 700 mittlere und schwere Geschütze und unzählige Minenwerfer. Der Berg verschwand stundenlang in den Rauchwolken der Einschläge und Explosionen. Die Verluste beider Seiten stiegen ständig weiter an. Als dann in weiterer Folge im Zuge der 11. Isonzoschlacht vom 17.8. - 14.9.1917 die ö.u. Kräfte kampflos den M. Santo preisgeben mussten, ragte der M. S. Gabriele vorspringend in die vordersten ital. Linien. Frontberichte meldeten nur lakonisch:

24.8.1917: Teile des ital. IR 67 und 68 der Brigade Palermo stürmten zwölf Mal vergeblich gegen die Stellungen des k.u.k. FJB 9.

25.8.1917: Vom Morgengrauen dieses Tages bis 14 Uhr des Folgetages Nahkämpfe um den M. San Gabriele. Als eine starke ital. Spitzengruppe immer weiter vordrang, schlug das ö.u. Sperrfeuer schwerer Artillerie inmitten der Angreifer ein. Die Folge war ein entsetzliches Blutbad unter den Angreifern, das ein Zurückfluten der noch Überlebenden zur Folge hatte. Doch General Capello warf immer neue Regimenter erfolglos in den Kampf, nur die Leichenberge wurden immer größer. Schließlich nannten die ital.

Soldaten den Berg "Santo Maledetto" (verdammter Heiliger). Dann setzte Capello zusätzlich noch spezielle Sturmtruppen, die "Arditi", ein.

Am 4.9.1917 um 05.45 Uhr begann der Angriff. Die Arditi räumten blitzschnell vor allem mit Handgranaten und Sturmmessern Kaverne um Kaverne der Österreicher. In einer davon setzte sich der k.u.k. General Hon, Kommandant der 4. ID mit seinem Revolver zur Wehr, doch ein Ardito ist mit seinem Messer schneller. Nach ital. Berichten sollen 36 k.u.k. Offiziere - darunter der verwundete Gen. Hon - und über 1000 Mann in Gefangenschaft geraten sein. Die Brigade Palermo die mit den Gipfel stürmte verlor 70% ihres Standes.

4352 Der Mt. S. Gabriele im Geschützfeuer 26., 17.

Das k.u.k. IR 14 "Markgraf von Hessen" aus Linz wurde von einem anderen Frontteil für einen Gegenstoß am Gabriele freigegeben. Der Anmarsch erfolgte über Pri Peči. Am 11.9. griffen sie an und drangen immer weiter vor, wiederholte ital. Gegenangriffe wurden im Nahkampf abgewiesen. Schließlich war der Monte San Gabriele wieder in ö.u. Hand. Das IR 14 hatte im Zuge dieser Kämpfe einen Gesamtabgang von 60 Offizieren und 2000 Mann zu verzeichnen.

Die Kämpfe um den Berg hielten weiter an, bis die italienische Armee als Folge des Durchbruchs von Flitsch und Tolmein nach dem 24. Oktober 1917 die gesamte Isonzofront räumen musste. Kaiser Karl besichtigte kurz danach auch den M. S. Gabriele, um sich einen Überblick über das Schlachtfeld um Görz zu verschaffen; sein Weg führte ihn an Leichenbergen vorbei.

Zurück blieb nun eine von Granaten umgewühlte Landschaft. Noch Jahrzehnte danach war hier auf diesem Kalvarienberg der Frontsoldaten beider Seiten kaum ein Grashalm zu finden. Heute bedeckt dichtes Unterholz wieder weite Teile des Berges.

1677 Leichenfeld ↔ 552 Mt.S.Gabriele 30.10.17.

Am **Vratca/Kronbergsattel** (403 m) beginnt ein markierter Weg gleich bei einem gut sichtbaren ö.u. Laufgraben, in dem das erste Wegstück an Deckungskavernen vorbei steil aufwärts führt.

Sobald das Gelände etwas flacher wird, erreicht man die vorderste ö.u. Hauptkampflinie. Unsere Markierung führt nun an Grabenresten und meist verschütteten Kaverneneingängen vorüber, aus dem Graben heraus bis zu einem kleinen Sattel, T 67a. Von diesem sich etwas rechts haltend in wenigen Minuten zum Gipfel des **Monte San Gabriele** (646 m), überall Stellungsreste, schöne weit reichende Aussicht bis Krn und Triglav, auf die umliegenden Höhenzüge und hinab bis in die Ebene.

Man kann vom Gipfel noch entlang des Nordwest-Kammes an Stellungsresten und Kavernen bis zum **Veliki hrib** absteigen. Ital. Kräften gelang es die Stellungen zu nehmen, die fortan ihre vorderste oberste Linie am M. S. Gabriele bildete; interessante Stellungsreste. Von hier wieder zum Gipfel zurück.

TOUR 67a

Nova Gorica - (Pl.) Dom Kekec - Škabrijel/Monte S. Gabriele

Hinfahrt: R 9, R 10

Bes. Hinweise: Wanderung an einem Brennpunkt der Kämpfe im Abschnitt Görz. Die Kfz-Benützung bis zum Dom Kekec verkürzt den Anstieg zum Gipfel des M. S. Gabriele wesentlich. Am besten eignen sich das Frühjahr und der Herbst für diese Tour, da sonst Stellungsreste und weitere hist. Objekte durch das stellenweise dichte Unterholz schwer zu finden sind.

Karten: Ka 2, 7

Zeitbedarf: ab Dom Kekec 1 Std.

Weiterweg: wie Hinweg oder Abstieg zum Vratca/Kronbergsattel T 67

Zur Geschichte

Die ö.u. Armee räumte im Zuge der 6. Isonzoschlacht den Görzer Brückenkopf (9.8.1916). Die neue k.u.k. Verteidigungslinie verlief nun vom M. Santo (681 m) - sv. Katarina ob Solkanu (307 m) - Monte S. Gabriele (646 m) - Vratca/Kronbergsattel (408 m).

Im Zuge der 11. Isonzoschlacht (17.8. - 14.9.1917) mussten die ö.u. Verteidiger nun auch den M. Santo/Sveta Gora (R 9b) kampflos räumen, da die akute Gefahr einer Umgehung durch den Gegner in ihrem Rücken bestand. Ab diesem Moment ragte der Monte S. Gabriele vorspringend in die ital. Linien. Der vorderste ö.u. Stützpunkt befand sich knapp unterhalb des Hügels mit der Kapelle sv. Katarina, um den sich immer wieder heftige Kämpfe abspielten. Heute sind von der Kapelle keine Spuren mehr vorhanden.

Von **Nova Gorica** (98 m) auf asphaltierter Straße aufwärts bis zum Parkplatz beim **Dom Kekec**, (322 m), ca. 3,5 km; Restaurant; hier Kfz abstellen.

Vor Beginn des Parkplatzes geht man links auf einer asphaltierten Straße ca. 500 m bis zu einer Wasserzisterne, dort links weiter auf einer Schotterstraße. Nach 10 min erreicht man eine Abzweigung, bei der man rechts auf einer Mulattiera weiterwandert.

Nach ca. 250 m befinden sich links neben der Mulattiera die Reste eines pyramidenförmigen ö.u. Denkmals. Dieses wurde nach der 12. Isonzoschlacht durch ungarische Soldaten zum Gedenken an ihre in dieser Stellung so zahlreich gefallenen Kameraden errichtet. Nach langer Suche fanden Mitglieder der Soška fronta die Überreste des Denkmals, das keine Inschriften mehr aufweist.

Bei der nun folgenden Absperrung wendet man sich nach links und steigt zunächst recht steil, dann flacher aufwärts zu einem Sattel und gelangt wie bei T 67 beschrieben zum Gipfel des **Škabrijel/Monte San Gabriele** (646 m).

HISTORISCHER TEIL

A-B
Das Flitscher Becken

Mit der Kriegserklärung Italiens am 23. Mai 1915 zogen sich die österreichischen Truppen aus dem Oberen Isonzotal auf die umliegenden Höhen zurück, da ihre Kräfte für eine Verteidigung entlang der Reichsgrenze nicht ausreichten. Das Gros der k.u.k. Armee stand in schweren Abwehrkämpfen an der Ostfront und am Balkan. Nur zögernd besetzten italienische Kräfte die geräumten Ortschaften, sie wollten erst das Heranführen ihrer schweren Artillerie abwarten. Inzwischen gelang es dem k.u.k. Armeeoberkommando zumindest die dringendst benötigten Verstärkungen von anderen Kriegsschauplätzen herauszulösen und der akut gefährdeten Südwestfront zuzuführen.

Ravelnik, ö.u. 47 mm Marinekanone L 44, in getarnter Feuerstellung (BU)

In der Folge kam es zum raschen Erstarren der Front im Stellungskrieg, bei dem - abgesehen von kleineren örtlichen Veränderungen - die Linien unverändert bis zur 12. Isonzoschlacht im Oktober 1917 verblieben.

Der ö.u. Frontverlauf hatte im Gegensatz zu dem italienischen nur eine Hauptkampflinie, diese verlief folgendermaßen: Großer Rombon (2208 m) - Kleiner Rombon (1992 m, von den Italienern Romboncino genannt) - Latschenrücken - Weißenrücken

- Totenkuppe (1586 m) - Čukla-Wäldchen - Felsennest - Ravni laz - Ravelnik (549 m)
- Isonzo (querend) - rechtsseitig des Slatenik-Grabens - Humčic - Javoršček (1560 m)
- Lipnik (1867m) - Lemež (2035 m).

Hauptnachschubverbindungen:
Von Raibl über den Predil-Pass in das Koritnica-Tal; siehe R 1
von Raibl mit Stollenbahn nach Unterbreth/Koritnica-Tal, siehe R 1, 1a
von Kronau über den Mojstrovka Pass in das Trenta Tal, siehe R 16

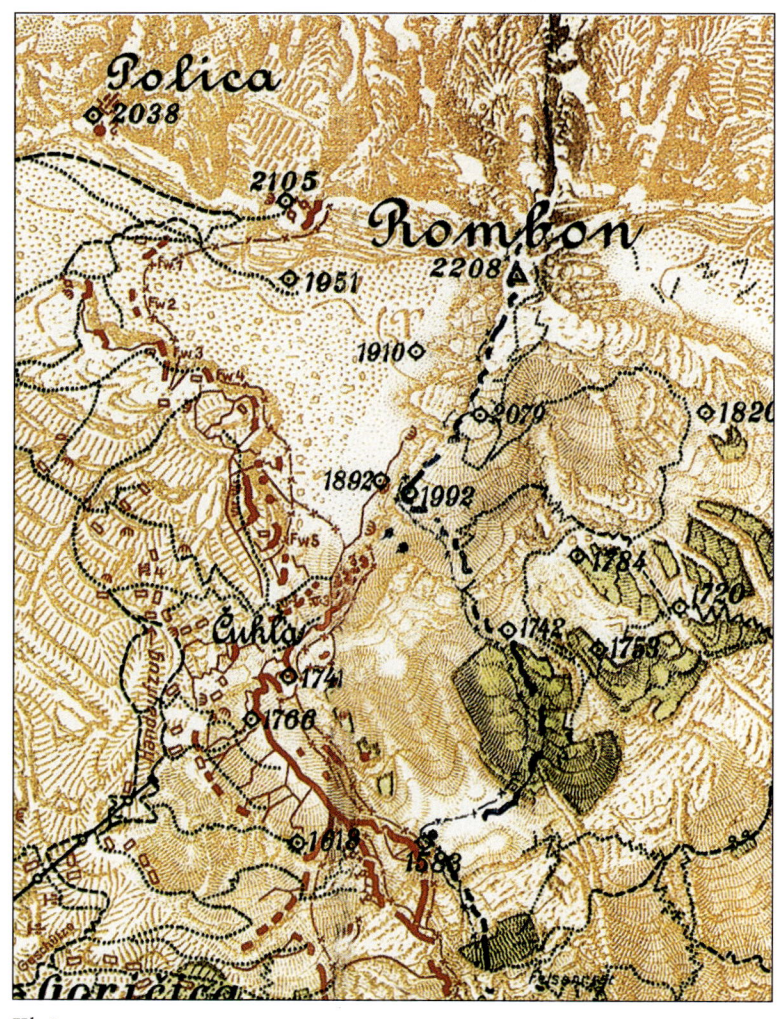

Kh 3

K.u.k. Seilbahnen:
Pustina-Alm/Planina Rob - Zwischenstation Kote 1720 - Kl. Rombon (ca. 2000 m)
Kronau - Mojstrovka-Pass - Trenta-Tal - Soča - Lepena-Tal - Duplje Planina

Der italienische Frontverlauf wies tief gestaffelt drei Linien auf, die vorderste Hauptkampflinie verlief folgendermaßen: Vrh polica (2105 m) - Čukla-Gipfel (1741 m) - Galoppier-Wäldchen - Obere Steilstufe - Rombon-Wäldchen - Untere Steilstufe - Na Skali - östl. Flitsch (nahe Ravelnik) - dann parallel zu ö.u. Linien - Isonzo querend - linksseitig des Slatenik-Grabens - Krasji vrh (1772 m).
(Nomenklatur nach dem ö.u. Plan Rombon „STRENG GEHEIM" vom 20.09.1917)

Die ital. Artillerie hatte ihre Feuerstellungen in einem großen Halbkreis vom Neveasattel über Saga bis Drežniške Ravne bezogen. Die wichtigste Nachschubverbindung für die Italiener aus dem Isonzotal in Richtung Rombon war ihre Kriegsseilbahn von Plužna (469 m) - Zwischenstation nahe Kote 1073 - Zwischenstation Alm Goričica (1333 m) bis unterhalb der Batteriestellungen auf Čukla West (ca. 1600 m). Etwa analog zu der Seilbahntrasse verlief auch ein Saumweg. Über diese Nachschubketten musste die gesamte Rombon-Besatzung mit insgesamt ca. 5000 Mann versorgt werden.

Beide Seiten setzten sprachkundige Telefonisten ein, um aus abgehörten Telefongesprächen eventuell wichtige Rückschlüsse über die Lage und Vorhaben des Gegners zu erhalten.

K.u.k. Kommando der SW.Front.
zu Op.Nr. 24037/Tel.

Abhorchresultate
Krn – Gebiet
15. August 1915

?.30 nm.	DionsMunPark -genannt 4. Komp.- meldet aus Serpenitza, dass er erst morgen den Mun Stand an das IV.Armee-Korps nach Karfreit melden kann, weil der Stand einer Kolonne noch nicht eingelangt ist.
- vm.	Beob. Jama pl. meldet an Obstlt Giardino Saga: Ft Hermann war krank ist wieder gesund: nur eine Kaserne ist zerstört. Die Bt. am Svinjak hat sich gegen Saga und Nevea Höhlen eingegraben und ist so, als hätten wir sie nie beschossen. Daher schiesst sie lustig weiter.
?.30 vm.	meldet Obstlt Giardino Obstehendes an das IV. KorpsKmdo nach Karfreit.
?.50.vm.	Bt. 305 in Saga bekommt Befehl, Ft Hermann weiter zu beschiessen und wendet ein, dass die Granaten schon knapp werden.
	Bt. 149g) - Ravna oder za Kraju bekommt Befehl, den Svinjak unter Feuer zu nehmen.

?.45 vm.	Jemand spricht von Jama pl. aus nach Saga, dass Cote 519 Ravelnik – sehr gut befestigt ist, es sehe aus wie eine kleine Festung und werde die Mitwirkung des 3. Bersagl. unbedingt notwendig sein.
?.10 vm.	Der Gleiche wie oben sagt, dass die Österreicher von Carnien her Kräfte heranziehen und unsere (ital.) befestigten Stellungen stark beschiessen. Man solle gleich an Obst Vasio telegrafieren, damit er weitermache.
?.40 vm.	Gespräch zwischen zwei StabsOffze wovon einer Major ist, in Trnoro, der andere wahrscheinlich Obstlt Giardino. Ersterer fragt an, wie die Unternehmung der 33 ten heute Nacht ausgegangen sei. Antwort wegen Hineinsprechens unverständlich. Mjr: Für heute abend werde ich trachten möglichst auszuhelfen.
?.30 vm.	Bei Bt. 149g) werden zwei Tote anscheinend wegen Rohrkrepierens gemeldet.
- vm.	Ein capitano maggiore verlangt von Jama pl. aus in Trnoro noch 40 Bretter zur Vervollständigung der Baracke.
- nm.	Beobachter Jama pl. spricht nach za Kraju es solle Obst Giardino gefragt werden, ob er irgend etwas den hier gegenwärtigen Generalen zu melden habe. Dieser Obst kommt zum Telefon und bittet um Unterstützung des Bersagl. Angriffes durch Positions Art.: da er nur Feldkanonen 149g habe und diese dann das Feuer auf Golubar pl. vortragen müssen. Es wird ihm zugesichert, dass ein Zug (sezione) schwerer Artillerie in ca. ¾ Stunden schussbereit sein wird.
7 nm.	Beobachter Vrata sagt Bt. 149g) an, 2 Schüsse auf den Wald 700 m von Blaž abzugeben, wo eine Kolonne im Marsche sichtbar sei.
- nm.	Derselbe: noch zwei Schuss 400 m kürzer.
- nm.	Derselbe: Das Feuer 100 m kürzer fortsetzen.
- nm.	Mjr Dematio in za Kraju erhält den Befehl, die eig. Bt. anzugeben, welche heute den Bersaglieri die schmerzlichen Verluste zugefügt haben.

Feldbahnwinde.

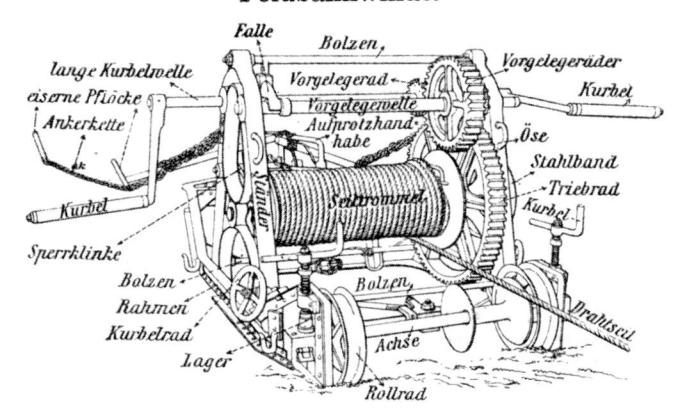

A
Der Abschnitt Kanin - Prevala - Rombon

1915

Ein wichtiges Ziel der italienischen offensiven Absichten in diesem Abschnitt war die Inbesitznahme des Rombon (2208 m), der sich als ausgezeichneter Beobachtungspunkt anbot, auch auf die besonders wichtige ö.u. Nachschubverbindung im Koritnica-Tal.

Am 27.8.1915 begann der schon lange geplante und exakt vorbereitete Sturmangriff von zwei Elite-Einheiten, den Alpini-Bataillonen Bes und Val d'Ellero, auf den Kl. Rombon. Die ö.u. Verteidiger konnten den ersten Ansturm abwehren, doch dann drangen die Alpini in die österr. Stellungen ein. Sie wurden aber im Nahkampf mit Messern wieder zurückgeworfen. Der Kampf dauerte bis 29.8. mit ständig wechselnden Erfolgen. Berichten nach verteidigten sich die Österreicher auch mit Steinwürfen, als die Munition knapp wurde.

Das offizielle Abzeichen der k.u.k. Isonzo-Armee zeigt ö.u. Soldaten, die von einer Höhenstellung herunterschießen, einer schleudert einen großen Stein auf die Angreifer; eventuell war dieser Kampf Vorbild für den Entwurf des Abzeichens (RL).

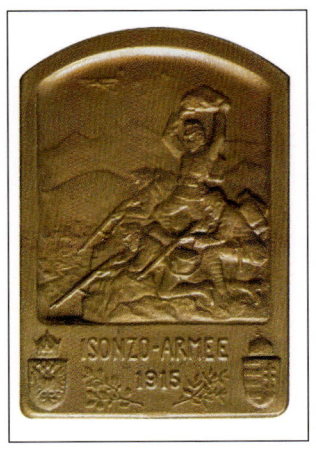

Nachdem es der italienischen Seite nicht gelungen war Verstärkungen und Nachschub zuzuführen, zogen sich die wenigen überlebenden Alpini nach drei Tagen in ihre Ausgangsstellung zurück.

Immer wieder versuchten die Alpini sich des Rombon zu bemächtigen, doch jedes Mal vergebens, nur die Verluste auf beiden Seiten wurden immer größer. Bereits im Herbst galt der Rombon für die Soldaten beider Seiten als gefürchteter weiterer „Blutberg".

Ein neuerlicher schwerer ital. Angriff am 12.9.1915 konnte wieder abgewiesen werden. Erst der Wintereinbruch erzwang ein Abflauen der Angriffshandlungen, der Kampf mit den winterlichen Elementen hatte nun für beide Seiten Vorrang.

1916

Den strategisch wichtigen Čukla-Gipfel hatten Alpini bereits im Mai 1915 in Besitz genommen. Er bildete für die Italiener nicht nur eine ausgezeichnete Artillerie-Beobachtungsstelle, sie konnten von ihm aus auch das Gelände bis zum Rombon ständig überwachen. Deshalb fasste der Kommandant des k.u.k. Unterabschnitts Flitsch, Oberst Schuschnigg, den Entschluss die Čukla wieder in ö.u. Besitz zu bringen. Das k.k. Landwehr-Infanterie-Regiment Nr. 4 aus Klagenfurt hatte auch den in Frage kommenden Abschnitt zur Verteidigung zugewiesen. Der Kommandant der 1. Kompanie, Oberleutnant Hans Mickl, erhielt den Befehl zur Durchführung des Angriffs. Zunächst verlegte die Kompanie zur Retablierung in das Bavšica-Tal (siehe T 2), am 8. Februar kehrte sie über die Alm/Pl. Na robu in ihren Bereitstellungsraum am Rombonhang zurück.

Am Rombon herrschten tiefwinterliche Verhältnisse, die italienischen Stellungen waren durch mehrere Reihen von Stacheldrahthindernissen geschützt. Oblt Mickl setzte seine Chance auf den Überraschungsmoment, da der Gegner unter diesen hochwinterlichen Bedingungen kaum mit einem Angriff rechnen würde. Er lehnte aus diesem Grund auch jede Artillerieunterstützung ab. Starke Neuschneefälle erzwangen eine Verschiebung des Angriffstermins auf den 12. Februar um 02.45 Uhr. Durch brusttiefen Schnee vorgehend konnte Fähnrich Schlatte im Morgengrauen als Erster eine extrem steile Eisrinne überwinden und den Rand des italienischen Grabens erreichen. Mit den Nachkommenden gelang ihm eine völlige Überraschung der ital. Besatzung. Bald erfolgte schwerster ital. Artilleriebeschuss auf ihre verloren gegangene Stellung, ein Gegenstoß der Alpini konnte abgewiesen werden.

Die italienischen Verluste betrugen 3 Offiziere und 83 Mann gefangen genommen; auf ö.u. Seite: 1 Offizier und 4 Mann tot, 30 Verwundete.

Am 12.4.1916 übernahm das k.u.k. bosnisch-herzegowinische (b.h.) Infanterieregiment Nr. 4 den Čukla-Abschnitt. Der Verlust der wichtigen Čukla veranlasste das italienische Oberkommando deren Rückeroberung unter Einsatz stärkerer Kräfte zu befehlen. Der italienische Angriff erfolgte am 10.5.1916 unter massierter Artillerieunterstützung. Den Alpini-Baonen (oder Teilen derselben) Ceva, Val Camonica, Borgo San Damazzo, Bassano sowie Saluzzo gelang schließlich im blutigen Nahkampf die Rückeroberung der Čukla. Nach ö.u. Angaben betrugen die eigenen Verluste 250 Mann, die ital. Verluste 18 Offiziere und 516 Mann. Die wenigen überlebenden Bosniaken zogen sich auf die früheren ö.u. Stellungen zurück, wo sie durch andere Teile des Baons wieder verstärkt wurden.

Bevor der Wintereinbruch weitere Kampfhandlungen unterband, richteten die Alpini am 16.9.1916 noch einmal schwere Angriffe vor allem gegen die Totenkuppe. Sturmangriffe der Alpini und Trommelfeuer der gegnerischen Artillerie wechselten einander stundenlang ab. Immer wieder eintretende Krisensituationen beendeten die Bosniaken im Nahkampf mit Gewehrkolben und Messern. Schließlich blieben die Bosniaken Sieger. Die beiderseitigen vordersten Feldwachen lagen dann hier nur mehr ca. 25 m voneinander entfernt.

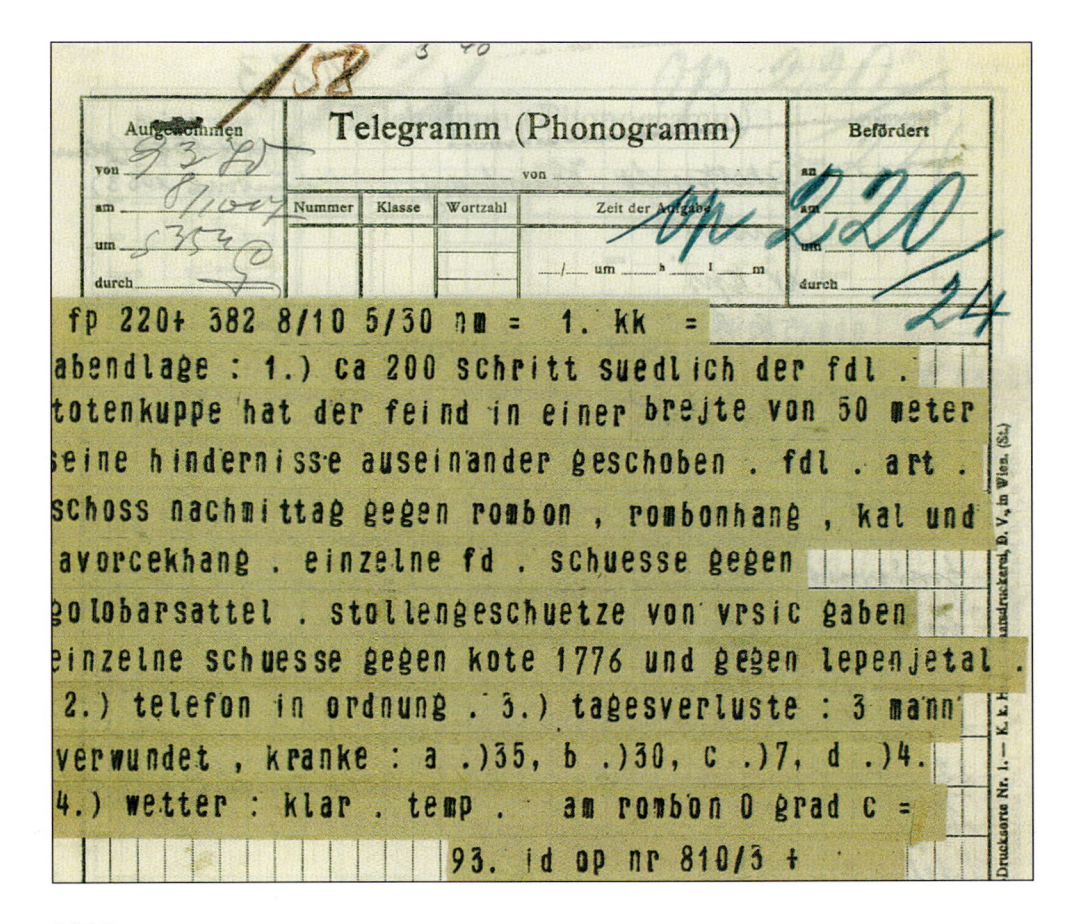

```
fp 220+ 382 8/10 5/30 nm = 1. kk =
abendlage : 1.) ca 200 schritt suedlich der fdl .
totenkuppe hat der feind in einer breite von 50 meter
seine hindernisse auseinander geschoben . fdl . art .
schoss nachmittag gegen rombon , rombonhang , kal und
avorcekhang . einzelne fd . schuesse gegen
golobarsattel . stollengeschuetze von vrsic gaben
einzelne schuesse gegen kote 1776 und gegen lepenjetal .
2.) telefon in ordnung . 3.) tagesverluste : 3 mann
verwundet , kranke : a .)35, b .)30, c .)7, d .)4.
4.) wetter : klar . temp . am rombon 0 grad c =
                    93. id op nr 810/3 +
```

1917

Nach der Schneeschmelze im Spätfrühjahr herrschte im Rombon-Abschnitt der übliche Frontalltag im Stellungskrieg.

Die Bosniaken verteidigten weiter erfolgreich ihren Abschnitt Hoch-Rombon. Im Zuge der Vorbereitungen für die 12. Isonzoschlacht im Spätherbst wurden sie als besonders verlässliche und kampfprobte Truppe für die Angriffsspitze der Division bestimmt und durch weniger fronterfahrene Truppen am Rombon ersetzt. Um die eigenen Offensivvorbereitungen und das Abgehen der gefürchteten Bosniaken zu verschleiern, traf eine große Kiste voller Feze ein, die an die frisch eingetroffene Infanterie am Rombon ausgegeben wurden. Man hoffte dadurch bei den Italienern die Meinung zu erhalten, "Die Bosniaken sind noch da". Aus den österreichischen Schützengräben, in denen sich kein einziger Muslim mehr befand, ertönte nach wie vor zur richtigen Uhrzeit der Ruf des Muezzins, der die gläubigen Bosniaken zum Gebet rufen sollte. Ob diese Täuschung auch gelang, ist nicht bekannt.

K.u.k. Edelweiss-Divisionskommando
Zu Op.Nr 274/5.   Beilage 1.

BELAGSFÄHIGKEIT DER KAVERNEN (UNTERSTÄNDE).

Abschnitt	Raum für	Zahl der Kav.-Unterstände	Normal-	Not-	Gedrängter	Anmerkung
			\multicolumn{3}{c}{Belag}	
Grosser ROMBON		2 Offz.Unterst. 4 Mannsch.-"- 4 Kav.	5 80 5	10 106 36	30 160 80	Hierunter: 1 Küchen- 1 Art.u.Mun. Kav.u.1 Beob. Kaverne
		Summe:	5+85	10+142	30+240	
Mittlerer ROMBON		2 Offz.Unterst. 3 Mannsch.-"- 1 Kav.+1 Küche	5 73 0	15 100 20	25 150 40	
		Summe:	5+73	15+120	25+190	
\multicolumn{2}{l}{Gesamtsumme:}		10+158	25+262	55+430	
Kleiner ROMBON		3 Offz.Unterst. 14 Mannsch.-"- 8 Kav.	7 153 22	15 170 130	25 270 340	Hierunter: 1 Kanzlei u.1 MG.Kav.
	Ein Baon	Summe:	7+175	15+300	25+610	
Plateau-Stellung		1 Offz.Unterst. 1 Mannsch.-"- 6 Offz.Kav. 12 Mannsch.Kav. Hinfsplatzkav.	1 11 5 199 14	2 12 20 350 25	6 20 40 511 40	Hierunter: 1 Küchen- Kaverne
		Summe:	6+210	22+362	46+531	Hilfsplatz nicht ein-gerechnet.
\multicolumn{2}{l}{Gesamtsumme:}		13+385	37+662	71+1141	
Totenkuppenstellung	Ein Baon (Rest in Ku-Chenschlucht	4 Offz.Kav. 13 Mannschkav. HilfsplatzKav.	7 220 80	10 300 100	20 650 160	u.zw. FW.2,3 100 Mann Totenkuppel 150 -"- -"- II 100 -"- Vellik.Kav. 50 -"- Vorstellg.Kav. 50 -"- Stollen 1,2 200 -"-
		Summe:	7+300	10+400	20+810	650 -"-
Reserve Stellung	Ein Ba-on(Rest in 2 Rin-nen no. 1720)	3 Offz.Unterst. 7 Mannsch.-"- 5 MannschKav.	9 350	30 460	40 650	Hievon 250 für Stäbe etz.vom 216 JBrig.u. JR.59 belegt.
		Summe:	9+350	30+460	40+650	
Cuklastellung		15 Kav.	300	.	450	
Mosswals-stellung und Zug Losie		9 Kav. und 4 Kav.(Zug Losie)	200	.	400	

Die 12. Isonzoschlacht

Die Bosniaken des b.h. 4. IR wurden im Oktober 1917 im Zuge der Vorbereitungen für die 12. Isonzoschlacht durch das Salzburger k.u.k. IR 59 "Erzherzog Rainer", das 4. Tiroler Kaiserjägerregiment (1. Baon) sowie drei Baone des Linzer k.u.k. Infanterieregiments Nr. 14 "Großherzog von Hessen und bei Rhein", also alpenländische Elitetruppen abgelöst. Das Kommando am Rombon hatte Oberst Spieß inne. Ihnen gegenüber standen nun die drei Alpini-Baone Saluzzo, Borgo San Damazzo und Dronero der Gruppe Rombon unter dem Kommando von Oberst Cantoni.

Trotz aller Geheimhaltung auf ö.u. Seite hatten die Italiener durch Überläufer und Gefangene von der bevorstehenden Offensive erfahren. Doch der ital. Armeekommandant General Luigi Cadorna, der gemeinsam mit König Emanuele deshalb die Isonzo-Front besichtigte, beurteilte die Situation positiv, er hielt die ital. Armee für alle Eventualfälle bestens vorbereitet; siehe auch R 2a.

Schlechtwetter verhinderte zunächst den geplanten Angriffsbeginn, am Rombon war ein Meter Neuschnee gefallen. Für den 24.10.1917 wurde nun der Offensivbeginn endgültig befohlen. Die ö.u. Angriffskräfte hatten den Auftrag vom Rombon-Abschnitt aus bis über den Prevalasattel vorzustoßen, (T 17). Doch die Sturmtrupps, die die schweren ital. Drahthindernisse sprengen sollten, verbluteten bereits im Vorfeld. Ein starker Wind machte den Giftgas-Einsatz des deutschen 35. Pionierbataillons aus dem Raum des Ravelnik (T 5) rasch wirkungslos. Dichter Nebel verhinderte das Wirkungsschießen der ö.u. Artillerie, dann setzte auch noch starkes Schneetreiben ein. Die ö.u. Angriffe im Rombon-Abschnitt scheiterten an diesem Tag unter schwersten Verlusten.

Am 25.10.1917 setzte plötzlich Schönwetter ein. Die Italiener zogen sich befehlsgemäß von der Čukla, der Alm Goričica, dem Pleševec und vom Vratni vrh zurück, die ö.u. Kräfte nahmen deren Verfolgung auf. Schwere ital. Batterien eröffneten vom Neveasattel her auf das vorgehende 2. Baon des k.u.k. IR 59 Erzherzog Rainer heftiges Sperrfeuer. Die Kaiserjäger blieben im schweren Abwehrfeuer der Alpini knapp unterhalb des tief verschneiten Prevalasattels (2067 m) liegen.

Der 26.10. brachte heftige Kämpfe um den Prevalasattel, die ohne Erfolg, aber mit erheblichen weiteren Verlusten für die Österreicher endeten. Am 27.10. gerieten die Rainer beim Vorgehen in ein Kreuzfeuer vom Lopa Grat und dem Stador her. Im Handgemenge am Grat wurden die ö.u. Soldaten zurückgeschlagen, viele von ihnen hatten bereits schwere Erfrierungen erlitten. Vor allem Alpini des Baons Saluzzo unter Oberst Cantoni verteidigten verbissen den Sattel, während unten im Isonzo- und Raccolanatal der ital. Rückzug bereits stellenweise zur regelrechten Flucht wurde.

Am 28.10. räumten die Alpini befehlsgemäß kampflos den Prevalasattel, um nicht abgeschnitten zu werden. Sie traten mit dem übrigen Gros den Rückzug in Richtung des Raccolana- und Tagliamentotales an, wo viele von ihnen dann doch noch in Gefangenschaft gerieten.

B
Der Abschnitt Ravelnik - Stržišče - Slatenik-Graben - Javoršček

Der ö.u. Frontverlauf setzte sich vom Rombon herabziehend im östlichen Randbereich des Flitscher Beckens fort. Zwei kleine Hügel, der Ravelnik (549 m, T 5) und der Stržišče boten sich hier wegen ihrer leicht überhöhten Lage zur Einbeziehung in die Hauptkampflinie an. Nachteilig wirkten sich jedoch im Talgrund die Geländeverhältnisse aus. Statt fest gewachsenem Fels wie im alpinen Gelände herrschte hier vor allem Erdreich vor. Zusätzlich erschwerten Grundwasserprobleme den Bau von Schützengräben und Deckungen. Obwohl inmitten des Berglandes gelegen erinnerten hier die geologischen Verhältnisse eher an die Front in Russland oder Flandern. Die Grabenwände mussten mit Faschinen (geflochtene Äste hinter eingerammten Pfosten) abgestützt werden. Vor den Gräben wurde ein durchgehendes etwa 3 m breites Hindernisfeld angelegt.

Dann berührte der Frontverlauf annähernd jene Stelle, an der sich der Zusammenfluss von Koritnica und Isonzo befindet. Letzteren querend endeten die ö.u. Stellungen kurz danach im Talgrund des Flitscher Beckens. Sie wendeten sich nun dem Slatenik-Graben zu und folgten ihm rechtsseitig bergwärts zum Javoršček (1560 m), T 11.

Zum ö.u. Stellungssystem im Bereich des Slatenik-Grabens gehörte auch die Rückfallkuppe des Humčič (806 m), die wiederholt Schauplatz heftiger Nahkämpfe war. Schließlich blieb sie in ö.u. Besitz. Bei den k.u.k. Soldaten galt die unscheinbare Geländeformation als „Todeskote".

Ravelnik, Knüppelweg auf der Grabensohle, Faschinen stützen die Grabenwand ab

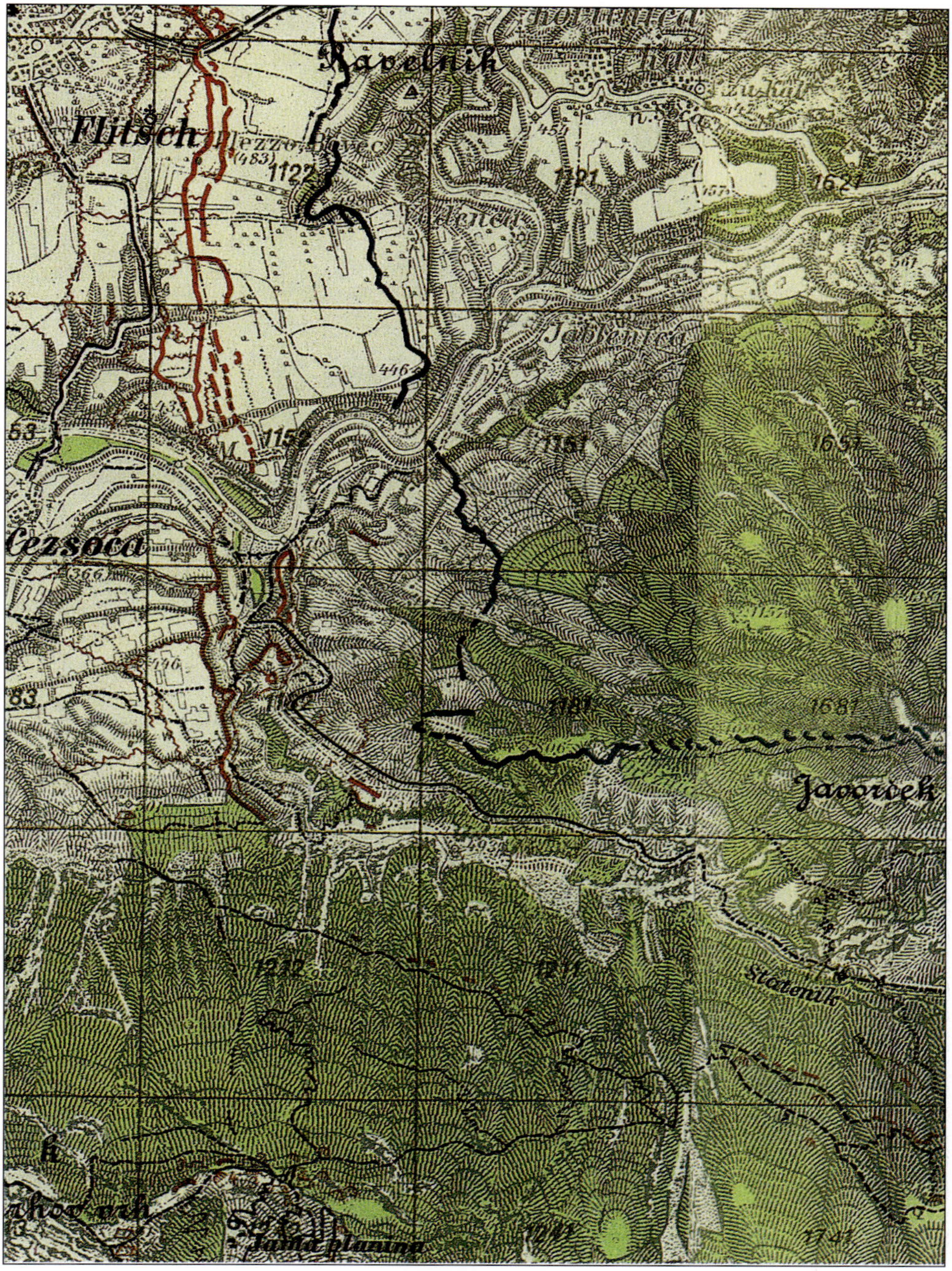

Kh 4

Ö.u. Hauptnachschubverbindung: Vom Trenta-Tal weiter im Lepena-Tal zur Pl. Golobar (1254 m) und Čez Utro (1317 m). Zahlreiche Front- und Saumwege (siehe T 58) führten zu den Höhenstellungen am Javoršček. Eine Stellungsseilbahn und mehrere Seilaufzüge entlasteten dann die Trägerkompanien etwas.

Granateinschlag

Blick vom Kozji breg (1288 m) in das Trenta-Tal und auf die Ortschaft Soča (Bildmitte unten), in der gerade eine ital. Granate einschlägt (BU)

Der italienische Frontverlauf: Kampflos besetzten am 23.8.1915 italienische Truppen das von Zivilisten und ö.u. Militär geräumte Flitsch und schoben sich ostwärts bis an den Rand des Beckens nahe an Ravelnik (549 m, T 5) und Stržišče heran.

Vom Čukla herabziehend erreichten die ital. Linien den nördlichen Rand des Flitscher Beckens, dort verliefen die ital. Linien parallel zu den ö.u. Gräben.

Nach Querung des Isonzo östlich des Dorfes Čezsoča verließen die ital. Stellungen das flachere Gelände des Flitscher Beckens und wandten sich dem einsamen und extrem steilen Slatenik-Graben zu. Diesem folgten sie auf den linksseitigen zu Rutschungen neigenden Hängen bergwärts in Richtung des Krasji vrh (1772 m), diesen Berg bauten die Italiener zu einem stark befestigten Stützpunkt mit zahlreichen Geschützkavernen aus, die teilweise auch direkt den Slatenik-Graben unter Feuer nehmen konnten.

Der Krasji vrh sollte dann dem späteren österreichischen Bundeskanzler Dr. Alfons Gorbach fast zum Verhängnis werden, da er als Einjährig Freiwilliger Zugsführer bei einem Angriff auf diesen Berg schwer verwundet wurde und ein Bein durch Amputation verlor.

Ital. Hauptnachschubverbindung: Von Drežnica (524 m, R 5) führten gut ausgebaute Saumwege über die Pl. Zapleč und die Pl. Zaprikraj bis zur Pl. Predolina (1205 m); ab dieser gingen dann zahlreiche Wege zu den einzelnen Höhenstellungen und zum Slatenik-Graben. Von der Pl. Predolina führte auch ein gut ausgebauter Kriegsweg (T 25) hinauf zum Krasji Vrh.

Ö.u. Stellung am Ravelnik, gegen die sich am 18.9.1915 besonders schwere Angriffe richteten

1915

Die italienischen Einheiten gingen auch im Isonzotal nur zögernd und langsam vor, ihre Artillerie nahm jedoch die ö.u. Stellungen am Ravelnik (T 5) und Stržišče, die vorwiegend vom k.u.k. Feldjägerbataillon Nr. 20 verteidigt wurden, unter heftigen Beschuss. Während immer wieder schwere italienische Angriffe sich ohne Erfolg vor allem gegen den Rombon- und Krn-Abschnitt richteten, lagen die ö.u. Linien um den Ravelnik unter schwerem Störfeuer. Häufig wurden ganze Grabenstücke eingeebnet, die in nächtlicher Arbeit mühsam neu ausgebaut werden mussten.

Am 15.9. erfolgte ein ital. Angriff gegen den Javoršček (T 12). Nach einem den ganzen Tag anhaltenden Kampf um den Gipfel wurden die Angreifer schließlich von den ö.u. Verteidigern im Handgranatenkampf wieder abgewiesen. Ein neuerlicher ital. Angriff auf breiter Front zwischen Ravelnik - Javoršček - Vršič am Folgetag konnte wiederum abgewehrt werden.

Javoršček, Gipfelstellung, ö.u. Kaverne, Sommer 2001 (MD)

HISTORISCHER TEIL   255

Auch in diesem Abschnitt setzte der Wintereinbruch größeren Kampfhandlungen ein Ende. Beide Seiten waren bemüht ihre Stellungen zu verstärken und auszubauen. Der weiße Tod hielt reiche Ernte auf beiden Seiten.

1916

Im Hochwinter erfolgten ö.u. Angriffe auch am Javoršček, die vor allem das Einbringen von Gefangenen zum Ziel hatten, um Aufklärung über die gegenüberliegenden Truppenteile zu erhalten. Die winterlichen Verhältnisse forderten jedoch bereits mehr Opfer durch Lawinenabgänge, Abstürze und Erfrierungen als die gegnerische Waffenwirkung.

Für die in Tirol geplante ö.u. Mai-Offensive musste die k.u.k. 10. Armee auch aus dem Abschnitt Flitsch kampferfahrene Truppen abgeben, die meist durch das alpine Gelände nicht gewohnte Einheiten mit älteren Jahrgängen ersetzt wurden. Auch eine zahlenmäßige Reduzierung musste in Kauf genommen werden. Zum Glück für die Verteidiger nahm die italienische Seite diese Chance für einen Angriff nicht wahr.

Ravelnik, Reserve-Unterkünfte

Sobald dann die Witterung größere Kampfhandlungen zuließ, begannen wieder die italienischen Offensiven zwischen Görz und dem Golf von Triest, die unter dem Begriff "Die Menschenmühlen des Isonzo" traurige Berühmtheit erlangten. Während die

6. Isonzoschlacht vom 4. bis zum 16. August 1916 am Karst tobte, herrschte im Raum Flitsch so genannter "Frontalltag", der das k.u.k. XV. Korps immerhin 57 Tote, 289 Verwundete, 32 Vermisste und 672 Kranke kostete.

In den drei Isonzoschlachten dieses Jahres verlor die italienische Armee 2464 Offiziere und 73.000 Mann. Die ö.u. Truppen verloren von September bis November dieses Jahres 2088 Offiziere und 100.000 Mann. Der Geländegewinn für die Angreifer betrug lediglich ein schmales Frontstück. Und dann begann der zweite Kriegswinter an der Südwestfront, der sein weißes Leichentuch über Mensch und Gelände ausbreitete.

Ö.u. Drahtseilbahnstation am Lipnik; Aquarell v. Prof. Constantin Damianos

1917

Auch der Frühling 1917 brachte keine Verlagerung der Schwerpunktbildung bei den italienischen Offensivbestrebungen, deren wichtigstes Ziel stets die Eroberung Triests war.

Im Spätherbst dieses Jahres konnte die k.u.k. Armee am Isonzo nun gemeinsam mit Kräften des verbündeten deutschen Heeres nach elf Isonzoschlachten endlich zur Offensive übergehen.

Die stark ausgebauten italienischen Stellungen am Vršič gaben bei einer kritischen Lagebeurteilung einem infanteristischen Angriff kaum Erfolgsaussichten. Deshalb griff man zum letzten Mittel im Gebirgskrieg, zur Gipfelsprengung durch ein Minenunternehmen. Der in dieser unterirdischen Kampfart besonders erfahrene Sappeur-Oberleutnant Albin Mlaker wurde aus Tirol geholt und mit der Durchführung betraut. Seine Sappeure bohrten den Minenstollen bis zur italienischen Gipfelstellung, unter der sich die Minenkammer befand. Am ersten Offensivtag am 24.10.1917 um 09.00 Uhr wurde die Mine gezündet, der ganze Gipfel des Vršič flog in die Luft und begrub die italienische Besatzung unter den Trümmern ihrer Stellung.

Vršič-Spitze, linker Flügel, Munitionsmagazin, im Hintergrund der Lipnik, 29.6.1916

Das 4. Bataillon des k.u.k. Infanterieregiments Nr. 7 "Graf v. Khevenhüller" erhielt den Auftrag, durch einen Angriff vom Javoršček bzw. dem Slatenik-Graben aus in Richtung des Krasji Vrh (T 25) die starken italienischen Kräfte zu binden, damit diese nicht als Verstärkung zur Abwehr des von k.u.k. GdI Alfred Krauß geplanten Talstoßes entlang des Isonzo in Einsatz kommen konnten.

Slatenik-Graben, Blick über das Flitscher Becken auf das Canin-Massiv (BU)

Am 24.10.1917 begann die ö.u. Offensive. Eisiger Wind fegte über die Berge, Schnee mit Regen vermischt fiel und dichter Nebel verhinderte immer wieder die Beobachtung. Hptm Eduard Barger, der Bataillonskommandant, führte seine Soldaten bereits am Abend des 23.10. durch das schwierige Gelände des Slatenik-Grabens (T 11) mit Hilfe von vorbereiteten Seilen und Leitern zu ihrem Bereitstellungsraum knapp vor den gegnerischen Stellungen. Hier mussten die Männer die ganze Nacht völlig durchnässt bei eisiger Kälte regungslos verharren, um sich nicht vorzeitig zu verraten. Erst um 09.30 konnte Barger das Signal zum Angriff geben. Über die extrem steilen Hänge griffen die Sturmwellen an und es gelang ihnen der Einbruch in die gegnerische Stellung, die sie im ersten Ansturm im Handgemenge zur Gänze aufrollten.

Bereits zu Mittag war die zweite italienische Linie im Besitz der Khevenhüller, während links und rechts der ö.u. Angriff ins Stocken kam. Wieder stand den Männern eine eisige Nacht im freien Gelände bevor und sie wähnten sich bereits vom Gegner eingeschlossen. Doch als die Morgendämmerung anbrach, hatten die Italiener ihre Stellungen von der Alm Jama und dem Polovnik befehlsgemäß geräumt, der Weg nach Karfreit war frei. Damit war das eingetreten, was Gen. Cadorna auf jeden Fall verhindern wollte; denn er schrieb später:

"Der Durchbruch über die Alm Zaprikraj und in die Doppelstellung, die das Tal des Isonzo abschloss, war ein dem IV. Korps versetzter folgenschwerer Schlag, der dem Feind den Weg nach Karfreit öffnete."

Die ö.u. Soldaten nahmen nun die Verfolgung der zurückgehenden italienischen Kräfte in Richtung Karfreit auf. Nach über zwei Jahren kehrte allmählich wieder Ruhe und Frieden in eine vom Krieg gezeichnete Landschaft ein.

C
Der Abschnitt Krn

Für den Raum des Isonzo sah die italienische Generalstabsplanung im Unterschied zu vielen anderen Gebieten sofort nach Eintritt des Kriegszustandes mit Österreich-Ungarn einen starken Offensivstoß vor. Eines der wichtigsten Ziele war die Inbesitznahme des Isonzotales zwischen Flitsch, Karfreit und Tolmein sowie des Rombon und des Krn-Massivs. Damit sollte die Ausgangsbasis für weitere Offensiven in Richtung Tarvis und Villach geschaffen werden.

Der ö.u. Frontverlauf: Javoršček (1560 m) - Lemež (2035 m) - Veliki Šmohor (1939 m) - Batognica (2165 m) - Peski (2176 m) - Maselnik (1903 m) - Stador (1899 m) - Sleme - Mrzli vrh (1359 m).

Ö.u. Hauptnachschubverbindungen: Für den rechten Flügel bis einschl. Javoršček - Lemež ab Bahnhof Kronau (R 16) über Mojstrovka-Pass - Trenta - Soča - Lepena-Tal mit Seilbahn und Straße (T 59)
Für den Abschnitt Šmohor - Batognica - Peski - Mrzli vrh ab Bahnhof Wochein-Feistritz - k.u.k. Heeresfeldbahn (R 17) bis Zlatorog am Wocheiner See (Ukanc/Zlatorog) - Straße und Seilbahn bis Bogatin (T 56) - Prehodel (T 45) - Peski (T 61) und Prehodel - Polog (R 11) - von hier weiter in Richtung Mrzli vrh (T 23), Vodel und Čadrg.

Der italienische Frontverlauf: Linksseitig Slatenik-Graben - Krasji vrh (1772 m, T 25) - Vršič (1897 m) - Potoče- Sattel/Čez potoče (1850 m) - Krn-Gipfel (2244 m, T 60) - Batognica (2165 m, T 61) - knapp unterhalb Gipfel des Mrzli vrh (1359 m).

Krn 2245 m

Aufnahmestandpunkt ö.u. Stellungen oberhalb Peski

Ital. Hauptnachschubverbindungen führten von Udine über Cividale und durch das Natisone-Tal nach Flitsch, von dort weiter zu den einzelnen Frontabschnitten.

Von Cividale nach Sužid auch Transport mit der Schmalspurbahn (R 4), ab hier ausschließlich Straßentransport nach Flitsch und weiter linksseitig des Isonzo nach Drežnica (R 5) oder zum Ort Krn (R 6a); von diesen beiden Orten stellten Saumwege und teilweise Kriegsseilbahnen die Verbindung zu den Höhenstellungen her.

1915

Nach Eintritt des Kriegszustandes beschränkten sich die italienischen Truppen zunächst auf die kampflose Inbesitznahme jener ö.u. Gebiete, die von den k.u.k. Kräften bereits geräumt waren. Die Verteidiger hatten sich auf die umliegenden Höhen und Berge zurückgezogen, die auch einem zahlenmäßig schwächeren Verteidiger durch die natürlichen Geländeschwierigkeiten eventuelle Chancen für einen erfolgreichen Widerstand anboten. Nicht unwesentlich zu dem zögernden Vorgehen trug das Verou. Stellung

sagen des italienischen Nachrichtendienstes bei, da die Befehlshaber mit viel stärkeren Kräften der ö.u. Verteidigung gerechnet hatten, als tatsächlich vorhanden waren.

General Etna, Kommandant der Alpini-Gruppen A und B hatte dann mit seinem Stab in Drežnica (siehe R 5) Quartier bezogen. Von hier aus erteilte er den Angriffsbefehl in Richtung Tolminka-Tal und Tolmein. Die Alpini-Baone Exilles und Pinerolo besetzten daraufhin den Kožljak (1587 m) und Pleče (1299 m), südlich des Krn-Gipfels gelegen. Am 31.5.1915 gelang es dem Alpini-Baon Susa den nur von einer ö.u. Kompanie verteidigten Vršič (1897 m) zu erobern, ö.u. Gegenangriffe durch das gebirgsungewohnte ungarische 4. Honvéd-Infanterieregiment scheiterten trotz aller Aufopferung. Die ö.u. Linien verliefen dann ungünstigst knapp unter dem nun italienischen Gipfel.

Dann richteten sich neue schwere italienische Angriffe ausgehend von der Ortschaft Krn gegen den Maselnik/Leskovški vrh (1903 m), die Alpe Sleme und den Mrzli vrh (1359 m, T 23). Sie alle scheiterten mit schweren Verlusten für beide Seiten.

Neuerliche ital. Angriffe zwischen dem 1. und 5. Juni endeten ohne jeden Erfolg wieder unter schweren Verlusten für die Angreifer. General Cadorna befahl unter dem Eindruck der wiederholten Misserfolge die sofortige Einstellung der Unternehmen gegen

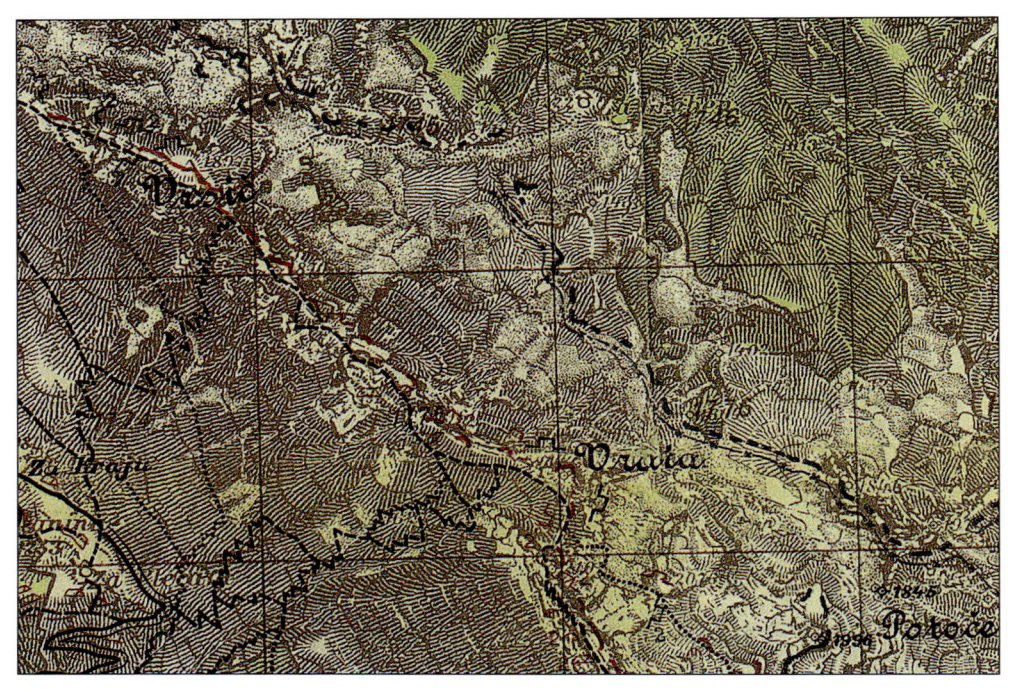

Kh 5

den Mrzli vrh. Dagegen ordnete er die Inbesitznahme des Krn als Schwerpunkt aller weiteren Angriffe an.

In der Nacht auf den 15. Juni 1915 überraschten zwei Alpini-Kompanien die ö.u. Gipfelbesatzungen - bergungewohnte Ungarn der Honvédregimenter 3 und 4 - auf dem Höhenzug nördlich des Krn. Fast ungehindert gingen die Alpini in Richtung des Potoče-Sattels (1850 m) vor, Spähtrupps drangen über den Vogel (1978 m) bis zum Lemež (2035 m) vor. Sie zogen sich aber wieder auf den Potoče-Sattel zurück. Die ö.u. Führung besaß in diesem Moment keine Eingreifreserven mehr. Eine militärische Katastrophe schien unvermeidlich, das österreichische Hinterland lag offen und ungeschützt für einen Angreifer da. Doch die Italiener gingen nicht weiter vor, da sie das befohlene Angriffsziel erreicht hatten und keine anders lautenden Befehle die Fronttruppe erreichten. Der k.u.k. Armeekommandant GdK Rohr befahl sofort nach Einlangen der Verlustmeldung das unbedingte Festhalten in der Linie Lemež - Šmohor - Krn-Sattel - Batognica.

Erst am 17. Juni stieg ein in Eilmärschen von der Ostfront herangeführtes Gebirgs-schützenbaon unter Major Trojer zur Duplje Planina auf. Am Folgetag besetzten sie den Lemež, damit war die ö.u. Frontlücke über dem Krn-See zum Šmohor wieder geschlossen. Die Alpini hielten dagegen den Potoče-Sattel bis zur 12. Isonzoschlacht am 24. Oktober 1917.

Bergstation der ö.u. Seilbahn Prehodel - Peski

Zum Krn hin mit seiner ausgeprägten und dominanten Gipfelformation über dem Isonzotal erstrecken sich von mehreren Seiten aufwärts verlaufende Höhenzüge. Diesen geländemäßigen Voraussetzungen maß General Cadorna besondere operative Bedeutung bei, die seine weiteren Entschlüsse maßgeblich beeinflussten. Dagegen beurteilte die ö.u. Führung fern des Geschehens um den Krn scheinbar die Lage nicht so kritisch. Ihr standen zur Verteidigung dieses hochalpinen Abschnittes allerdings nur bergungewohnte ungarische Einheiten zur Verfügung. Die Kondition und Kampfmoral der Honvéd-infanteristen war durch die Konfrontation mit dem alpinen Gelände an einem psychischen und physischen Tiefpunkt angelangt. Die Soldaten besaßen nicht mehr genug Kraft, um auch noch für Arbeiten verwendet zu werden. Material zum Hindernisbau stand nicht zur Verfügung, flüchtig aufgeschichtete Steine dienten lediglich als primitivste Deckung.

Gegen diese ö.u. Verteidiger traten in der Nacht zum 16. Juni 1915 besonders ausgesuchte und speziell ausgebildete Alpini-Formationen an. Sie stießen aus mehreren Richtungen vor, vom Vrata und Potoče gegen die Kote 2133, über den Kamm von Norden her und vom Kožljak über die Südhänge des Krn. Den Hauptstoß führte die 4. Kompanie des Alpini-Baons Exilles unter Hauptmann Vincenzo Albarello, die flankierend von den anderen Gruppen unterstützt werden sollte. Albarello hatte seinen Alpini befohlen die Rucksäcke mit Erde anzufüllen, damit sie in dem felsigen Gelände über einen Kopfschutz verfügen konnten. Als die italienischen Angreifer trotz des schwierigen steilen Geländes unbemerkt an die ö.u. Stellungen herangekommen waren, entschloss sich Albarello zu einem Überraschungsangriff, der auch gelang. Verzweifelt setzten sich die ö.u. Verteidiger im Nahkampf zur Wehr, doch nur wenige Überlebende konnten sich noch zur Batognica absetzen.

Kh 6

Eine dolinenartige Einsenkung in der vordersten ö.u. Linie war der so genannte "Kavernen-Hof", von ihm aus führten Stollen zu den Kavernen im Berginneren.

Nach diesem Erfolg ersuchte Albarello seinen Bataillonskommandanten, Oberstleutnant Pozzi, um die Genehmigung zur sofortigen Fortsetzung des Angriffs auf die Batognica. Doch Pozzi lehnte mit der Begründung ab, dass nur die Eroberung des Krn und nicht mehr befohlen sei. Damit gaben die Italiener die Chance des weiteren aktiven Handelns aus ihrer Hand und schufen so die Ausgangsbasis für den nun auch hier einsetzenden zermürbenden, verlustreichen Stellungskrieg.

Inzwischen marschierten lt. ital. Angaben 315 ö.u. Honvéd-Soldaten samt 14 Offizieren, unter ihnen auch der Kommandant Oberstleutnant Balogh als Kriegsgefangene über die Alm Zaprikraj hinab in das Isonzotal. Alle nun übereilt anbefohlenen ö.u. Gegenangriffe scheiterten trotz eigener Artillerieunterstützung, der wegen plötzlich aufgetretenen dichten Nebels eine gezielte Feuerleitung fehlte. Die österreichische Führung und vor allem die Frontsoldaten mussten sich nach dieser Niederlage mit den dadurch verursachten erschwerten Bedingungen für den gesamten Kampfabschnitt abfinden. Die italienische Seite hatte einen beachtlichen militärischen Erfolg errungen, den sie zwar nicht ausnützte, der aber von den positiven psychologischen Auswirkungen auf Front und Heimat noch weit übertroffen wurde. Dieser Sieg wurde nach der vorhergegangenen Serie von Misserfolgen von der Kriegspropaganda entsprechend ausgewertet.

Alice Schalek, die vom k.u.k. Pressehauptquartier als einzige Frau als Kriegsberichterstatterin zugelassen war, schrieb nach einem Frontbesuch im Krn-Abschnitt: *"Auf dem Krn lagen bergungewohnte Truppen, die so erschöpft hinaufgekommen waren, dass sie meinten, niemand außer ihnen könne 2200 Meter eines so trostlosen Weges ersteigen. Und da waren eines Tages plötzlich die Alpini da."*

Ö.u. Stellung Krn, Winter 1916

Nachdem sich der Krn-Gipfel in italienischer Hand befand, wurde er von ihnen fast festungsartig ausgebaut. Die weiteren wiederholten Kampfhandlungen konzentrierten sich vor allem auf den Stellungssektor zwischen dem Krn-Sattel, der Batognica und Peski, wo sich die Gegner stellenweise auf Handgranatenwurfweite gegenüberlagen. Nicht grundlos sangen dann die italienischen Soldaten: "*O Monte Nero, traditore de' vita mia...Oh Monte Nero, du Verräter meines Lebens...!*"

Während um den angrenzenden Tolmeiner Brückenkopf bis zum 1.12.1915 schwerste Kämpfe vom Mrzli vrh bis zur Mengore tobten, herrschte am Krn Frontalltag mit kleineren Geplänkeln und Minenwerfer- sowie Artilleriebeschuss, der die Besatzungen nie zur Ruhe kommen ließ und immer wieder neue Verluste verursachte.

1916

Allmählich und relativ spät kehrte der Frühling auch in das Hochgebirge zurück. Die winterlichen Verhältnisse forderten zahlreiche Opfer, so verlor das k.u.k. XV. Korps bis Mitte März 600 Lawinentote. Fast schwieriger als der Kampf mit dem Gegner gestaltete sich Nachschub und Versorgung. Schneeverwehungen unterbrachen Verbindungen, Wege und Seilbahnen. Trotz akuter Lawinengefahr mussten die Trägerkolonnen marschieren, um die Höhenstellungen nur mit dem Allernotwendigsten zu versehen. Die Kampfhandlungen ruhten trotzdem niemals zur Gänze.

Deshalb wurde das Schwinden des Schnees von den Soldaten auf beiden Seiten der Front überall begrüßt, auch wenn man wusste, dass damit das Aufleben der Kampfhandlungen verbunden war. Denn es bedeutete Hoffnung auf ab und zu wärmende Sonnenstrahlen, trockenere Schuhe und Uniformen und nicht ständig des weißen Todes gewärtig zu sein.

General Cadorna war wegen der Nachwirkungen des Winters im Gebirge gegen einen zu frühen Zeitpunkt einer neuerlichen Offensive. Doch das französische Oberkommando drängte ihn wegen der deutschen Angriffe auf Verdun zu einem raschen Offensivbeginn, da man sich dadurch eine Entlastung der eigenen Westfront erwartete. Cadorna überließ seinen Befehlshabern aus der sich für ihn daraus ergebenden Zwangslage heraus die Wahl ihrer Offensivziele statt ihnen diese vorzugeben. Unter diesen ungünstigen Voraussetzungen trat die italienische Armee zwischen dem 11. und 16. März zur 5. Isonzoschlacht an, die auch ohne entscheidendes Ergebnis endete.

Im Hochsommer, während die Sonne glühend auch auf die Karsthochfläche niederbrannte, kam es zwischen 4. und 16.8.1916 zur sechsten Isonzoschlacht, in deren Verlauf der bisher erbittert verteidigte ö.u. Görzer Brückenkopf von den Italienern eingenommen wurde. Von den ca. 18.000 ö.u. Verteidigern konnten nur etwa 2.000 noch das linksseitige Ufer des Isonzo erreichen. Die ö.u. Verteidigungslinie verlief nun östlich des Isonzo über Vodice, Monte Santo (R 9b) und M. San Gabriele (T 67), weiter über den Karst bis zum Golf von Triest nahe Duino.

Aber bereits vom 14.9. bis 4.11.1916 folgten weitere für beide Seiten verlustreichste Schlachten. In dieser Zeit verlor die k.u.k. Armee über 100.000 Mann und mehr als 2.000 Offiziere, das italienische Heer ca. 73.000 Soldaten und über 2.500 Offiziere.

Im Abschnitt Krn und Flitscher Becken fanden in diesem Zeitraum Demonstrationsangriffe und örtlich begrenzte Unternehmen statt.

Ö.u. Stellungen auf Peski, Frühjahr 1916

Bilder, die sich gleichen – Frontalltag
Im Vordergrund rastet ein bosnischer Tragtierführer mit seinen beiden Pferden, in der Mitte einsame Soldatengräber

HISTORISCHER TEIL 269

Batognica, 2163 m

1917

Den vergangenen Winter hatten beide Gegner genützt, um Verstärkungen heranzuführen. Die italienische Seite besaß den Vorteil auf ein starkes industrielles Potential zurückgreifen zu können, auch die Waffenlieferungen seiner Verbündeten wirkten sich immer stärker aus. So konnten 262 neue ital. Batterien an die Front in Marsch gesetzt werden. Bei der k.u.k. Armee machte sich dagegen nicht nur der Rohstoffmangel vermehrt bemerkbar, sondern auch die personellen Reserven waren aufgrund der bisherigen Verluste fast erschöpft. Unter diesen Voraussetzungen begann am 12. Mai 1917 die 10. Isonzoschlacht, bei der auch die Eroberung des ö.u. Tolmeiner Brückenkopfes eines der Hauptangriffsziele bildete.

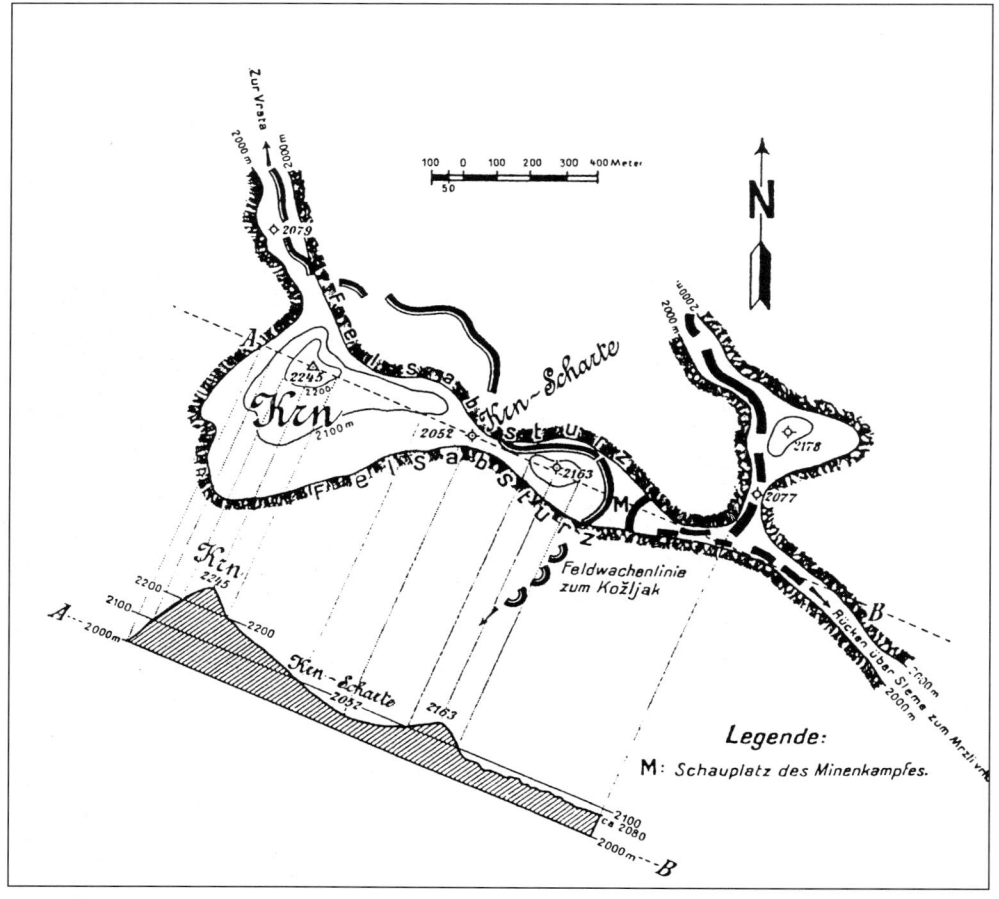

Die beiden Gegner lagen sich auf dem schmalen Felsrücken auf knappester Distanz gegenüber (aus Mil. Wiss. Mitteilungen, Heft 1936)

Unterdessen hielt der über zweijährige Kampf im Abschnitt Batognica - Peski unvermindert an. Immer tiefer bohrten und gruben sich beide Seiten in den schützenden Fels. Plötzlich stand das Schreckgespenst des Minenkrieges vor den ö.u. Verteidigern auf der Batognica. Mehrere vorhergegangene Gipfelsprengungen in Tirol hatten schon die schrecklichste Form des modernen Gebirgskrieges gezeigt, die immer näher kommenden unterirdischen Bohrgeräusche eines unsichtbaren Gegners.

Schon Anfang Juni 1917 waren in den ö.u. Stellungen auf der Batognica vermehrt Bohrgeräusche und Bohrschüsse zu vernehmen, Letztere versuchten die Italiener durch gleichzeitiges Abfeuern von Minenwerfern zu verschleiern.

Aufgrund der diesbezüglichen Meldungen wurde dem Krn am 10.7. eine k.u.k. Sappeur-Horchpatrouille zugewiesen. Bereits am 22.7. gelang es Arbeiten an einem italienischen Minengang festzustellen. Dieser schien von der Mitte der ö.u. Stellungen in einer Tiefe von 6-8 m unter der Oberfläche sowie ca. 20 m entfernt zu sein. Der Kommandant der k.u.k. 50. Infanteriedivision GM Geřabek erwirkte die Zuweisung einer Sappeurabteilung mit einem Bohrzug und fünf Horchapparaten. Kommandant der Sappeure war Oblt Gjuro Hoffmann des Sappeurbataillons 13, dieser bestätigte am 25.7. die Richtigkeit der bisherigen Horchmeldungen.

Daraufhin orientierte sich GM Geřabek am 1.8. persönlich im Stollen und billigte den Vorschlag von Oblt Hoffmann, offensiv den eigenen Minenstollen voranzutreiben.

Ö.u. Soldaten beim Stollenbau auf Batognica, August 1917

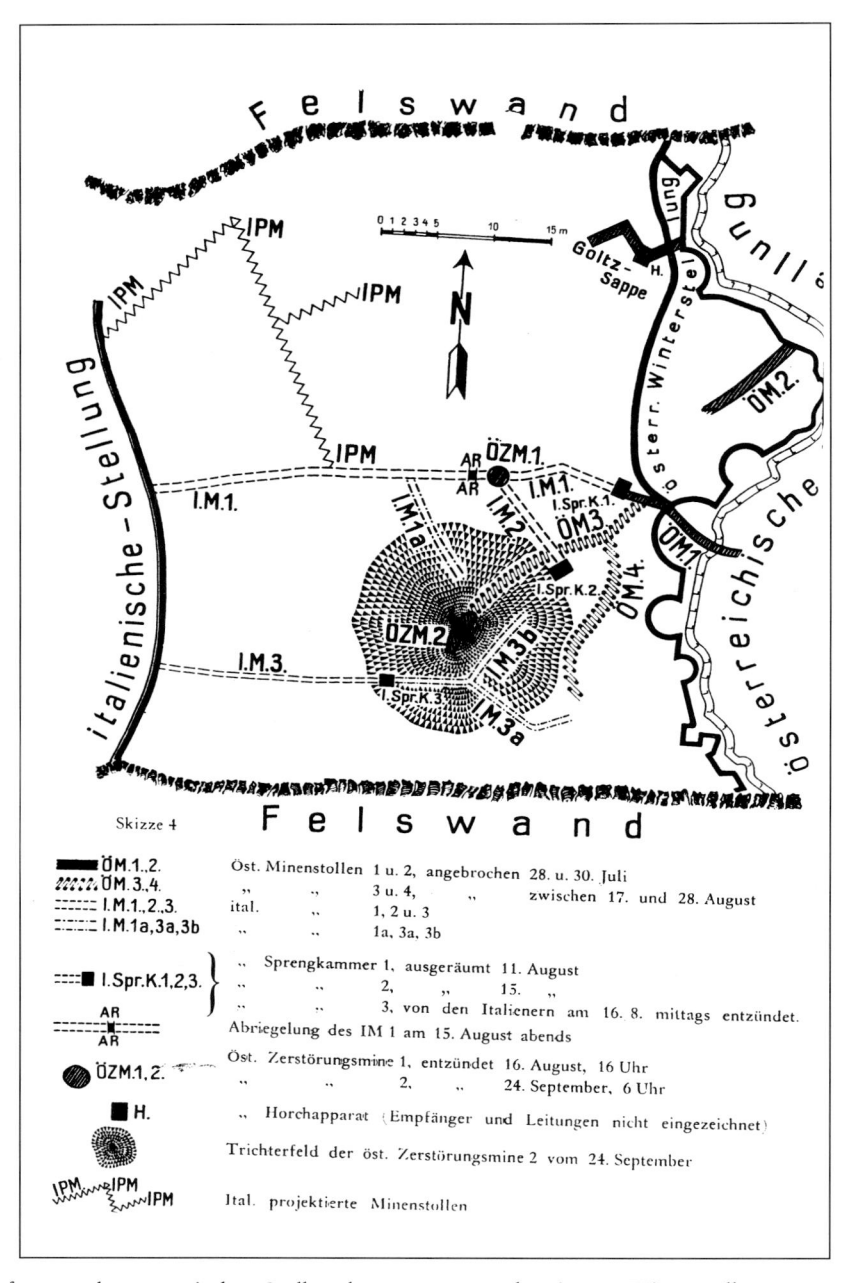

▬▬ ÖM.1.,2.	Öst. Minenstollen 1 u. 2, angebrochen 28. u. 30. Juli	
⋙ ÖM.3.,4.	" " 3 u. 4, " zwischen 17. und 28. August	
------ I.M.1.,2.,3.	ital. " 1, 2 u. 3	
≡≡≡ I.M.1a,3a,3b	" " 1a, 3a, 3b	
≡≡■ I.Spr.K.1,2,3.	" Sprengkammer 1, ausgeräumt 11. August	
	" " 2, " 15. "	
AR ----+---- AR	" " 3, von den Italienern am 16. 8. mittags entzündet.	
	Abriegelung des IM 1 am 15. August abends	
● ÖZM.1, 2.	Öst. Zerstörungsmine 1, entzündet 16. August, 16 Uhr	
	" " 2, " 24. September, 6 Uhr	
■ H.	" Horchapparat (Empfänger und Leitungen nicht eingezeichnet)	
(spiral)	Trichterfeld der öst. Zerstörungsmine 2 vom 24. September	
IPM⌇⌇IPM⌇⌇IPM	Ital. projektierte Minenstollen	

Die Entfernung des gegnerischen Stollens betrug nun von der eigenen Winterstellung 4 m und von der Sommerstellung etwa 13 m. Außerdem wurde das Vorhandensein eines zweiten Stollens etwas südlicher festgestellt (aus Mil. Wiss. Mitteilungen, Heft 1936)

Am 11.8. bemerkten die im Stollen 1 arbeitenden Sappeure nach einer eigenen Bohrlochsprengung an der Decke des eigenen Stollens Bretter und einen Holzrahmen herausragen. Der eigene Stollen musste das Ende des italienischen Stollens erreicht haben, denn die Holzstücke 9 m unter der Oberfläche konnten von nichts anderem herrühren.

In unermüdlichem härtestem Einsatz räumten die Sappeure die italienische Minenkammer aus und bargen so den gesamten Sprengstoff nur durch ein schliefbares Loch der Minenkammer. Welchen psychischen und physischen Belastungen die Sappeure bei dieser Arbeit in dem engen Stollen fast ohne Frischluft ausgesetzt waren, kann man nur erahnen.

Erstaunlicherweise zeigten die Italiener zunächst keine Reaktion auf die Räumung ihrer Minenkammer. Erst am 15.8. um 10 Uhr hörte man Stimmen hinter der italienischen Sandsackwand. Die ö.u. Sappeure begannen sofort die Wand wegzuräumen, um 13 Uhr war sie beseitigt. Oblt Hoffmann feuerte mit seiner Pistole einige Schüsse in den gegnerischen Stollen, darauf riefen die Italiener um Handgranaten. Hoffmann drang etwa 11 m weiter in den gegnerischen Stollen vor und verbarrikadierte ihn an dieser Stelle mit herumliegenden Sandsäcken.

Daraufhin versuchte der Gegner die ö.u. Sappeure durch Maschinengewehrfeuer niederzukämpfen. In diesem kritischen Moment schleppte Stabsfeldwebel Ratzl (IV.Baon IR 80) ein Maschinengewehr durch den Stollen nach vorne und nahm den Feuerkampf in der Finsternis des Stollens auf. Er brachte den Gegner zum Schweigen.

Inzwischen bemerkte Oblt Hoffmann den halb verschütteten Eingang zum zweiten Stollen. Er durchschnitt sofort die Zündleitung und ließ die zweite ebenfalls voll geladene Minenkammer räumen. Die stickige Luft im Stollen war nun zusätzlich noch von Pulverdampf durchsetzt, die Soldaten konnten nur mit Gasmasken arbeiten. Zwölf Mann brachen bewusstlos zusammen und mussten durch andere ersetzt werden. Auch der Divisionär GM Geřabek eilte sofort in den Stollen und blieb lange bei den Räumungsarbeiten, die erst am 16.8. beendigt wurden. Der Minenstollen wurde dann abgemauert. Aber der Minenkrieg war damit noch nicht beendet.

Ende August stand fest, dass die Italiener neuerlich mit Minierarbeiten begonnen hatten und gegen den linken Flügel der ö.u. Stellungen vorgingen. Am 23.9. schätzte Oblt Hoffmann die Entfernung zu den eigenen Stollen nur mehr auf etwa 2 ½ m. Er entschloss sich zur raschen Vernichtung des gegnerischen Stollensystems. In die Minenkammer am Ende des Stollens ÖM3 (siehe Skizze) wurden in 12-stündiger Arbeit 4.100 kg erbeuteten italienischen Sprengstoffes gebracht. Punkt 6 Uhr am 24.9. erfolgte die Zündung der Mine. Der dabei entstandene Trichter hatte eine Tiefe von 19 m und eine Breite von 20 m. Die beiderseitigen Stollen waren eingestürzt. Der Minenkampf fand damit ein Ende und eine ständige akute Gefährung des gesamten Abschnitts war beseitigt.

Heute aber ruhen noch italienische Soldaten unter den Trümmern ihrer einstigen Stellung. Oblt Gjuro Hoffmann erhielt die höchste Auszeichnung, die in Österreich-Ungarn verliehen werden konnte, den Militär-Maria-Theresien-Orden.

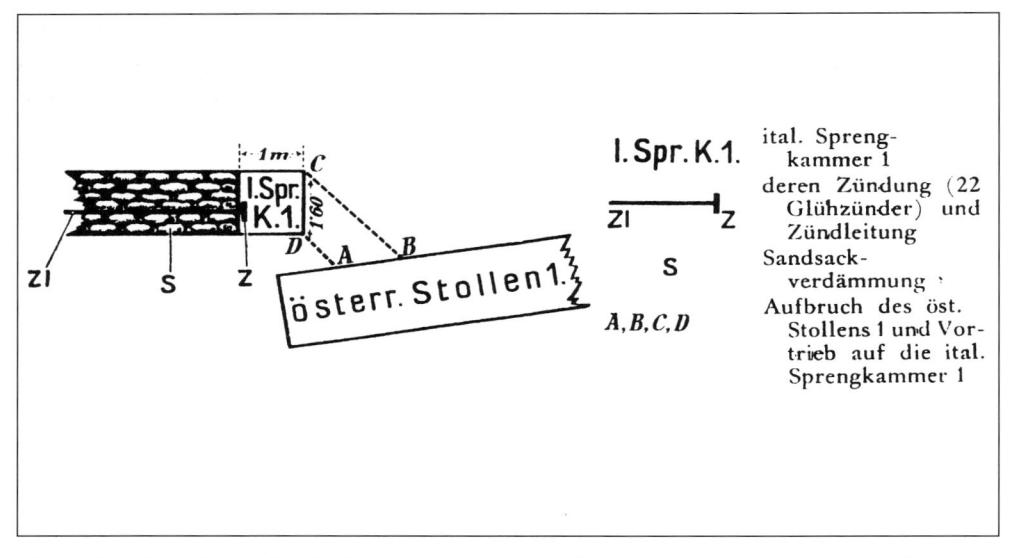

```
                    I. Spr. K.1.         ital. Spreng-
 ⟵1m⟶ C                                    kammer 1
 ▓▓▓▓ I.Spr.      ZI ━━━━━ Z           deren Zündung (22
 ▓▓▓▓ K.1.                                Glühzünder) und
       D  A  B              S             Zündleitung
ZI  S  Z                              Sandsack-
    österr. Stollen 1.                    verdämmung
                            A,B,C,D   Aufbruch des öst.
                                          Stollens 1 und Vor-
                                          trieb auf die ital.
                                          Sprengkammer 1
```

Mit größter Vorsicht wurden die Arbeiten im eigenen Stollen nun nach oben fortgesetzt und in einer Distanz von 1-1 ½ m stieß man auf die bereits vollkommen geladene und fertig zur Sprengung justierte italienische Minenkammer mit einer Sprengladung von ca. 2.000 kg Sprenggelatine
(aus Mil. Wiss. Mitteilungen, Heft 1936)

Einen Monat später begann die Herbstoffensive 1917, die den Durchbruch der Verbündeten zwischen Flitsch und Tolmein einleitete. Die italienischen Truppen des Abschnitts Krn räumten dann befehlsgemäß ihre Stellungen. Der Großteil von ihnen geriet aber in ö.u. Gefangenschaft, da ihnen bei Gabrje die verfrühte Sprengung der ital. Kriegsbrücke über den Isonzo den Rückzug abschnitt (siehe R 6 unter Gabrje).

in Zementmörtel verlegt.

D
Dem Tolmeiner Brückenkopf und seine südlichen Nachbarabschnitte

Dem Tolmeiner Brückenkopf kam eine besondere strategische Schlüsselfunktion zu. Denn bei Sta. Lucia-Tolmein münden das Bača- und das Idrijca-Tal - zwei wichtige Einbruchspforten in das damalige ö.u. Hinterland - in das Isonzotal. Außerdem, sperrte der ö.u. Brückenkopf die ungehinderte Kommunikation der italienischen Truppen entlang des Isonzo ober- und unterhalb von Tolmein. Deshalb entbrannten hier in der Folge erbitterte Kämpfe, bei denen oft unter schwersten Verlusten um jeden Meter Boden gerungen wurde.

Die ö.u. Isonzofront

wies in ihrem gesamten Verlauf nur zwei Punkte am rechten Ufer auf. Es waren dies der Görzer und der Tolmeiner Brückenkopf. Während der Raum um Görz im Zuge der 6. Isonzoschlacht am 7.8.1916 von den ö.u. Truppen geräumt wurde, blieb der Tolmeiner Brückenkopf trotz wiederholter starker ital. Angriffe stets in ö.u. Hand. Ihre Linien verliefen vom Mrzli Vrh (1359 m, T 23) - Vodel (1053 m, T 35) - Dolje (210 m, R 6) - den Isonzo querend oberhalb Modrejce (R 9a) - Woltschacher Feld mit Mengore (T 34) und den Veliki vrh (Kote 588) - Kosaršče (R 9) und schließlich den Isonzo linksseitig abwärts vom Dorf Gorenji Log bis Avče. Erst im Zuge der 11. Isonzoschlacht (18. 8.- 15.9.1917) gelang den ital. Verbänden ein tieferer Einbruch im Raum der Hochfläche von Bainsizza, wodurch in der Folge auch der Monte Santo (R 9b) von den k.u.k. Truppen geräumt werden musste.

Ö.u. Hauptnachschubverbindungen
Vom Save-Tal die Bahnlinie Assling/Jesenice - Veldes/Bled (R 17) - Wochein Feistritz/Bohinjska Bistrica - Wocheiner Tunnel - Podmelec (R 8) und je nach Frontlage zunächst bis Sta. Lucia-Tolmein/Most na Soči, später dann nur mehr bis Hudajužna oder Podmelec. Oder vom Endbahnhof Haidenschaft/Ajdovščina (R 10) mit Seilbahn oder auf der Straße nach Idrija und weiter durch das Tal der Idrijca nach Sta. Lucia-Tolmein.

Der italienische Frontverlauf

Unterhalb des Gipfels Mrzli vrh - Gabrje (200 m, R 6) über den Isonzo zum Woltschacher Feld/Volčansko polje (R 1b) - östl. der Kirche Sv. Daniel - Woltschach, zunächst den Isonzo rechtsseitig abwärts; späterer Frontverlauf über die Hochfläche von Bainsizza.

Die ital. Hauptnachschubverbindung
führte durch das Natisone-Tal (R 4) nach Karfreit und den Isonzo abwärts zum Woltschacher Feld (R 1, R 1b).

Der Tolmeiner Brückenkopf von der Mengore aus gesehen, im Mittelgrund Tolmein und der Schlossberg, dahinter Vodil und Mrzli vrh

1915

Gleich nach Kriegsbeginn rechnete das k.u.k. AOK nur mit der Möglichkeit, ab einer Linie Tolmein - Vogel (T 47) erfolgreich die Verteidigung aufnehmen zu können. Doch das zögernde Vorgehen der italienischen Kräfte, die sich hier zunächst vor allem auf die Befestigung des langgestreckten Kolovratrückens konzentrierten, ermöglichte der ö.u. Seite die Bildung des Tolmeiner Brückenkopfes. Er umfasste Teile des Woltschacher Feldes, welches terrassenförmig zwischen den Bächen Kamnica und Hotevlja zum Isonzo abfällt.

Nur zögernd überschritten italienische Verbände auch unterhalb von Karfreit den Isonzo und drangen bis zur kleinen Ortschaft Dolje (R 6) vor, die von ö.u. Soldaten verteidigt wurde. Unterdessen begann die ital. Artillerie das Gelände um Sta. Lucia-Tolmein unter immer heftigeres Feuer zu nehmen. Der Kommandant der k.u.k. 58. Gebirgsbrigade Oberst Stauffer und 13 seiner Offiziere fielen einem Granatvolltreffer zum Opfer.

Mehrfache ital. Infanterieangriffe gegen den Tolmeiner Brückenkopf scheiterten jedoch unter schweren Verlusten, ebenso der ital. Ansturm am 29.5.1915 gegen die

Pl. Sleme (T 35). Doch die italienischen Angriffe wiederholten sich kurz danach mit unverminderter Zähigkeit. Am 1.6.1915 gelang es dem k.u.k. III. Bataillon des IR 46 unter Oberstleutnant Paul Rizzetti, die kurz zuvor verloren gegangene Kote 1186 im Abschnitt Mrzli vrh wieder in ö.u. Besitz zu bringen und drei ital. Kompanien und eine Maschinengewehrabteilung zum Rückzug zu zwingen. Die schweren Nahkämpfe forderten allerdings einen hohen Blutzoll von beiden Seiten. Auf ö.u. Seite fielen 4 Offiziere und 24 Soldaten, 64 Soldaten wurden verwundet. Der ö.u. Versuch weiter in Richtung des Kožljak vorzugehen musste angesichts der Geländeschwierigkeiten aufgegeben und der Rückmarsch zur Pl. Sleme angetreten werden. Dabei gerieten sie in heftiges flankierendes Feuer der Alpini vom Rdeči rob her. Das Bataillon stürmte darauf die gegnerische Stellung, wobei Oberstleutnant Rizzetti an der Spitze seiner Truppe fiel.

Alpini und Bersaglieri griffen in der Folge wiederholt vergebens die steilen Hänge des Vodel und Mrzli vrh (T 23) an, ebenso den Tolmeiner Brückenkopf. Bei den sechstägigen Kampfhandlungen bis 5.6.1915 verloren die k.u.k. Verteidiger an Toten 6 Offiziere und 235 Mann, als Verwundete fielen 1128 Mann aus, als vermisst wurden 252 Mann gemeldet.

Am 9.9. und am 12.9. - elf Mal an diesem Tag - stürmten Soldaten des IV. ital. Korps gegen den Tolmeiner Brückenkopf. Doch ihr Opfergang war vergebens, alle Versuche den Brückenkopf einzunehmen scheiterten im ö.u. Abwehrfeuer.

Bučenica — Sveti Urh/St. Ulrich

K.u.k. Kaserne Tolmein, erbaut 1911-1912, nach 1918 italienische Kaserne, nach 1945 jugoslawische Kaserne, in Slowenien Lager für Bosnien-Flüchtlinge; im Mittelgrund Sveti Urh/St. Ulrich mit Kalvarienberg; im Hintergrund die Bučenica

Trotz des Einsetzens herbstlichen Schlechtwetters befahl das ital. Oberkommando die Fortsetzung der Angriffe. Das k.u.k. XV. Korps meldete zwischen 21.9. und 14.10. an Verlusten 650 Tote, 2000 Verwundete und 260 Vermisste.

Vom 13. - 21.10. erfolgten schwere ital. Angriffe zwischen der Adria und dem Krn. Sie brachten jedoch keinerlei nennenswerte Erfolge. Am 22.10. richteten sich weitere schwere Angriffe von Truppenteilen der ital. 17. ID gegen den Mrzli vrh (T 23), der von Einheiten der k.u.k. 15. Gebirgsbrigade unter Oberst Heinrich von Wieden verteidigt wurde, diese wurden ebenso abgewiesen wie neuerliche Angriffe gegen die Mengore. Am 24.10. wurde der von den Italienern im Nahkampf eroberte Weiler Dolje nahe von Tolmein wenige Stunden später wieder im Gegenstoß zurückerobert (R 6). Auch am 26.10. scheiterten ital. Angriffe gegen den Tolmeiner Brückenkopf. Am 27.10. wurden trotz einsetzendem Schneefall im Gebirge massierte Angriffe zwischen Mrzli vrh und Dolje unternommen, wobei der Weiler Dolje drei Mal vergebens angegriffen wurde. Auf dem Mrzli vrh gelang es den Angreifern die östlichen ö.u. Gräben im Gipfelbereich im Sturm zu nehmen. Jedoch noch vor Mitternacht dieses Tages gelang es Reserven der k.u.k. 3. und 4. Gebirgsbrigade die verlorenen Stellungen im Nahkampf zurückzuerobern. Am 29.10. stellten ö.u. Soldaten die frühere Lage zur Gänze wieder her.

Von 25. - 30.10. verlor das k.u.k. XV. Korps 900 Tote, 2800 Verwundete und 300 Vermisste. Dann beendete der Winter das blutige Ringen auch in diesem Abschnitt.

HISTORISCHER TEIL   279

Tolminka-Tal   Mrzli vrh   Vodil   Tolminka-Fluss

Tolmein, zerstörte Brücke
über die Tolminka

Die Brücke zum k.u.k.
Gruppenkommando unter
schwerem italienischem
Artilleriefeuer, 3.5.1916

Der Gipfel des Mrzli vrh

Italienische Gefangene hinter der vordersten Linie, Mrzli vrh

1916

Während in der Hochregion die Schneewechten drohend über den Kämmen und Graten des Krn-Massivs hingen und der Nordsturm Schneefahnen um die Gipfel wirbelte, befiel die höheren k.u.k. Stäbe unten im Tal eine hektische Betriebsamkeit. Besonders frontbewährte Kompanien wurden abgelöst und traten den Marsch Richtung Tolminka-Tal an. Doch statt der erhofften Ruhepause stand Exerzieren auf den Wiesen um das Dorf Ljubinj am Dienstplan. Schließlich wurden die größten und am strammsten aussehenden Soldaten für eine Ehrenkompanie ausgewählt. In den Bereichen, wo nur die kleinste Möglichkeit der Sicht durch einen italienischen Beobachter bestand, wurden alle Straßen sorgfältig getarnt.

Am 12.1.1916 trat die Ehrenkompanie in voller Kampfadjustierung an und jetzt erfuhren die Soldaten vom angekündigten Besuch des Thronfolgers Erzherzog Karl, dem späteren Kaiser. Als die Autokolonne aus Richtung Podmelec (R 8a) angekommen war, erfolgte die Besichtigung der Kompanie. Dann fuhr der hohe Besuch mit dem Divisionskommandanten noch ein Stück talwärts, von wo sich ein Überblick über den Tolmeiner Brückenkopf anbot. Danach marschierte die Ehrenkompanie wieder an die Front und der Thronfolger kehrte mit seinem Sonderzug in das Armeehauptquartier zurück.

Anfang Februar 1916 beschlossen die Soldaten der k.u.k. 3. Gebirgsbrigade eine würdige Gedenkstätte für ihre vielen gefallenen Kameraden zu errichten. Die Entscheidung fiel zugunsten des Baues einer Kirche direkt hinter der vordersten Front. Die Verantwortlichen wählten die damals aktuelle Bauweise im so genannten Jugendstil. Mitten in der Notzeit des Krieges von Soldatenhänden erbaut, mahnte sie durch ihr Symbolzeichen "PAX" zum Frieden; Näheres über die Erbauung siehe bei T 36.

Anfang Februar lebte auch die Kampftätigkeit im Bereich der k.u.k. 8. Gebirgsbrigade im Abschnitt des Tolmeiner Brückenkopfes besonders um die Stellungen zwischen Čeginj und Sela wieder auf. Hier gelang es ö.u. Kräften die Italiener aus den im August 1915 verloren gegangenen Stellungen wieder zurückzudrängen. Die Gefechtstätigkeit kam in der Folge zwischen Mrzli vrh und Woltschacher Feld nie gänzlich zum Ruhen.

Entgegen seiner eigenen Lagebeurteilung musste General Luigi Cadorna auf Druck seiner französischen Verbündeten, die sich dadurch eine Entlastung ihrer eigenen Westfront bei Verdun erhofften, verfrüht den Befehl zum Beginn der 5. Isonzoschlacht erteilen. Vom 11. bis 16. März griff die 2. und 3. italienische Armee zwischen Görz und Tolmein an. Das italienische Oberkommando hatte in seinem Durchführungsbefehl den beiden Armeekommandanten die Wahl ihrer Angriffsziele mehr oder weniger freigestellt. Bedingt durch die fehlende klare Befehlsgebung erfolgten statt einem gezielten koordinierten kraftvollen Offensivstoß nur lokal begrenzte Unternehmen je nach Auffassung der beiden Armeekommandanten. Dadurch war das grundsätzliche Scheitern dieser Offensive schon zu Beginn vorprogrammiert. Trotzdem betrugen die italienischen Verluste 5000 Mann und die der ö.u. Soldaten 2000.

Ö.u. Batterie-Stellung am Tolmeiner Schlossberg

Unterdessen deuteten immer stärker werdende ö.u. Truppenzusammenziehungen in Tirol auf ein größeres Offensivvorhaben durch das AOK in diesem Raum. Um die erforderliche Stärke der Offensivverbände zu erreichen, mussten Kräfte von anderen Kriegsschauplätzen und Fronten abgezogen werden. Auch bei der k.u.k. 10. Armee verließen starke kampferprobte Infanterie-Baone, Regimenter und Batterien die Isonzofront und wurden im Bahnmarsch nach Tirol verlegt. Als Ersatz trafen meist weniger gebirgserfahrene Truppen ein, die sich oft aus älteren Jahrgängen rekrutierten. Erstaunlicherweise nützte das italienische Oberkommando diese personelle und materielle Schwächung der ö.u. Isonzofront nicht aus, die ihm natürlich bekannt sein musste.

Um von ihren Offensivvorbereitungen abzulenken befahl das AOK die Durchführung von Täuschungsangriffen von der Karnischen Front bis zum Isonzo. Auch diese konnten dem Comando Supremo nicht die wahren Absichten verschleiern, sie forderten nur unnötige zusätzliche Verluste.

Starke Schneefälle erforderten eine Verschiebung des ö.u. Offensivbeginns. Erst am 16.5. gestattete klare Sicht den Beginn des von den Österreichern als "Mai-Offensive" und von den Italienern als "Strafexpedition" bezeichneten Vorstoßes im Raum der Hochfläche der Sieben Gemeinden/Sette Comuni. Dieser kam jedoch vor dem letzten Schritt der k.u.k. Truppen in die oberitalienische Tiefebene zwischen dem M. Pasubio

HISTORISCHER TEIL 283

Für durchmarschierende Truppen oder Soldaten, die auf kurze Zeit zur Retablierung (Erholung) von der Front abgelöst wurden, richtete man Soldatenheime ein, wie hier in Santa Lucia-Tolmein

und Asiago am 29.5. zum Stillstand, als die Brussilow-Offensive die Entsendung starker ö.u. Kräfte an die gefährdete Ostfront verlangte.

Dann wandte sich der Schwerpunkt der Kämpfe wieder der Isonzofront zu. Am 6. August begann die 6. Isonzoschlacht, bei der sich die italienischen Angriffe auf den Görzer Brückenkopf konzentrierten. Nachdem es den Italienern gelungen war, den Monte San Michele und den M. Sabotino, die schwer umkämpften wichtigen Höhen um Görz zu erstürmen, musste am 8.8. die Räumung des Görzer Brückenkopfes durch die k.u.k. Truppen auf das linke Isonzoufer befohlen werden. Damit war am rechten Ufer des Isonzo nur mehr der Tolmeiner Brückenkopf im ö.u. Besitz, dem dadurch eine noch wesentlich erhöhte Bedeutung zukam.

Ab 10.9. deutete das ständig zunehmende italienische Artilleriefeuer auf eine neue Offensive hin, diesmal in Richtung auf das Plateau von Komen. Ab dem 16.9. verlagerte sich die Hauptstoßrichtung der italienischen Angriffe zum südlichen Flügel der Karstfront. Nach knapp einer Woche waren die Kräfte von Angreifern und Verteidigern jedoch so erschöpft, dass die 7. Isonzoschlacht endete.

Trotzdem begann am 9.10. die 8. Isonzoschlacht. General Cadorna war es gelungen die noch vorhandenen personellen und materiellen Ressourcen neu zusammenzufassen. Der Schwerpunkt lag vor allem längs der Straße nach Doberdò. Doch neuerlich erzwangen schwere Verluste die Einstellung der Offensive.

Brückenkopf Tolmein, Frontalltag – ö.u. Soldaten beim Gewehr reinigen

Die bevorstehende Einberufung des italienischen Parlaments bewog Cadorna zur Fortsetzung der Offensiven, um auch den für die politische Ebene dringend notwendigen militärischen Erfolgsnachweis zu erbringen. Am 1.11.1916 richtete sich der italienische Hauptangriff gegen den Raum um Kostanjevica, erst bei Hudilog konnte der Ansturm der Italiener unter Aufbietung der letzten ö.u. Reserven aufgehalten werden. Am 3.11. endete aber auch diese Offensive.

Der optische und politische Erfolg blieb für beide Seiten gleich. Italiener und Österreicher wurden von ihren jeweiligen Verbündeten nur milde belächelt, niemand war bereit anzuerkennen, dass hier Offensiven stattfanden, die den viel zitierten Materialschlachten im Westen in nichts nachstanden (siehe T 67).

Im Abschnitt des Görzer Brückenkopfes hatte in den höheren Bergregionen herbstliches Schlechtwetter mit nachfolgenden Schneefällen den Winter eingeleitet. Vereisungen, Erfrierungen und Lawinen lösten nun weitgehend die gegnerische Waffenwirkung ab, der Tod blieb der gleiche, nur die Ursachen hatten sich geändert. Das Kriegsjahr 1916 endete, ohne dass eine der beiden kriegführenden Parteien einen entscheidenden Durchbruch erringen konnte, nur die Zahl der einfachen Holzkreuze über unzähligen Soldatengräbern hatte sich in erschreckendem Ausmaß vermehrt.

1917

Auch im Abschnitt des Tolmeiner Brückenkopfes - wie an der übrigen Isonzofront - verlief der Winter relativ ruhig, trotzdem forderten örtlich begrenzte Unternehmungen und die winterlichen Gefahren erhebliche Verluste auf beiden Seiten. Nach den furchtbaren Verlusten des Jahres 1916 zeigte es sich, dass es auf ö.u. Seite immer schwieriger wurde personellen Ersatz zur Verfügung zu stellen. Auf der Gegenseite war das Comando Supremo gezwungen neuerlich in die Offensive zu gehen, da sich in der Bevölkerung unter dem Eindruck der katastrophalen Verluste gegenüber den relativ geringen Erfolgen eine immer stärkere Antikriegsstimmung breitmachte.

Gegen Ende April 1917 ließen die ständig wachsende Anzahl italienischer Überläufer - oft über 100 pro Tag - sowie Berichte des eigenen Nachrichtendienstes für das AOK den Schluss zu, dass eine italienische Offensive bald zu erwarten wäre. Tatsächlich verfügte Gen. Cadorna zu diesem Zeitpunkt bereits über 332 Bataillone, 2500 Geschütze, 4000 Maschinengewehre und 700 schwere Minenwerfer.

Brückenkopf Tolmein, mehrstöckige ö.u. Baracken unter der Höhe Kozmerice

Brückenkopf Tolmein, hier herrscht Frontalltag, ö.u. Soldaten einer Regimentsreserve beim Wäschewaschen in der Tolminka

Am 12.5.1917 setzte italienisches Trommelfeuer auf einer Frontlänge von 50 Kilometern ein. In zehn Stunden feuerten die Geschütze eine Million Granaten ab, die 10. Isonzoschlacht hatte begonnen. Noch vor Beginn des Infanterieangriffes kam es auf italienischer Seite zu einer schweren Führungskrise, da der Kommandant des II. Korps sich weigerte wiederum frontal auf dem Schlachtfeld von Plava anzugreifen. Er sah in dem Befehl nur einen sinnlosen vergeblichen Opfergang seiner Soldaten und bat um seine Ablösung. Gen. Cadorna ernannte daraufhin seinen bisherigen Chef des Stabes Generalleutnant Pietro Badoglio zum Kommandanten dieses Korps. Badoglio sollte dann im Zweiten Weltkrieg noch eine bedeutendere Rolle in führender militärischer Funktion einnehmen.

Der wichtige Eckpfeiler der ö.u. Front über dem Görzer Becken, der Monte Santo, ging durch einen Überraschungsangriff gegen das k.k. Landsturminfanterieregiment 25 verloren. Noch in der Folgenacht eroberten ö.u. Truppen den Berg wieder zurück und befreiten einen Großteil ihrer gefangenen Kameraden; siehe R 9b, T 66.

Da die ständigen Vorstöße in der bisherigen Richtung nur wenige Erfolge, aber schwere Verluste zur Folge hatten, änderte Gen. Cadorna den Schwerpunkt seiner Hauptstoßrichtung auf den Raum zwischen Görz und dem Meer. Seine Truppen durchbrachen die ö.u. Linien zwischen Klarici und Medeazza. In diesem Moment der Krise eröffneten zehn ö.u. 30,5 cm Mörser mit ihren 400 kg-Granaten Sperrfeuer auf den Einbruchsraum. 2000 Schuss in einer Stunde verwandelten das Gelände in ein Trümmer- und Leichenfeld. Der italienische Angriff wurde damit zum Stehen gebracht.

Doch der Kampf ging an der gesamten Front mit ständig wechselnden Erfolgen weiter. Erst nach dem 26. Mai klangen die Kampfhandlungen allmählich ab. Die mit 280.000 Mann zur Offensive angetretene italienische Armee hatte 160.000 Mann verloren, die k.u.k. Isonzoarmee hatte zu Beginn einen Gefechtsstand von 160.000 Mann und schließlich 90.000 Mann verloren. An Gefangenen hatten beide Seiten ca. je 25.000 Mann gemeldet.

Die 11. Isonzoschlacht

Am Morgen des 18.8.1917 begann die nächste italienische Offensive mit dem Hauptangriffsziel auf Bainsizza und den Ternovaner Wald, wobei die Eroberung des Tolmeiner Brückenkopfes als weiteres begehrenswertes Ziel erschien, um die Österreicher endgültig vom Isonzo abzudrängen. Das Offensivziel rückte somit weiter nach Norden. Die als Zeichen für den Offensivbeginn geplante ital. Sprengung der Batognica (hist. Teil C) im Krn-Abschnitt scheiterte.

Dagegen war es den ital. Kräften gelungen, eine große Menge an Baumaterial für 11 Kriegsbrücken- und drei Stegbauten unbemerkt von den Österreichern an das Isonzo-Ufer zu bringen. Für den Transport wurden neue Straßen gebaut und es durften nur gummibereifte Lastkraftwagen eingesetzt werden, um nach Möglichkeit Fahrgeräusche zu vermeiden. In der Nacht zum 19.8.1917 überschritt das ital. XXIV. Korps den Isonzo zwischen Selo und Deskle in einer Frontbreite von 12 Kilometern zwischen dem ö.u. Tolmeiner Brückenkopf und dem italienischen Brückenkopf bei Plava. Dadurch wurde fast die halbe ö.u. Verteidigungslinie eingedrückt. Auch im Görzer Becken eskalierten die Kämpfe, beide Gegner setzten auch Giftgas ein.

Welche Bedeutung man auch an höchsten Stellen der Offensive beimaß, bewiesen zwei Frontbesuche. Der italienische König Viktor Emanuel weilte mit Gen. Cadorna bei seinen Truppen. Der österreichische Kaiser Karl beobachtete vom Faiti hrib aus das Grauen der Schlacht. Es liegt durchaus im Bereich des Möglichen, dass die furchtbare Realität des Gesehenen Kaiser Karl bewog zur Entlastung eine Gegenoffensive in Betracht zu ziehen.

Unter dem Druck der italienischen Vorstöße und der örtlichen Einbrüche in die Verteidigungslinie musste schließlich befehlsgemäß die ö.u. Front auf der Hochfläche von Bainsizza auf einen kräftesparenden geradlinigeren neuen Frontverlauf zurückgenommen werden. Die Absetzbewegungen der Österreicher blieben zunächst von italienischer Seite unbemerkt, da schwache ö.u. Nachhuten geschickt eine Besetzung der bisherigen Hauptkampflinie vortäuschten. Deshalb lag am frühen Morgen des 24.8. schwerstes italienisches Trommelfeuer auf den nun verlassenen ö.u. Stellungen. Erst am Nachmittag dieses Tages erreichten italienische Vorhuten die neuen ö.u. Linien. Am 25.8. setzten heftige, aber ergebnislose Angriffe gegen dieselben ein.

Gen. Cadorna versuchte nun den Druck auf die neuen ö.u. Linien durch den Einsatz von zwei zusätzlichen Kavalleriedivisionen zu verstärken. Diese kamen jedoch nicht über den Isonzo hinaus, da man im Kommando die Wasserarmut am Hochplateau von Bainsizza nicht einkalkuliert hatte.

Am 28.8.1917 endete die 11. Isonzoschlacht, die Stoßkraft der Truppe war erlahmt und die Munitionsreserven waren aufgebraucht. Die Offensive hatte der italienischen Armee wohl beachtliche Geländegewinne, jedoch nicht die erhoffte Entscheidung gebracht, aber dafür Verluste von weit über einer Million Mann, wenn man alle Verwundeten, Vermissten und Gefangenen zusammenzählt.

```
k u k rm 1. korpskommando .=
ss adfelde 666 12/10 1,20 vm =
abendlage 11.10. 17 . :   -- hoechstkcmmando krainburg -
 : tagsueber lebhaftes feindliches artillerie und
minenfeuer gegen unsere stellungen am sleme , mrzlivrh ,
vorm auch gegen tolmein , sv maria und kosmarice
sonst nichts besonderes . durch anhaltenden regen
mehrfach beschaedigungen der zur front fuehrenden
strassen ; sejlbahnen infolge sturm nicht betriebsfaehig
isonzo 3,30 m ueber normal . bei --
10. armee und isa 2.-- keine besondere kampftaetigkeit .=
hoechstkcmmando krainburg rm i d nr 449 op .+
```

E
Die 12. Isonzoschlacht - Der Durchbruch von Flitsch und Tolmein

Tagebuch einer Offensive

Am 25.8.1917 lässt Kaiser Karl durch GM Freiherr von Waldstätten Kaiser Wilhelm im "Großen Deutschen Hauptquartier" in Kreuznach den Vorschlag unterbreiten, an der SW-Front gemeinsam in die Offensive überzugehen. Dafür werden drei Offensivschwerpunkte genannt: Tirol - Unterer Isonzo - Oberer Isonzo. Ein persönlicher Brief Kaiser Karls verdrängt die Einwände Ludendorffs gegen eine Unterstützung Österreich-Ungarns, der bei einem Erfolg verstärkte Friedensbemühungen von Österreich-Ungarn befürchtet. Hindenburg ist jedoch für eine Unterstützung, da er aus politischen Überlegungen auf das verbündete Österreich-Ungarn Rücksicht nehmen muss.

Am 2.9.1917 stimmt Kaiser Wilhelm offiziell einer deutschen Beteiligung bei der SW-Front-Offensive zu. Zum Mittelpunkt der geplanten Offensive wird am 8.9. der Raum Flitsch-Tolmein bestimmt. Es sollen dann 6 deutsche und 5 k.u.k. Divisionen zur Verfügung stehen. Österreich-Ungarn muss jedoch für deutsche Truppen Gebirgsausrüstung (einschl. 5.000 Tragtiere) bereitstellen.

Mojstrovka-Straße vor der Baumbach-Hütte, eine schwere Zugmaschine ist von der Fahrbahn abgekommen und blockiert die Straße

Bis in frontnahe Räume rollen die Transporte, auf eingesehenen Streckenteilen hinter Tarnvorhängen

Da die für die Offensive vorgesehenen Truppen von der Ostfront, dem Balkan, aus Deutschland und dem Heimatgebiet in Marsch gesetzt werden, tritt eine Belastung der Eisenbahnstrecken bis zu deren Kapazitätsgrenze ein. Über die teilweise eingleisigen Bahnlinien rollen durchschnittlich 100 Transportzüge pro Tag in den Offensivraum, der schließlich nicht mehr alle Transporte aufnehmen kann, weshalb auf weiter hinten liegende Entladebahnhöfe zurückgegriffen werden muss. Dies bedingt wiederum längere Anmarschwege für die Truppe in ihre Bereitstellungsräume. Die Deutschen Divisionen werden im Raum Klagenfurt - Völkermarkt zusammengezogen, zur Täuschung wird das Deutsche Alpenkorps zuerst in den Raum Trient verlegt.

Ab 16.10. Beginn des Aufmarsches. Hauptzubringer-Straßen sind in Blockstellen eingeteilt, um Kolonnen planmäßig durchzuschleusen, witterungsbedingt treten jedoch Verzögerungen ein. Die ausgehungerten und erschöpften Pferde können die nach Friedensmaßstäben errechneten Marschleistungen über die meist schwierigen Gebirgspässe nicht erbringen. In der Erkenntnis, dass die Träger- und Arbeiterabteilungen die gewaltigen Transportanforderungen nicht allein bewältigen können, muss das Korpskommando die letzten sechs Nächte vor dem Offensivbeginn auch die für den Angriff vorgesehenen Fronttruppen zum Tragen der Munition in die Höhenstellungen einsetzen. Dass es trotz aller Bemühungen nicht gelang, oft auch nur das Notwendigste bereitzustellen, beweist ein Schreiben des GdI Alfred Krauß:

Kraus g . d . i . op no 227/13 .+   nn   fuer kmdo der
S. W. F. am 15/10 2/25   Lt Wehler .+

Kdo d. S. W. F.   Hughes

Ich melde dass die meisten Batterien bezüglich Wäsche und Monturen in vollkommen unbrauchbarer Verfassung eintreffen. Die Batterien der 53. Brigade kommen in Zwilchmonturen ohne Wollwäsche und mit zerrissenen Schuhen. Alle Bemühungen das Nötige hier zu erhalten sind vergebens.

Da es Gewissenssache ist solche Truppen zu verwenden, muss ich melden, dass ohne Abhilfe Gruppe nicht aktionsfähig ist.

Da Absendung so mangelhaft ausgerüsteter Truppen gegen jede pflichtgemäße Vorsorge verstösst, bitte ich Schuldtragende zur Verantwortung zu ziehen.

Detaillierter Bericht wird folgen.

Kraus gez
op Nr 227/13

Karte II

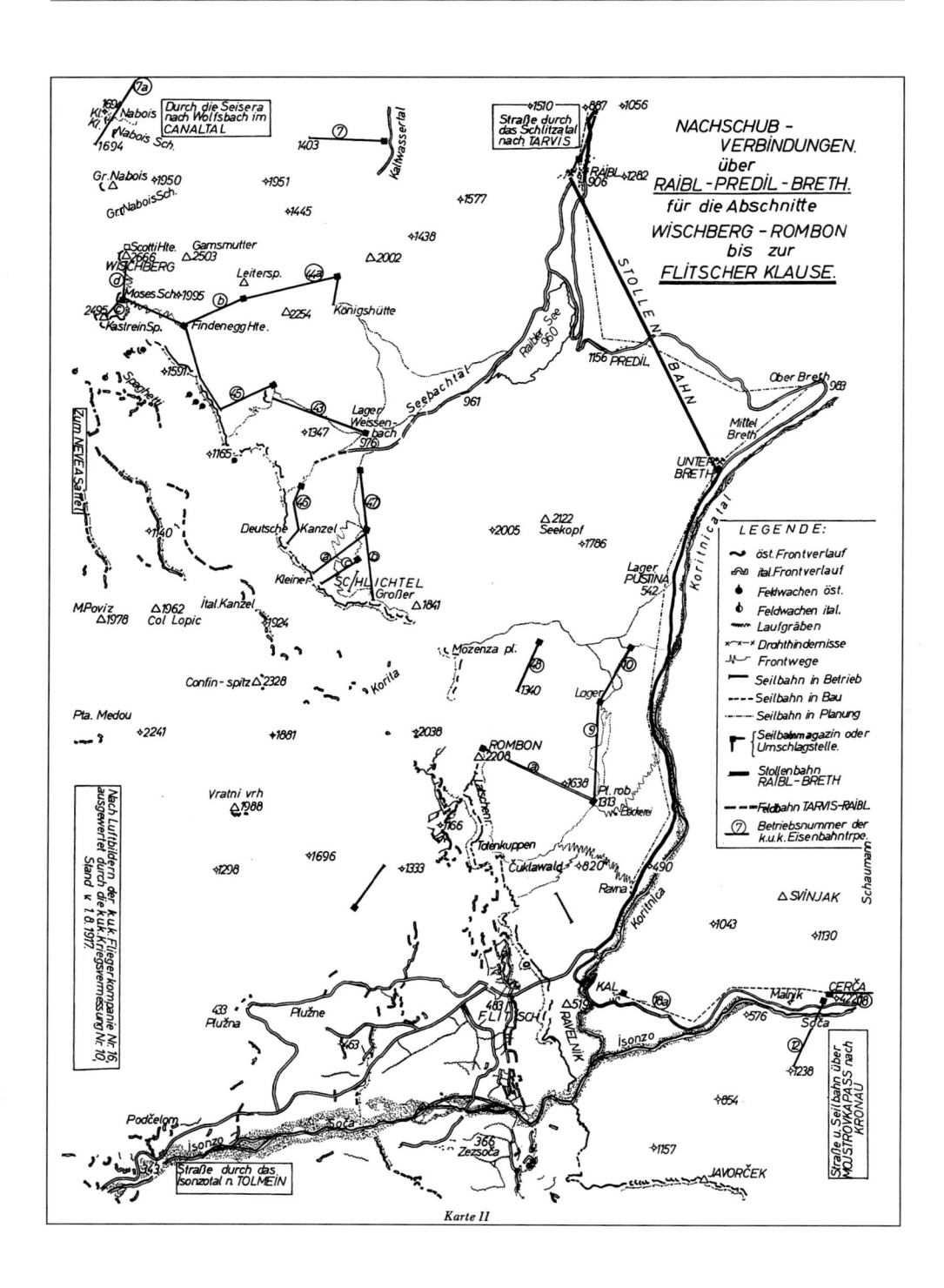

HISTORISCHER TEIL 293

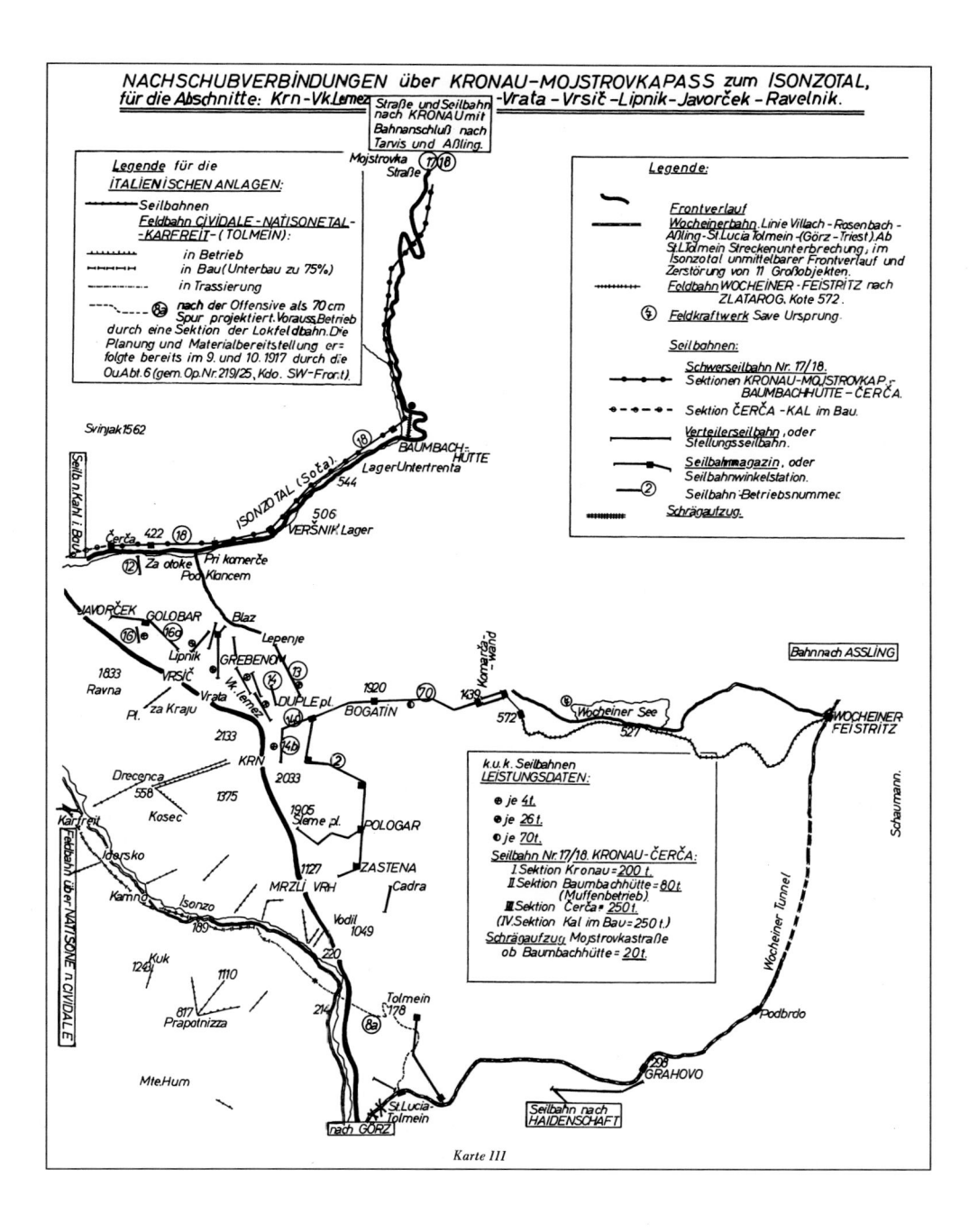

Karte III

Im Gegensatz zum Comando Supremo in Udine (Gen. Cadorna), das mit einem Angriff auf den Abschnitt Tolmeiner Brückenkopf rechnet, hatten die örtlichen italienischen Befehlshaber andere Meinungen: Glt Capello mit Kommandostandpunkt in Cormons will durch einen Gegenstoß im Raum Bainsizza die ö.u. Offensive auffangen und Glt Badoglio/Kdt IV. Korps plant die verbündeten ö.u. und deutschen Kräfte im Isonzotal vorstoßen zu lassen, um sie dann dort zu vernichten. Zwischen den einzelnen Kommanden besteht jedoch keinerlei Koordinierung der Pläne, nicht einmal Absprachen über die divergierenden Auffassungen. Man glaubt auf ital. Seite optimistisch überall gegen eine Offensive genügend gerüstet und vorbereitet zu sein.

Am 21.10.1917 desertieren zwei k.u.k. Offiziere bei Tolmein. Der eine, Oblt. Maxim, Ordonnanzoffizier bei der 50. ID, übergibt den Italienern wichtige Befehle und Pläne zur bevorstehenden Offensive. Infolge dieses Verrates ist eine weitere Verschiebung des Offensivbeginns nicht mehr möglich, man legt diesen auf den 24.10.1917 fest.

24. Oktober 1917, 0.00 Uhr

Regen, dichter Nebel, Temperaturen knapp über dem Nullpunkt; Sturmtrupps der 200. deutschen Division und der k.u.k. 1. ID schneiden südl. von Tolmein unbemerkt vom Gegner Sturmgassen in die Drahthindernisse.

Angehörige des deutschen 35. Pionierbataillons bei den Angriffsvorbereitungen für den Gasangriff mit Blaukreuz

02.05	Neunhundert Gas-Werfer werden durch das deutsche 35. Pionierbataillon elektrisch gezündet, 12 t "Blaukreuz"-Phosgen-Giftgas breiten sich im Talgrund des Flitscher Beckens aus (siehe Straßenschlucht, T 10). Da die italienischen Gasmasken des Typs "Polivalente" gegen das neuartige Gas nicht schützen, sterben die Soldaten in der vordersten italienischen Linie in wenigen Minuten an Lungenzersetzung. Auch die Artillerie der Verbündeten wechselt immer wieder die Brisanzmunition gegen Lagen mit Gasmunition.
04.30	Ende des Artilleriefeuers
06.30	Artilleriefeuer setzt wieder ein; auf den Bergen Schneesturm. Die ersten Sturmwellen verlassen die Schützengräben, die Feuerwalze der Artillerie wandert rückwärts; Schneetreiben und Nebel verhindern Wirkungsschießen der ital. Artillerie, soweit diese nicht bereits dem Giftgas zum Opfer fiel.
09.00	Nördl. Teil des Tolmeiner Brückenkopfes wird von deutschen und ö.u. Truppen gestürmt; Soldaten des bayerischen Infanterieleibregiments erobern St. Daniel; der Ort Flitsch wird durch Kaiserjäger und das Marburger Schützenregiment ohne größeren ital. Widerstand genommen; das deutsche IR 63 stürmt Gabrje.
09.50	Teile der ital. Talstellungen werden durch die deutsche 12. ID und das deutsche IR 23 durchbrochen.
10.00	Durchbruch durch die erste ital. Linie ist gelungen, ital. Widerstand in den Höhenstellungen ist jedoch erfolgreich (siehe auch hist. Teil A).
12.00	Verzweifelter ital. Widerstand in der zweiten Linie (siehe R 1, Saga) Die vorgehende Infanterie der Verbündeten ist öfter rascher als ihr eigener Offensivplan, daher erfolgt immer wieder Beschuss der schon in Besitz genommenen Stellungen durch eigene Batterien.
15.30	Das II. Bataillon des deutschen IR 23 dringt im Nahkampf in Karfreit ein, als ein in rascher Fahrt herankommendes Auto durch mehrere Schüsse angehalten wird. Ihm entsteigt der Kommandant der 43. ital. ID, der Unterstützung holen wollte, er ergibt sich und wird in Gefangenschaft abgeführt. Damit ist der Kampf um Karfreit entschieden, dies bedeutet die Einkesselung aller ital. Truppen zwischen Flitsch und Tolmein.

Am 25.10.1917 erobert das I. Bataillon des k.k. Kaiserschützenregiments I den Stol (R 2a). Bereits 52 Stunden nach Offensivbeginn fällt der Matajur (R 7) in die Hand des württembergischen Gebirgsbataillons. An diesem Erfolg hatte die Abteilung des Oblt Erwin Rommel wesentlichen Anteil.

Am 26. Oktober hofft Luigi Graf Cadorna noch die Front halten zu können. Jedoch am 27.10. um 02.50 befiehlt er die Räumung der Karnischen Front und für seine 3. Armee den Rückzug bis zum Tagliamento. Um 03.20 erhält die ital. 2. Armee den gleichen Befehl.

Im Zuge der 12. Isonzoschlacht verliert die italienische Armee 300.000 Mann, 75% des Geschützbestandes und fast den gesamten Tross (Train). Da der Aufbau einer neuen dauernden Verteidigungslinie erst am Piave möglich schien, ordnet Cadorna die Rückzugsbewegung bis an diesen schicksalhaften Fluss an. Ein Jahr später überschreiten italienische, englische und französische Truppen den Piave. Damit endet der Krieg an der Südwestfront und leitet das Ende des jahrhundertealten Habsburgerreiches ein.

Und dies ist von ihnen geblieben

Die Inschriften auf Soldatengräbern sind auch zeitgeschichtliche Dokumente, die uns die Mentalität einer Epoche getreu wiedergeben.

In der k.u.k. Armee wurden acht Sprachen gesprochen, allgemeine militärische Kommandos mussten jedoch in Deutsch gegeben werden. Wurde ein Offizier zu einer fremdsprachigen Einheit versetzt, so musste er innerhalb eines Jahres eine Prüfung in der betreffenden Landessprache seiner Soldaten ablegen.

Bei den folgenden Bildern werden Übersetzungsfehler oder kaum mehr lesbare Inschriften durch Legenden berichtigt bzw. ergänzt.

OLDRICH ČAP / 18.3.1896
PRAHA / 20.X.1915 TOLMIN

1915-1918 / VERGISS DIE TREUEN TOTEN NICHT UND SCHMÜCK AUCH IHRE URNE MIT DEM EICHENKRANZ! / M.KIR. NEPF.GY.DANDAR

LEISENTRITT EMERICH
ZUGSFÜHRER MASC. GEW. ABT. 4/99
ÖESTERREICH-UNGARN

HRIBŠEK JOSEF
ZIVILTRÄGER GEB.BRIG. 15
OESTERREICH-UNGARN

OBERLEUTNANT
HRUSAKE JOSEF

Bahnwache, richtig wäre
Eisenbahnsicherungsabteilung

BACK. ABT. richtig wäre
Gebirgsfeldbäckerei

INF.DRAHT.ABT richtig
wäre Feldtelephonabteilung

Hier ruht / Lt. Hanez Rudolf / Des k.k.Geb.Sch.R. N°2 / geb. 1895 gef. 6.9.1917 / als Held für Kaiser und Vaterland / Du warst uns ein treuer Kamerad!

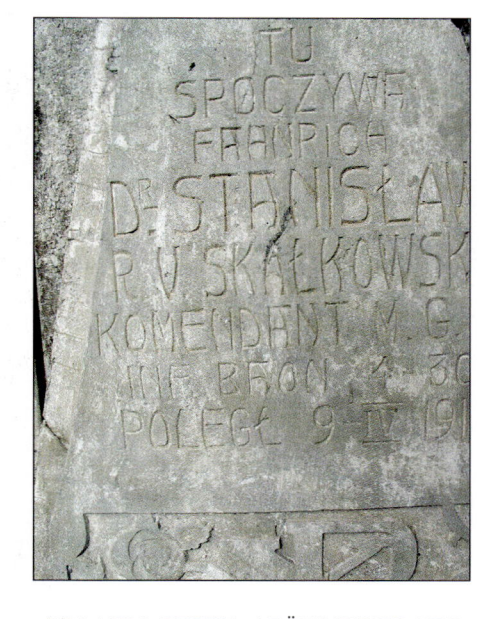

TU / SPOCZYWA / FÄHNRICH / DR. STANISŁAW R.V. SKALKOWSKI / KOMENDANT M.G.A. / I.F. BAON ?30 / POLEGŁ 9-IV-191

CV. POCIVA / KAPRAL / GAVRO BASIO / geb. 1865 gef. 1915 / B-H. ? B2 / BADNIODIO ?AK AMUZEMI?

links: OBERLEUTNANT I.D.R. /
MIRKO KAIĆ /B.H.INF.RGT 2 /
3.M.K. / Gef. 10.11.1915 / EHRE
DEN HELDEN
Rechts: LEUTNANT I.D.R. / KARL
ČERVINKA / INF.BAON III/22 /
gef. 29.10.1915 / EHRE DEN
HELDEN

Hier ruht
Feldwebel-Bataillonshornist
Karl Kasaček
des 4. Deutschmeisterbataillons.
Gefallen am 29.Oktober 1915
durch eine Fliegerbombe
im 25.Lebensjahre
Ruhe sanft
Gewidmet von deinen Kameraden

Josef Knorr / Zgsf Inf Reg N° 21 / silb.
Tapferkeitsmedaille II.Kl / gef. am Vršič im
25 Lj /26.3.1916 gefunden

HISTORISCHER TEIL

? nyugszik / KASZA JANOS / szakaszvezelole / Cs.és K.52 gy.e.8.szd. / Sülelett 1893 / Elesett 1916 Maj 19 / Kote 383 Plava / Nyugodj békeben!

F
DIE "KÄRNTNER SPERREN"

Die Sperren während der Napoleonischen Kriege

Die Befestigungsanlagen im damaligen Grenzraum unter dem Sammelbegriff "Kärntner Sperren" entstanden aufgrund der strategischen Gesamtsituation in der Napoleonischen Zeit.

Der Beherrschung des Gebietes Tarvis - Villach in dem damals noch weg- und straßenarmen Gebiet der Karnischen und Julischen Alpen kam stets eine besondere Bedeutung zu.

In dem zu Kärnten gehörenden Tarvis traf die Verbindung vom Tagliamento- über das Fellatal mit jener aus dem Isonzogebiet über das Koritnica-Tal und den Predil-Pass kommenden zusammen. Von Tarvis zieht eine weitere wichtige Straße in Richtung Villach mit Abzweigungen in das Gail- und Drautal, westwärts nach Tirol, ostwärts mit Hauptstoßrichtung über die Steiermark nach Wien und Ungarn. Ebenfalls von Tarvis ausgehend führte eine Straße über das Weißenfelser Tal ins Tal der Wurzener Save bis nach Laibach.

So hat auch Napoleon Bonaparte 1796-1797 nach Eroberung der Lombardei den kürzesten Weg ins Reichsinnere über Tarvis und Villach nach Leoben genommen. 1805 neuerlich über Tarvis vorstoßende französische Truppen zeigten die Notwendigkeit dieses Gebiet fortifikatorisch zu sichern. Aber erst im Herbst 1808 wurde über Auftrag des Generaldirektors des Genie- und Fortificationswesens, Erzherzog Johann, mit dem Bau von zwei Sperren begonnen: Die eine wurde nahe der Ortschaft Malborghet zur Sperrung des Kanaltales unter der Leitung des k.k. Ingenieurhauptmanns Friedrich Hensel errichtet. Die andere - den Predil-Pass sperrende - wurde knapp unterhalb der Passhöhe unter Leitung des k.k. Ingenieurhauptmanns Johann Hermann von Hermannsdorf in einer Seehöhe von ca. 1130 m erbaut.

Der schwere und lang anhaltende Winter bedingte eine Einstellung der Bautätigkeit bis Ende März 1809, die intensive Weiterarbeit an den Sperren wurde nach den Siegen Erzherzog Johanns bei Sacile und Fontanafredda am 16.4.1809 neuerlich eingestellt.

Da mit 1.5.1809 für die Armee Erzherzog Johanns wegen der Siege Napoleons über die Armee Erzherzog Karls an der Donau der Rückzug notwendig wurde, beschleunigten die Bauleiter wieder den Weiterbau, ohne jedoch die beiden Sperren vollständig fertig stellen zu können. Sie übernahmen auch das Kommando für die Verteidigung, knapp bevor die feindlichen Truppen hinter den zurückflutenden Truppen der österreichischen Armee die Sperren erreichten.

Die Sperre Predil verfügte unter ihrem Kommandanten Hauptmann Hermann nur über zwei 3 pfd. und zwei 6 pfd. Kasemattkanonen, 4 Stück Doppelhaken für das Blockhaus, zwei 3 pfd. Feldkanonen für das Vorwerk und ca. eine Infanteriekompanie als Besatzung.

Nachteilig wirkte sich für die Sperren Malborghet und Predil aus, dass sie nicht nur frontal, sondern auch durch Umgehung kehlseits angegriffen wurden. Die Sperre Predil wurde bereits am Abend des 15.5.1809 bis Kaltwasser durch die mit zwei Bataillonen verstärkte Brigade Bonfanti vom Raccolanatal aus umgangen. Die Brigade gelangte über teilweise schwieriges Gelände über den Nevea-Sattel ins Seebachtal. Dadurch wurde die Verbindung vom Predil-Pass nach Tarvis unterbrochen.

Während der Kampf um die Sperre Malborghet bereits am 17.5.1809 mit der Eroberung durch die Franzosen endete, währte der Kampf um die Sperre Predil bis zum 18.5.1809, da die Besatzung die mehrmalige französische Aufforderung zur Übergabe ablehnte. Bei der Verteidigung fand dann der k.k. Hauptmann Johann Hermann mit seinen beiden Hauptleuten Vitkovič und Jankovič den Tod und mit ihnen über 200 Mann der Besatzung bestehend aus kroatischen Grenzern aus Slunj. Als die Franzosen schließlich die Sperre erstürmten, fanden sie nur mehr Tote vor. Lediglich fünf Mann gelang die Flucht, da sie unter ihren gefallenen Kameraden liegend von den Franzosen nicht bemerkt wurden. Die Reste der Sperre Predil wurden dann von den Franzosen gesprengt.

Es zeigte sich somit, dass es auch mit geringen Kräften möglich ist, einen weit überlegenen Gegner tagelang aufzuhalten, wenn rechtzeitig dafür Sorge getragen wird, dass eine Umgehung der Sperren unmöglich ist bzw. weitgehend erschwert wird.

Da das österreichische Kaiserreich durch den Wiener Kongress im Jahre 1815 um die Lombardei und Venetien vergrößert wurde, war die Wiedererrichtung der Sperren vorläufig unnötig geworden. Erzherzog Johann hat aber bereits 1818 den Neubau dieser Sperren angeregt, gebaut wurde aber nicht. Stattdessen errichtete man 1847 zwei Denkmäler für die Verteidiger von Malborghet und Predil, beide befinden sich trotz zweier Weltkriege noch in gutem Erhaltungszustand.

Die Sperren ab 1848

Erst der Ausbruch der Revolution in Italien im Jahre 1848 veranlasste Österreich die Mittel bereitzustellen, um überhastet und ohne wohlüberlegte Planung an den Stellen der alten Sperren - zum Teil sogar auf den alten Fundamenten - neue Sperranlagen zu errichten. An eine fortifikatorische Sperrung der Umgehungswege wurde trotz der Erfahrungen von 1809 noch immer nicht gedacht.

Batterie Predilsattel (siehe auch R 1)

Da das benachbarte Werk am Raibler See sowohl lagemäßig als auch aufgrund seiner Armierung für eine wirksame Fernbekämpfung eines über den Nevea-Pass ins Seebachtal eindringenden Gegners völlig unzureichend war, aber auch der Westhang des Wischberges (Kote 2666) flankiert werden sollte, wurde bereits 1892 das Projekt einer Batterie am Predilsattel ausgearbeitet. Im Frühjahr 1897 wurde sodann vom Reichskriegsministerium Abt. 8 die Bauausführung genehmigt und am 22.6. des gleichen Jahres mit dem Bau begonnen. Die Fertigstellung erfolgte am 24.9.1889 zu einem Zeitpunkt, als die ursprüngliche Planung durch die rasante Weiterentwicklung der Artillerie sowie der rauchlosen Pulversorten und der modernen Sprengstoffe schon längst wieder überholt war.

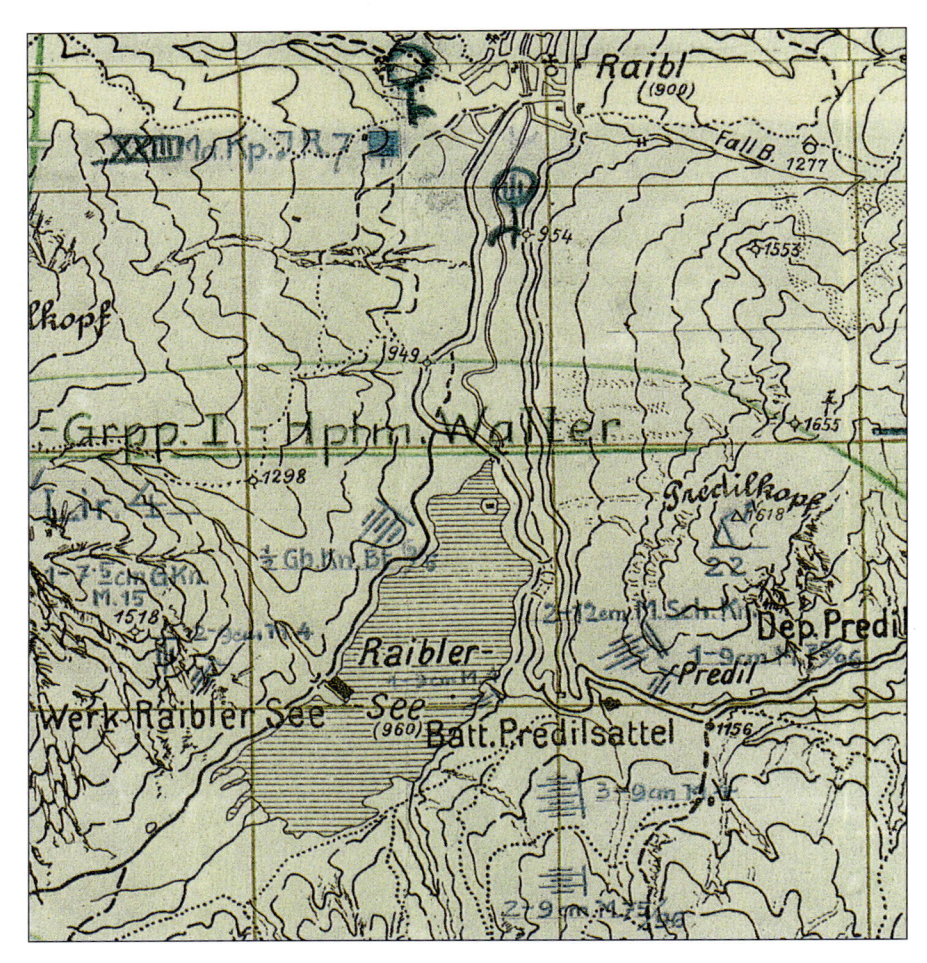

Kh 7

Die vorhandenen Mittel gestatteten nur die Einstellung von drei 12 cm Kanonen M 61 in Minimalschartenlafetten, doch gelang es dem Bauleiter Ing. Hauptmann Theodor Brosch von Aarenau, zwei Reserverohre des Forts Hensel und ein komplettes Geschütz aus der Sperre Flitscher Klause zu erhalten, sodass die Artillerie-Bewaffnung aus drei 12 cm Minimalschartenkanonen M 80 bestand. Die Nahverteidigung erfolgte aus Gewehrscharten, die zum Teil mit Gewehrlafetten versehen waren.

Die "Batterie Predilsattel", wie die offizielle Bezeichnung lautete, war aber wegen der schwachen Kasemattpanzerung und der geringen Deckenstärke bestenfalls gegen 10,5 cm Haubitzen bzw. Feldkanonen widerstandsfähig. Die größte Schussweite der eingebauten Geschütze in der Minimalschartenlafettierung war für Granaten und Schrapnell 6,8 km.

Auch hier waren die bis zum Beginn des Ersten Weltkrieges erfolgten Verbesserungen und Verstärkungen nur unwesentlich, da das am Hang knapp vor dem Predilsattel liegende Werk weiterhin auf weite Entfernungen ein gutes Ziel bot und die Mittel zu einer wirksamen Verstärkung fehlten. Die Armierung mit Geschützen blieb gegenüber der Erstausstattung unverändert. Im Kehlkoffer zur Bestreichung der Straße in Richtung Depot Predil waren zwei Maschinengewehre System Schwarzlose M 7 für die 8 mm Mannlicherpatrone M 93 zu den vorhandenen insgesamt 25 Gewehrlafetten eingebaut worden.

Für die Umgebungsbeleuchtung waren 3 Scheinwerfer vorhanden. Die Besatzung bestand im Durchschnitt aus 5 Offizieren und 107 Unteroffizieren und Mannschaften.

K.u.k. Passsperre Predil (siehe auch R 1)

Die in den Jahren 1848/1850 errichtete Anlage bestand aus dem nördlich der Straße liegenden Kreuzblockhaus und der südlich der Straße gelegenen Straßenbatterie, die durch eine Poterne miteinander verbunden waren. Bereits 1878 kam man zur Ansicht, dass die Passsperre Predil für die Verteidigung ungeeignet sei und es nur Sinn habe, einen von Süden einbrechenden Gegner schon in der Flitscher Klause aufzuhalten, die Passsperre Predil wurde "als zur Rekonstruktion ungeeignet" erachtet.

Die "Passsperre Predil" wurde 1898 aus den fortifikatorischen Objekten ausgeschieden und erhielt 1899 den Namen "Depoth Oberbreth", der 1907 auf "Depot Predil" geändert wurde. Die Anlage diente bis Ende des Ersten Weltkrieges als Depot und Unterkunftsobjekt sowie als Brieftaubenstation. Sie wurde nie beschossen und verfiel im Verlauf der Jahrzehnte. Die Ruinen sind auch heute noch verhältnismäßig gut erhalten (siehe R 1).

Dass hier im Zuge des Zweiten Weltkrieges keine Zerstörungen zu verzeichnen waren, könnte daran gelegen sein, dass Marschall Tito als Kroate das Andenken der 1809 hier gefallenen über 200 kroatischen Soldaten symbolisch ehren wollte.

Der Weltkrieg beginnt

1914 zeigte sich, dass Italien ein unsicherer Bundesgenosse für Österreich geworden und mit seinem Kriegseintritt auf Seiten der Gegner zu rechnen war. Im Frühjahr 1915 ordnete General der Kavallerie Franz Rohr - dem im August 1914 der Befehl über alle Streitkräfte in diesem Grenzbereich und die Vorbereitung aller Abwehrmaßnahmen an dieser Front übertragen worden waren - an, dass Fort Hensel teilweise, das Werk Raibler See und die Batterie Predilsattel völlig zu desarmieren seien.

Die Werke der **Sperre Raibler See** hatten bereits im Sommer 1915 jeglichen Widerstandswert verloren, sie waren für die italienische Artillerie bedeutungslos geworden.

Batterie Predilsattel, 1971

Die **Batterie Predilsattel** war am 23.5.1915 noch vollkommen armiert, da man die Zufahrt zur neuen Kavernenbatterie unterhalb des Predilkopfes, den ca. 180 m langen Zugangsstollen und die Aussprengung der beiden Geschützkavernen, Munitionsnischen und Bereitschaftsräume nicht rechtzeitig fertig stellen konnte und der dauernde Bohrmaschinenmangel immer wieder Verzögerungen verursachte. Vom 25. auf den 26.5.1915 konnte das erste Geschütz samt Lafette aus der Geschützkasematte II in die Kavernenbatterie gebracht werden, während die anderen Geschütze auf alle erkannten Ziele weiterhin das Feuer fortsetzten. Am 27.5.1915 erfolgte der erste Beschuss aus italienischen 149 mm Geschützen und am 29.5.1915 der erste Beschuss aus 210 mm Mörsern. Am 5.6.1915 wurde die Infanteriebesatzung bis auf eine Wachmannschaft abgezogen und vom 7. - 11.6.1915 das zweite Geschütz aus der Geschützkasematte I in die Kavernenbatterie gebracht, wobei die Munition durch die Mannschaft in die Kavernenbatterie getragen werden musste.

Am 12.6.1915 setzte schwerstes italienisches Feuer aus 305 mm Geschützen ein, immer in Salven zu 2 Schuss, sodass in einer Feuerpause vom 16.6. bis 21.6.1915 das dritte Geschütz als Reserve in den Zugangsstollen der Kavernenbatterie gebracht werden musste. In der Folge bemerkte der Gegner, dass die Werksgeschütze aus Felskavernen feuerten und versuchte im August 1915 mit ca. 350 Schuss aus 149 mm Geschützen einen Schartentreffer zu erzielen, was ihm aber und auch späterhin nie gelang. Die Geschütze der Kavernenbatterie wurden zur Offensive 1917 fahrbar gemacht und kamen zu neuem Einsatz in die oberitalienische Tiefebene.

Soweit es sich aus den vorhandenen Unterlagen feststellen lässt - wobei diese Angaben nur Annäherungswerte darstellen - wurden in den Bereich der Batterie Predilsattel nachstehende Anzahl von Schüssen abgegeben bzw. Treffer ernstlicher Art erzielt:

Mai 1915	40 Schuss	149 mm mit 2 Treffern
	10 Schuss	210 mm mit 1 Treffer
Juni 1915	310 Schuss	149 mm mit 1 Treffer,
	60 Schuss	210 mm mit 6 Treffern,
	108 Schuss	305 mm mit 14 Treffern
Juli 1915	440 Schuss	149 mm mit 1 Treffer,
	40 Schuss	210 mm mit 3 Treffern,
	200 Schuss	305 mm mit 26 Treffern
Aug. 1915	50 Schuss	149 mm und
	30 Schuss	210 mm, keine Treffer

Die Kärntner Sperren wurden nach dem Durchbruch am Isonzo im Oktober 1917 als "nicht mehr verteidigungs- und ausbesserungsfähig" angesehen, sie verfielen in der Folge immer mehr.

Die Sperren der Flitscher Klause

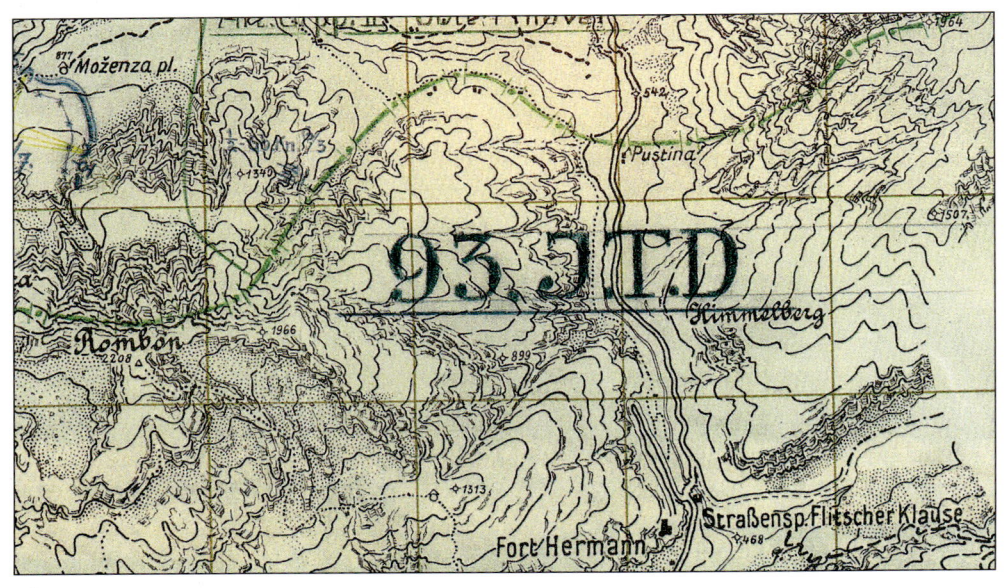

Kh 8

Die Straßensperre Flitscher Klause (siehe auch R 1)

Zum Schutz gegen die Türkeneinfälle errichtete bereits die Republik Venedig um 1470 hier eine aus Holz erbaute Befestigung. Diese war bis 1550 Eigentum der Grafen von Görz, dann ging sie in den Besitz der Habsburger über. Hauptmann Georg Philipp von Gera ersetzte das bisherige Objekt 1613-1643 durch einen Steinbau; eine Gedenktafel für den Erbauer befand sich an der Felswand gegenüber der Sperre.

Als die Franzosen 1797 die Befestigung in ihre Hand bringen wollten, brach die österreichische Besatzung die Brücke über die Koritnica ab. Die Sage berichtet, dass zahlreiche Franzosen beim nächtlichen Angriffsversuch in die tiefe Schlucht stürzten, ebenso der Tambour mit seiner Trommel, die dabei auf die Felsen aufschlug, wodurch die Angreifer auf die Falle aufmerksam wurden. Erst als ein Verräter aus Flitsch den Franzosen einen Steig zeigte, der etwa in der Höhe des späteren Forts Hermann in den Rücken der Verteidiger führte, musste sich die Besatzung ergeben.

Anstelle der durch die Franzosen 1797 zerstörten "Veste an der Flitscher Klause" erfolgte 1881-1883 als Ersatz der Bau der k.k. Straßensperre "Flitscher Klause", die in ihrer ursprünglichen Baustruktur bis heute erhalten blieb. Die Bewaffnung bestand aus: drei 12 cm Minimalschartenkanonen (MSK) M 80, ohne Panzerkasematte; acht 8 mm Maschinengewehren M 4 in Zwillingslafetten, granatsicher, sturmfrei, die dann auf acht 8 mm Maschinengewehre M 07/12 umgerüstet wurden.

HISTORISCHER TEIL 309

K.u.k. Straßensperre Flitscher Klause, 19.10.1916 (BU)

Die Kanonen wurden bald nach Kriegsausbruch 1915 ausgebaut, sie bezogen in Felskavernen neue Feuerstellungen. Obwohl 1915-1917 knapp hinter der heftig umkämpften Front im Flitscher Becken liegend, wurde die Straßensperre durch die italienische Artillerie nicht beschädigt, da sie sich im toten Winkel befand und deshalb nicht im Ertragsbereich der Geschütze lag. Der Gebäudekomplex diente daher als willkommene sichere Unterkunft für Reserven, als Hilfsplatz und Depot.

Auch die Ereignisse des Zweiten Weltkrieges überstanden die Objekte der Straßensperre relativ unbeschädigt. Bis 1943 waren hier italienische Soldaten, bis 1945 dann die Deutsche Wehrmacht als Besatzung (Brücke über die Koritnica siehe R 1). Heute präsentiert sich die Sperre in einem baulich tadellosen Zustand, sie wird dzt. als Museumsquartier genützt.

Fort Hermann (siehe auch T 3)

Da amtliche Unterlagen vorliegen, soll hier der große Aufwand an technischer Planung, Organisation und Durchführung aufgezeigt werden, der für den Bau einer derartigen Festungsanlage erforderlich war. In dem Bericht scheinen auch Angaben über die Lebens- und Arbeitsbedingungen auf und werden hier - als sozialhistorisch interessant - ebenfalls mit berücksichtigt.

Grundvoraussetzung auch für jedes fortifikatorische Bauvorhaben war das Vorhandensein einer entsprechenden Zufahrt zum Bauplatz. Über den Bau der Armierungsstraße von der bestehenden Straßensperre Flitscher Klause zum Fort Hermann siehe unter T 3.

Nachstehende Texte (in Kursivschrift) wurden teilw. in Kurzfassung übernommen aus dem Statistischen Baubericht Nr. 13 des Forts Hermann, Reservat H41 aus dem Jahre 1901, Archiv der k.u.k. Geniedirektion Triest (Maßangaben in q = Zentner = 50 kg)

Disposition. Das Fort Hermann bildet das Fernkampfwerk der Sperre Flitsch, welches aus dieser und der Straßensperre Flitscher Klause besteht. Die Aufgabe dieser Befestigungsanlage ist die Sperrung der aus dem Isonzo Thale kommenden Görzer Reichsstraße. Der Hauptzweck des Forts Hermann ist daher der Kampf gegen die feindliche Artillerie, während der Straßensperre Flitscher Klause die directe Sperrung der Thal Communicationen zufällt.
Den Namen Fort Hermann erhielt dieses neue Fernkampfwerk zufolge Allerhöchster Entschließung vom 14. November 1899.

Als das Projekt 1897 nach langen vorhergehenden Verhandlungen endlich genehmigt wurde, konnte mit dem Bau am 2.8.1897 begonnen werden. Ein Felsplateau auf dem vom Rombon herabziehenden schmalen Rücken, relativ hoch über der Straßensperre Flitscher Klause gelegen, wurde als Bauplatz ausgewählt. Die militärische Bauleitung wurde der Militärbaudirektion in Klagenfurt übertragen.

Genie Directoren: Oberst im Geniestab Paul Witzigmann, dann Major im Geniestab Johann Diviš
Bauleiter: Hauptleute im Geniestab Franz Hauninger, dann Alexander Kuchinka
Zugetheilte Werkmeister: Militär Bauwerkmeister Emanuel Eichholzer, dann Militär Oberbauwerkmeister L. Streit

Aber auch zivile Unternehmen wie das des Stadtbaumeisters Franz Madile aus Klagenfurt sowie einheimische kleinere Unternehmer und Handwerker wurden mit herangezogen. Im Unterschied zu der vorhergegangenen Bauperiode ab 1884 wurde hier jetzt in noch wesentlich verstärktem Ausmaß Beton verwendet, man verkleidete auch die Batteriefront nur mehr teilweise mit Granitsteinen. Das Fort Hermann kann man deshalb als eine Art Übergangstype zu den nachfolgenden Werken bezeichnen, wie jenen auf der Hochfläche der Sieben Gemeinden.

Als Baumaterialien kamen zur Verwendung:
Granit. Aus den Brüchen der Firma Fischer in Sack bei Grasstein von bekannt tadelloser Qualität.

Bruchstein. Dolomitkalk aus einem in eigener Regie eröffneten Steinbruch in nächster Nähe.

Portland Cement lieferten die Lengenfelder Portland Cementfabrik AG mit 440.730 kg sowie Philip Knoch & Comp. in Klagenfurt aus dessen Fabrik in Wietersdorf bei Mösel in Kärnten mit 418.853 kg.

Sand. Zur Betonherstellung - mit Ausschluß des Verputzes - wurde beim Aushub an Ort und Stelle entnommen. Für den Verputz wurde der Sand aus der Koritnica und dem Isonzo entnommen.

Schotter. Wurde gelegentlich der Sanderzeugung durch Maschengitter durchgeworfen.

Eisen. Sämmtliche Panzerconstructionen ausschließlich aus Martinsflußeisen bestehend, wurden von den Škodawerken in Pilsen geliefert. Die gewehrschußsicheren Stahlblech Constructionen (Fensterläden, Eingangsthor, Schartenschilde) wurden mit Ausnahme der Ausstoßthür des Projektordepots von der Erzherzoglichen Industrial-Verwaltung Teschen geliefert, letztere von den Škodawerken. Sämtliche sonstigen Eisenwaren lieferten S. Juhász in Graz und Ludwig Moschner und Vincenz Aprißnig in Klagenfurt.

Blecharbeiten. Die mit der Deckenisolation des Forts im innigen Zusammenhang stehende Spenglerarbeit wurde aus Garantierücksichten der Firma Haumanns Wwe. & Söhne in Wien übertragen.

Pflasterplatten. In den Geschützkasematten, Magazinen, Gängen, Aborten sowie in der Küche gelangten für die Fußböden 3.5 cm starke Cementplatten von 32 cm Quadratseite zur Verwendung, dieselben wurden von der Bauleitung in Eigenregie erzeugt. Das Mischungsverhältnis betrug Cement mit Rieselschotter und beigemengtem Flußsande 1:2. Die Platten konnten schon 14 Tage nach ihrer Herstellung in Verwendung genommen werden.

Holz. Thüren und Fenster wurden aus Lärchenholz, Fußböden aus Fichtenholz hergestellt. Deren Ausführung besorgte Tischlermeister Johann Mičelič in Flitsch, welcher das benötigte Holz aus dem Saifnitzer Revier (Firma Ehrlich) und von der Forst- und Domänenverwaltung in Malborgeth bezog.

Beton und Mörtel. Wurden je nach Verwendung ob an aufgehenden Mauerwerk, Gewölben oder direkt treffbaren Mauerwerk gemischt, bei letzteren 1:3:5.

Fundierungsart. Teilweise stieß man schon nach 1 m auf festen Fels. Besondere Fundierungsarten kamen daher nicht zur Anwendung. Gegen aufsteigende Bodenfeuchtigkeit wurden die Trockenmauern mit Asphaltfilzplatten isoliert.

Vorkehrungen gegen Tagwässer. Die in Flitsch herrschende ganz ungewöhnliche durchschnittliche Regenmenge von 2400 mm machte besondere Maßnahmen gegen die Niederschlaggewässer notwendig. Die Anordnung eines äußeren Cementgürtels auf den

Beton- und Bruchsteinmauern hat gezeigt, daß die hydroskopischen Eigenschaften des Dolomitkalkes einem raschen Trocknen der durch Regengewalt feucht gewordenen Mauern im Wege steht. Abhilfe konnte nur eine Kalfaterung sämtlicher Stoß- und Lagerfugen der geneigten Kasemattenstirnen bringen sowie ein Überstreichen der Decke des Werkes mit einer Spezialisolierung mittels der patentierten Kautschukcement Masse der Fa. Hausmann Wwe.& Söhne. Diese wird in Fässern in festem Zustand transportiert und dann in Eisenkesseln geschmolzen und dann aufgetragen.

Wasserleitung. Nachdem in der unmittelbaren Umgebung des Emplacements des Forts Hermann keine Quellen zu Tage treten, war ursprünglich die Wasserversorgung dieses Objekts durch eine, den 60 tägigen Bedarf für die Besatzung fassende Zisternenanlage für Regenwasser, analog der Straßensperre Flitscher Klause geplant. Da jedoch gerade zu Beginn des Baues des Forts Hermann wiederholt berechtigte Klagen über die Ungenießbarkeit des Zisternenwassers der Straßensperre vorkamen, deren Gründe in der den hygienischen Anforderungen wenig entsprechenden Anordnung der Auffangflächen und der Verunreinigung derselben durch die Tauben der dortselbst etablierten Brieftaubenstation zu suchen waren, lag der Gedanke nahe, für beide Objekte der Sperre Flitsch die Frage der Wasserversorgung durch Anlage einer Quellwasserleitung zu lösen.

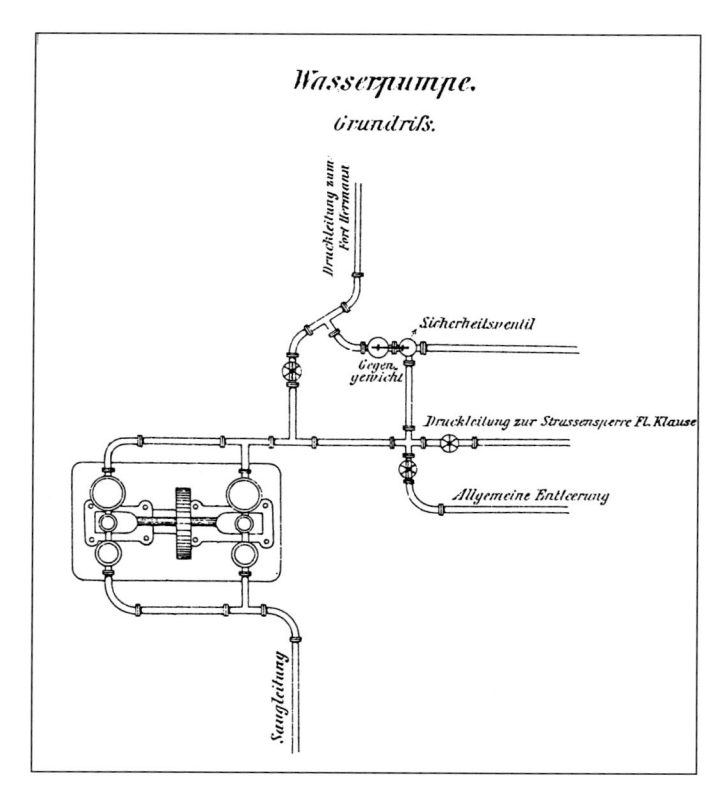

Dieser Absicht dienlich waren das Vorhandensein dreier ergiebiger Quellen auf dem fortificatorischen Grunde südlich der Flitscher Klause, welche der untersten wasserführenden Schichte des Rombon angehören und erwiesenermaßen selbst zur trockensten Jahreszeit nicht versiegen.

Die günstigen zweijährigen Erfahrungen, die von der Bauleitung mit einer Pumpanlage System "Cellerin", bestehend aus einer doppeltwirkenden Saug- und Druckpumpe angetrieben von einem Heißluftmotor gemacht wurden, waren ausschlaggebend für den Entschluss, diese Type weiter zu behalten.

Denn bisher hatte man mit dieser Anlage Wasser aus der Koritnica zur Baustelle gepumpt: Förderhöhe von 212 m bei einer Stundenleistung von 1 m³ Wasser und einem 10 stündigen Kohlenverbrauch von 2q minderwärtiger Fohnsdorfer Provenienz. Besondere Vorteile der Anlage: keine Explosionsgefahr; Feuerung wie bei einem gewöhnlichen Zimmerofen, zur Handhabung kein gelernter Maschinist erforderlich.

Für die Rohrleitungen wurden beidseitig verzinkte schmiedeeiserne Rohre mit einem Durchmesser von 38 mm und Schraubenmuffenverbindungen offen verlegt. Nur dort, wo besondere Geländeverhältnisse waren oder ein Zugriff für mutwillige Beschädigungen möglich erschien, erfolgte die Verlegung unter der Oberfläche. Der zu erwartende Vorteil bei der zum Großteil erfolgten oberirdischen Rohrlage lag bei der leichteren Störungssuche und Reparatur.

Da beide Objekte nun einen Zisternentrinkwasservorrat für 60 Tage besitzen, der kontinuierlich zur Reinigung gewechselt wird, ist das Wasserproblem gelöst. Zur Verhütung eines diesbezüglichen Unfugs stehen sämtliche Schieber - abgesehen von der Absperrung des Schieberkastens - unter Plombenverschluß der Geniedirection.

<u>Sprechanlage.</u> Diese dient vor allem artilleristischen Befehlszwecken. Für jeden Beobachtungsstand wurde eine Centrale zugeordnet. Der Kommandant, bzw. die Beobachter stehen dadurch direkt mit den Batterien, dem Projektor, dessen Depot, und den Maschinenräumen in Verbindung. Die Sprechrohrleitung hat sich unter allen Verhältnissen, selbst während eigenem Geschützfeuer bewährt, trotzdem daß mancher Rohrstrang in vielfachen Brechungen geführt werden mußte. Für die Sprechleitungen wurden schmiedeiserne Gasrohre mit einem Durchmesser von 40 mm einbetoniert. Als weitere Bestandteile stehen zur Verfügung: Sprechmuscheln, Sprachrohrpfeifchen mit verfallender Signalscheibe, flexible Kautschukspiralschläuche, alles hergestellt von der Fa. Wilhelm Brückner & Co in Wien.

<u>Telegraphen und Telephon-Einrichtungen.</u> Im Fort Hermann ist eine Telegraphenstation etabliert, welche im Ausrüstungsfalle mittelst bereits vorhandener Schleife als Mittelstation in die Staatstelegraphenlinie Tarvis-Flitsch-Görz eingeschaltet werden soll. Außerdem sind beide Objekte, die der gegenseitigen Sicht entbehren, telephonisch miteinander verbunden, zu welchem Zweck in

der Straßensperre Flitscher Klause eine Endstation, im Fort Hermann nächst jedem der beiden Beobachtungsstände eine Mittel- beziehungsweise eine Endstation mittelst einer Telephonkassette Staatstype III eingebaut wurden.

Die Blitzableitung. Der Umstand, daß im Fort Hermann bereits im Frieden die Kriegsmunition deponiert ist, sowie daß daselbst ein 7.600 l fassendes Benzindepot mit 19 Eisenfässern vorhanden ist, endlich die vielen an den Außenseiten dieses Werkes zutage tretenden Metallschläuche und davon vielfacher Zusammenhang mit dem Werksinnern, weisen auf die Notwendigkeit eines Blitzschutzes hin. Alle Verbindungsleitungen wurden aus Kupferdrahtseilen hergestellt. Die Endleitung schließt an zwei Stellen an das Wasserleitungsrohr an, so daß hiedurch eine verlässliche Verbindung mit dem Grundwasser hergestellt wird. Die Lieferung aller Bestandteile erfolgte durch die Fa.S.Juhász in Graz.

Die technische Anlage für Vorfeld- und Innenbeleuchtung.

Die Kraftstation besteht aus einem Benzinmotor mit direct gekuppelter Dynamomaschine. Der 4 cylindrige Daimler Motor von stehender Construction hat eine Leistung von 16 Pferdestärken, eine Tourenzahl von 520 pro Minute, die Nebenschluß Dynamomaschine ist vierpolig und liefert 140 Ampére bei 75 Volt für den normalen vollen Betrieb. Beim Laden der Accumulatoren kann die Spannung auf 115 Volt gesteigert werden, wobei die Ladestromstärke jeweilig der Leistung des Motors entspricht.

Die Accumulatoren Batterie besteht aus 43 Elementen mit einer Kapacität von 420 Ampérestunden, welche imstande ist, die Maschinarbeit durch 3 Stunden zu decken.

90cm Scheinwerfer befindet sich in Ruhestellung im Locale Nr.31 deponiert, woselbst sich auch das Schaltbrett für dessen automatische Dirigierung befindet. In jedem der beiden Beobachtungsstände ist für diesen Zweck ein automatischer Dirigierungsapparat fix montiert.

Die Innenbeleuchtung des Forts Hermann erfolgt mit 70 Stück 10 kerzigen Glühlampen. Alle elektrischen Anlagen wurden von der Fa. Siemens & Halske, Wien geliefert.

Der hißbare Projektorfahrstuhl samt Gerüste dient zur Activierung des Projektors, Lieferfirma die Škoda Werke Pilsen.Beim Betrieb des Benzinmotors wurde die Wahrnehmung gemacht, daß eine ungestörte Functionierung desselben nur bei kontinuierlicher Zufuhr frischer Außenluft zu erzielen ist. Daher ist das Vorhandensein eines elektrischen Zentrifugal Ventilators in fortifikatorischen Objekten unerlässlich.

Anpflanzungen. Auf dem Glacis des Werkes wurden in ausgiebiger Weise lebende Sichtmasken angelegt. Für diesen Zweck erwiesen sich Akazien-, Ahorn- und Schwarzkiefer-Setzlinge am geeignetsten. Diese wurden zum größeren Theile aus Baumschulen der k.k. Forstinspektion in Tolmein bezogen. Für die Besamung der Werksdecke mussten mit

Rücksicht auf die darunter befindliche Isolierschichte lediglich Grasarten verwendet werden, diese stammten aus der „Elite-Rasen-Mischung" der Fa. Wolfner & Weiß in Budapest.

Bei zehnstündiger tägl. Arbeitszeit betrug z.B. der Taglohn (in Kronen und Heller) für:

Maurer, Zimmermann	4 K	32 h
Tischler, Schmied	6 K	
Spengler	6 K	72 h
Handlanger Mann	3 K	
Handlanger Weib	2 K	16 h
Handlanger Kind	1 K	70 h
1 zweispännige Tagesfuhre	14 K	

Bauzeit: Beginn ab 2. August 1897 und beendet am 23. Juni 1900. Wobei zu berücksichtigen ist, dass während des Winters die Arbeiten ruhten.

Baukosten	385.597 K	61 h
Zufahrtsstraße	100.352 K	
Gesamte Baukosten*	485.949 K	61 h

*) ohne Wasserleitung

Die Kollaudierung wurde im Auftrage des Reichs-Kriegs-Ministeriums durch den Obersten im Geniestabe Karl Czongvay de Csegez durchgeführt.

Die Besatzung des Forts (Friedensstärke):

Offiziere	2
Infanterie	92 (darunter 3 Telegraphisten, 1 Sanitätssoldat)
Artillerie	32
Pioniere	3
Gesamtstärke	129 Mann

Die Bewaffnung des Forts bestand aus:

vier 12 cm Minimalschartenkanonen (MSK) M 80
zwei 10 cm Panzerhaubitzen (PH) M 80, dann umgerüstet auf zwei 10 cm PH M 5
acht 8 mm Maschinengewehre M 4 in Zwillingslafette, bombensicher, sturmfrei, dann umgerüstet auf acht 8 mm MG M 07/12

Das k.u.k. Werk Hermann 1915-1917 und heute

Die Kehlfront des Werkes, Aufnahmestandpunkt südöstl. Seite   (BU)

1915

Die völlige Desarmierung des Werks „Hermann" konnte 1915 nicht wie geplant noch vor der ital. Kriegserklärung restlos durchgeführt werden. Beide 10 cm-Rohre waren bereits zu neuen feldmäßigen Feuerstellungen abtransportiert, um dort in festem Fels in schon vorbereitete Geschützbrunnen versetzt zu werden. Als dann der Beschuss vor allem durch die schweren italienischen Kaliber bis zu 30,5 cm einsetzte, waren schon nach kurzer Zeit beide Panzerkuppeln durch Volltreffer unbrauchbar geworden. Dies bewies die Richtigkeit der anbefohlenen Desarmierung der älteren Werke, wodurch die damals kaum ersetzbaren Drehpanzer samt den wertvollen Geschützen in neuen Stellungen voll einsetzbar blieben.

Die italienische Artillerie erzielte außerdem im Kasemattenbereich Durchschläge bis in das Innere der Anlage. Das Fort wurde von der Besatzung nicht zur Gänze geräumt, obwohl es keinen artilleristischen Wert mehr besaß, denn es lag an den für die ö.u. Höhenstellungen wichtigen Frontwegen zum Čukla-Wald, der Totenkuppe und dem Rombon-Gipfelbereich.

Treffer im Werkteil C, am 2.5.1916 (BU)

Treffer im Geschützstand II, am 7.11.1915 (BU)

Treffer im Kommandantenraum, am 7.11.1915 (BU)

Gang zu den Mannschaftsunterkünften (BU)

Linke Flanke von Fort Hermann,
7.11.1915 (BU)

Werksbesuch 1971

HISTORISCHER TEIL 321

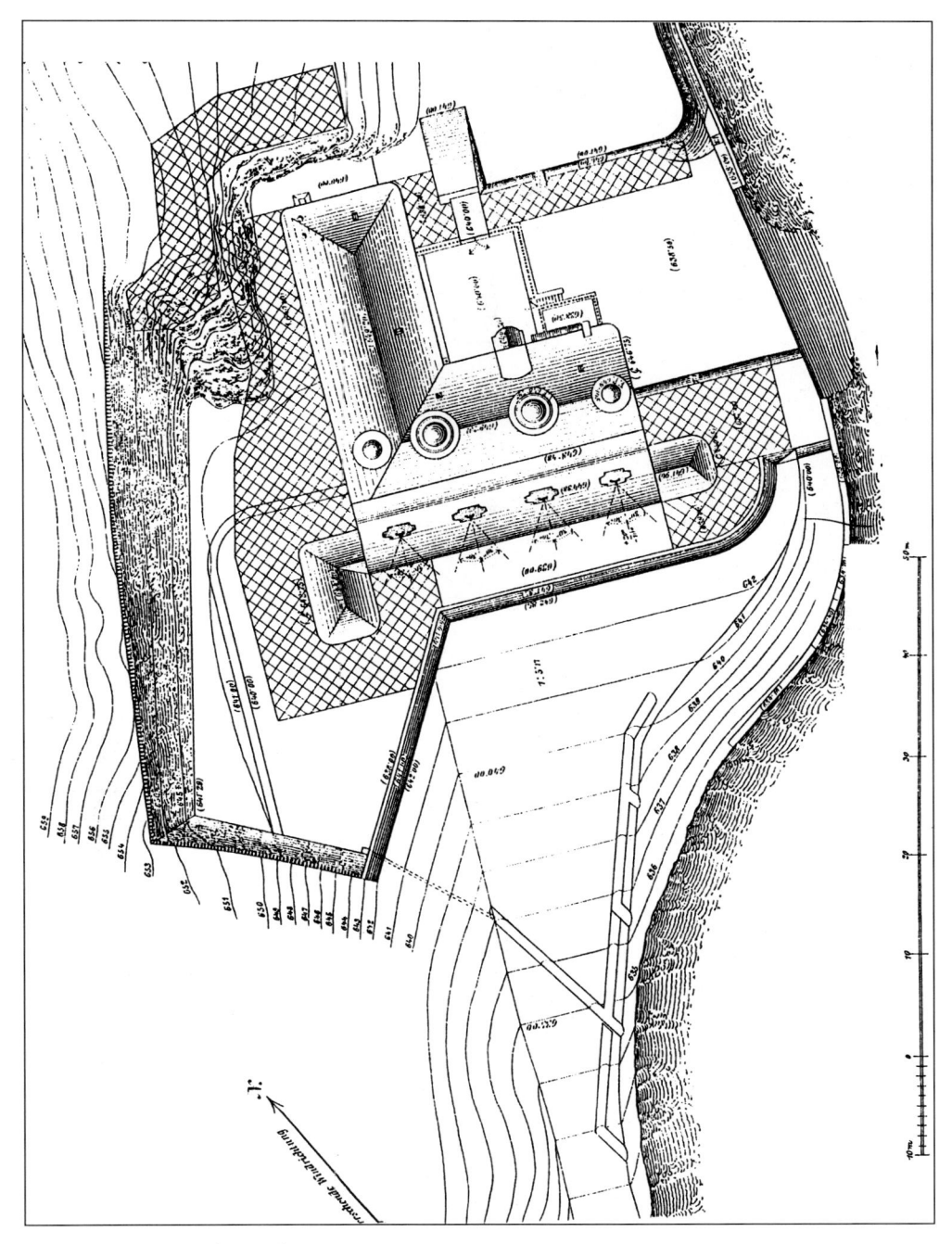

Fort Hermann, Vogelperspektive

Gesamtansicht Kehlfront

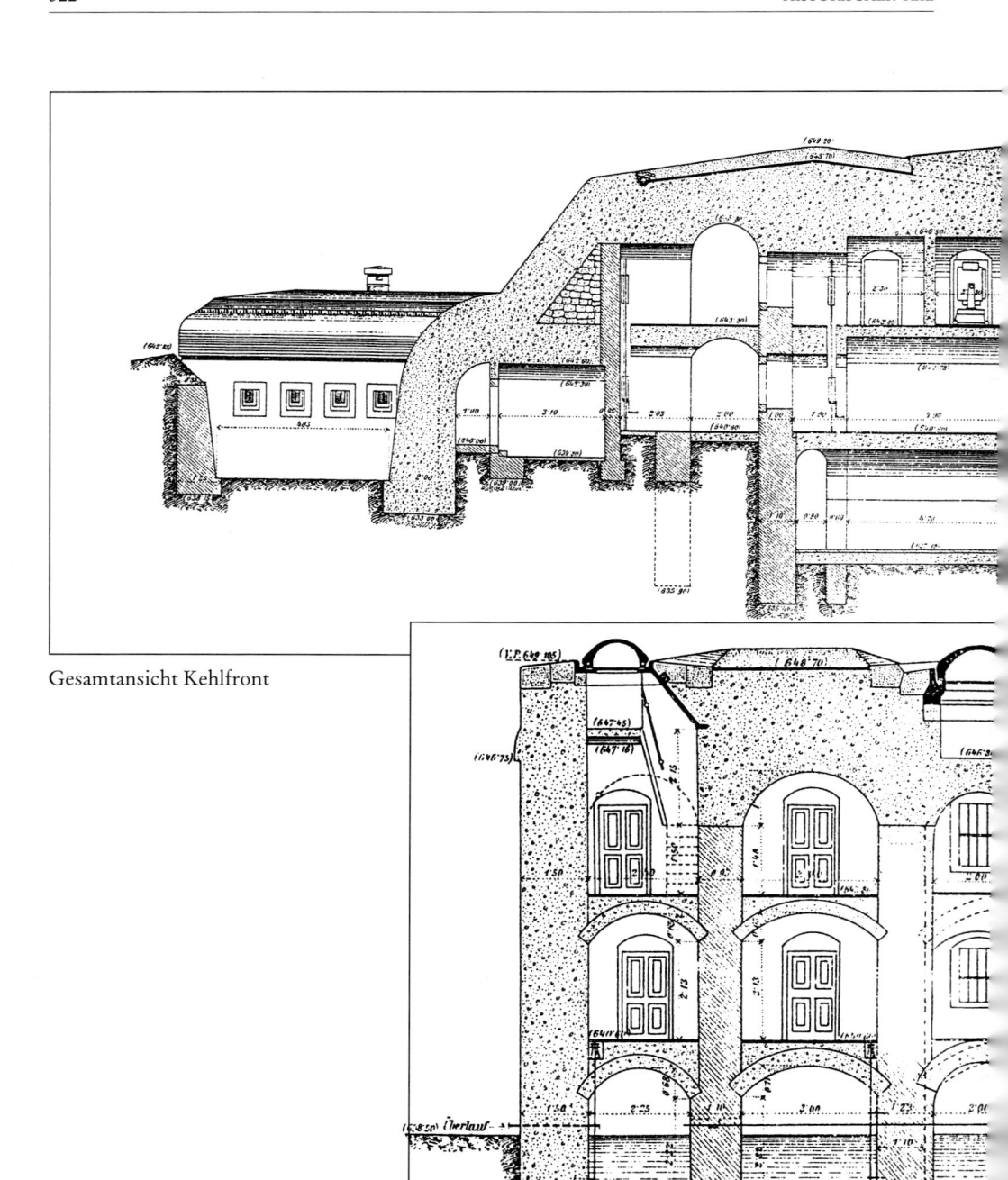

Teilansicht Querschnitt

HISTORISCHER TEIL

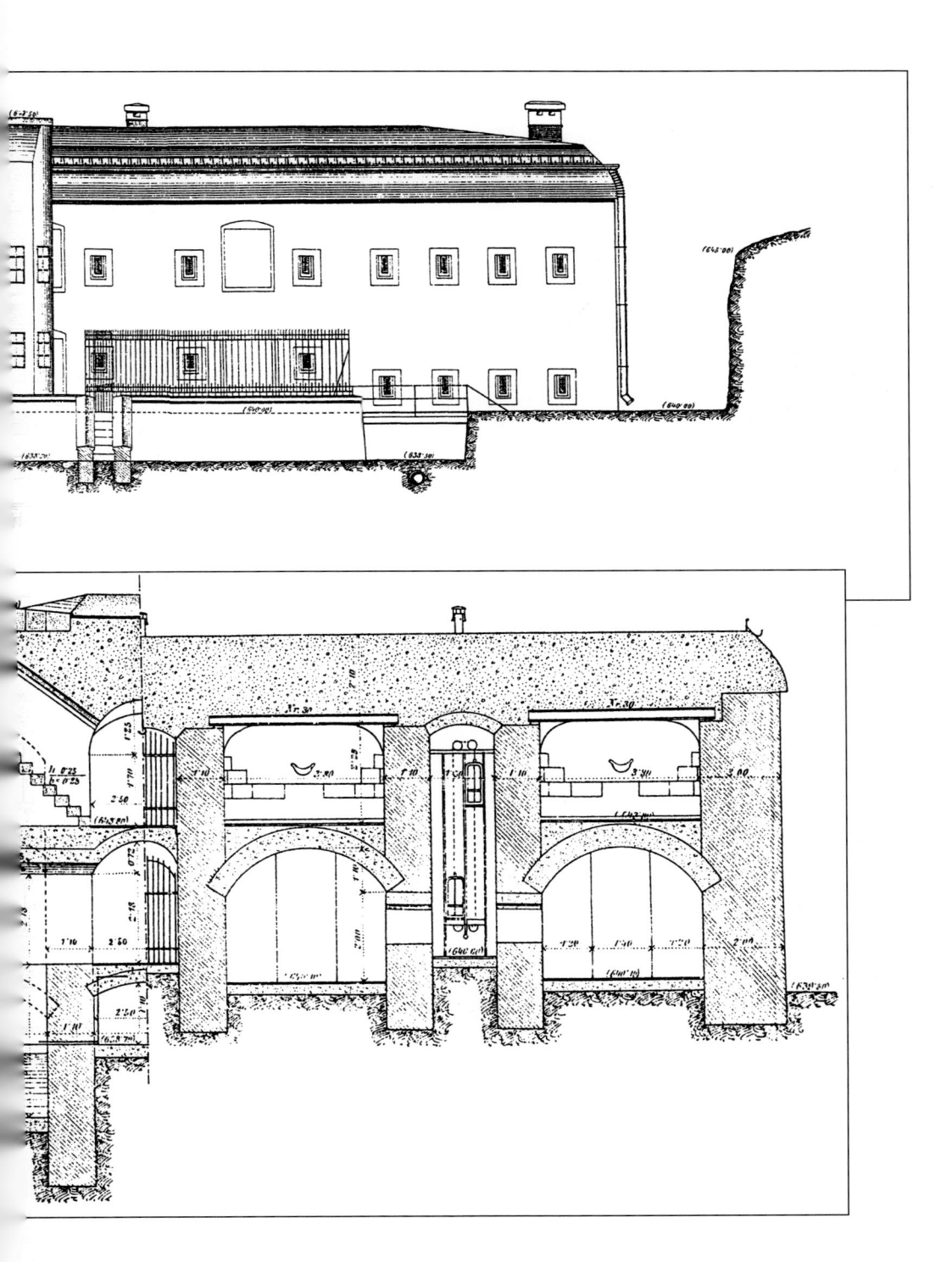

Projekt Panzerwerk Svinjak (siehe auch T 6)

Da man der Ansicht war, dass die Flitscher Klause flankierend von den beidseitig begrenzenden Höhenzügen aus gesperrt werden müsste, wurde der Bau eines Panzerwerks genehmigt. Für dieses waren vier Turmhaubitzen 15 cm (TH) M 14 als schwere Bewaffnung vorgesehen.

1914 begann man mit den Bauvorbereitungen und bis Kriegsbeginn wurden die Armierungsstraße und Planierungsarbeiten fertiggestellt. Nach Kriegsausbruch mit Italien erfolgte 1915 die Einstellung der Bautätigkeit.

Ausrüstung der Sturmpatrouillen

ANHANG

Erklärung militärischer und fortifikatorischer Ausdrücke

Blockhäuser: waren kleinere verteidigungsfähige Objekte an besonders gefährdeten Punkten. Die Ursprungsform bestand aus einem Holzbau mit Erdeindeckung.

Defensionskasernen: kleinere Stützpunkte meist aus Natursteinmauerwerk, frontseitig statt Fenstern Schießscharten; sie stellten eine Weiterentwicklung der Blockhäuser dar.

Front oder Face: die dem Gegner zugekehrte Vorderseite einer Befestigungsanlage.

Geschützbrunnen: für den Einbau von Turm- oder Panzergeschützen in ein Werk befand sich im Verdeck ein runder Schacht, der das Geschütz mit Lafette, die Bereitschaftsmunition und die Bedienung aufnehmen sollte. Auf den Geschützbrunnen waren der Vorpanzer und die Panzerkuppel aufgesetzt.

Gewehrlafette: wird eine Einspannvorrichtung für Gewehre genannt, die zufolge der festen Lagerung des Gewehres ein weitgehend zielgenaues und rasches Feuern gestattet. Die Handhabung der Waffe wird dadurch vereinfacht und der Rückstoß fast völlig aufgehoben. Im Stellungskrieg wurden die Gewehrlafetten oft auf eingesehene Punkte gerichtet, an denen gegnerische Ablösungen, Träger usw. regelmäßig vorbeikommen mussten.

Geschütz: bei der k.u.k. Artillerie wurde grundsätzlich unterschieden in:
Kanonen	Rohrlänge von 20 - 40 Kaliber, Flachfeuer bis 10° Erhöhung
Mörser	Rohrlänge von 6 - 10 Kaliber, Steilfeuer um 70° Erhöhung
Haubitzen	Rohrlänge von 10 - 16 Kaliber, für Flach- und Steilfeuer

Kehle: der Front entgegengesetzte Seite einer Befestigungsanlage.

Minimalschartenlafette: sie gestattet eine möglichst große horizontale und vertikale Bewegung des Geschützrohres bei kleiner Schartenöffnung.

Poterne: beschusssicherer Verbindungsgang

Verdeck: das Betondach (2,5-3 m Stärke) auf Stahlträgern ruhend

Werk: für Grenzbefestigungen verwendete man in Österreich-Ungarn den Begriff "Werk" mit dem Zusatz des betreffenden Flurnamens, z.B. "Werk Raiblersee". Ausnahmen waren nur die beiden Forts "Hensel" und "Hermann", bei denen man die beiden berühmten Kommandanten würdigen wollte.

Literaturhinweise

ALESSI Rino: Dall'Isonzo al Piave, Mondatori Ed., Verona, 1966
A.N.A.: Storia delle Truppe Alpine, Edizioni Landoni Milano 1972
Amtliches Werk: Die Italienische Armee im Felde; Wien, 1917
BARGER Eduard: Die Kärntner beim Sturm auf den Polounik 1917, Dikhuth-Harrach, München, 1921
BAUER Ernest: Der Löwe vom Isonzo; Styria, Graz 1985
BUDKOVIČ Tomaž: Wochein/Bohinj 1914-1918, Das Aufmarschgebiet der Isonzofront, Hermagoras, 2001
BAXA Jakob: Geschichte des k.u.k. Feldjägerbataillons Nr. 8 1808-1918 Carinthia, Klagenfurt, 1974
CERNIGOI-CUCINATO-VOLPI: Sui sentieri della Prima Guerra Mondiale, Ed. della Laguna, 1999
CZANT Hermann: Alpinismus und 9700 km Gebirgsfront im Weltkrieg; Verlag für Kulturpolitik, Berlin, 1926
CZANT Hermann: Alpinismus und Weltkrieg, Bergverlag Rudolf Rother, München, 1929
DI BRAZZANO Orio: Caporetto, Ed. Lint, Triest, 1996
GLAISE-HORSTENAU (Herausgeber): Österreich-Ungarns letzter Krieg (amtl. öst. Werk), Milwiss. Mitt., Wien, 1931-38
FALDELLA Emilio: La Grande Guerra 1915-1917 und 1917-1918, LONGANESI; Milano, 1965
HERMANNY-MIKSCH: Die Durchbruchsschlacht bei Flitsch im Oktober 1917; OffzBund ehem. KSch, Hall 1924
HESSEN IR 14, ein Buch der Erinnerungen aus großer Zeit, Feichtinger Erben, Linz 1919
KALTENEGGER Roland: Die Geschichte der deutschen Gebirgstruppe 1915 bis heute; Motorbuch-Verlag, Stuttgart 1980
KILLIAN Hans: Wir stürmten durchs Friaul; Vowinckel, 1978
KLAVORA Vasja: Blaukreuz, Die Isonzofront, Flitsch/Bovec 1915/17, Hermagoras Klagenfurt-Laibach, 1993
KLAVORA Vasja: Schritte im Nebel, Hermagoras Klagenfurt-Laibach, 1995
KLAVORA Vasja: Monte San Gabriele, Hermagoras Klagenfurt-Laibach, 1998
KRAUSS Alfred: Die Ursachen unserer Niederlage; München, 1921
KRAUSS Alfred: Das Wunder von Karfreit, Lehmann, München, 1926
KRAFFT von DELLMENSINGEN: Der Durchbruch am Isonzo, 2 Bände; Stalling, Oldenburg, 1926
KUGY Julius: Aus vergangener Zeit; Leykam, Graz, 1943
KUGY Julius: Die Julischen Alpen im Bilde, Leykam, Graz, 1934
KUGY Julius: Aus dem Leben eines Bergsteigers; Bergverlag Rother, München, 1928
LANZ H: Die Württembergischen Gebirgs- und Sturmtruppen im Weltkrieg; Berger, Stuttgart, 1929
MARR-BIEGER Lore: Slowenien-Istrien, Michael Müller Verlag, Erlangen, 1995
MARTINELLI Vittorio, Achille Papa, un Generale Bresciano, Edit. Zanetti, 1989
MORITSCH/TRIBUTSCH: Isonzo Protokoll, Hermagoras Klagenfurt-Laibach, 1994
PIERI Piero: L'Italia nella Prima Guerra Mondiale, Einaudi edit. Torino, 1971

PIEROPAN Gianni: Storia della Grande Guerra al fronte Italiano, Mursia, Milano 1988
PILZ Ingrid: Naturparadies Julische Alpen, Styria Verlag, Graz; 1992
PUST Ingomar: Die steinerne Front; Stocker, Graz, 1980
PUST Ingomar: Kl. Führer durch die Westl. Julischen Alpen; Bergverlag Rother, München, 1978
RAUCHENSTEINER Manfried: Der Tod des Doppeladlers, Styria, 1993
RECH Marco: Da Caporetto al Grappa, Ed. Rossato, Novale, 1998
RENKER Gustav: Als Bergsteiger gegen Italien; Schmidkunz, München, 1918
RENKER Gustav: Bergkrieg; Styria, Graz, 1936
ROMMEL Erwin: Infanterie greift an; Voggenreiter, Potsdam, 1942; Reprint 1995 Milizverlag Salzburg
SCALA Edoardo: Storia delle Fanterie Italiane, Tipografia Regionale, Roma, 1955
SCHACHINGER Werner: Die Bosniaken kommen; Stocker, Graz 1984
SCHALEK Alice: Am Isonzo, L.W.Seidel & Sohn, Wien 1916
ROSSI P.GILIČ S.: Escursioni Alpi Giulie Orientali, Tamari Editori, Bologna, 1973
SCHAUMANN Walther: Die Bahnen zwischen Ortler und Isonzo 1914-1918, Bohmann, Wien, 1991
SCHAUMANN Walther: Vom Ortler bis zur Adria, Die Südwestfront 1915-1918 in Bildern, Mayer & Co, Wien, 1993
SCHAUMANN W. / SCHUBERT P.: Isonzo - Krieg ohne Wiederkehr, Ediz. Tassotti, Bassano del Grappa, 1992
SCHAUMANN W. / SCHUBERT P.: Süd-West-Front, Österreich-Ungarn und Italien 1915-1918, Mayer & Co, Wien, 1992
SCHÖNER Helmut: Führer durch die Julischen Alpen, Bergverlag Rother, München, 1972
SCRIMALI A. u. F.: Alpi Giulie, Escursioni e testimonianze sui monti della Grande Guerra, Ed. Panorama Trento, 1995
SCRIMALI A. u. F.: Il Carso della Grande Guerra-Le trincee raccontano, Ed. Lint, Trieste, 1992
SCRIMALI A. u. F.: Prealpi Giulie, Escursioni e testimonianze sui monti della Grande Guerra, Ed. Panorama Trento, 1997
SCHULZ Dieter: Slowenien - ein illustriertes Reisehandbuch, Edition Themmen, Bremen, 1997
SEIFERT Josef: Isonzo; Waldheim-Eberle, Wien, 1936
SILVESTRI Mario: Isonzo 1917, Einaudi Ed., Torino, 1965
SIMIČ Marko: Po poteh soške fronte, Založba Mladinska knjiga, Ljubljana 1996
STRASSER Kurt - WAITZBAUER Harald: Über die Grenzen nach Triest, Böhlau, Wien, 1999
SVOLJŠAK Petra: Il fronte dell'Isonzo, Založba, Ljubljana, 1994
WAGNER Anton: Der I. Weltkrieg; Truppendienst Taschenbuch, Ueberreuter, Wien 1981
WEBER Fritz: Isonzo 1915-17 (3 Bände); Kollitsch, Klagenfurt, 1933
WEBER Fritz: Menschenmauer am Isonzo; Steyrermühl
ZWEIERSCHÜTZEN IM WELTKRIEG 1914-1918; Kameradschaftsbund der ehem. 2er Schützen, Linz 1929

Bildnachweis:

BU	=	Heeresgeschichtliches Museum Budapest
DG	=	Dieter Glittenberg
GL	=	Gunter Lingelbach
KS	=	Karin Schmid
MD	=	Martin Dobernik
MM	=	Marco Mantini
RL	=	Roberto Lenardon
SC	=	Antonio u. Furio Scrimali

Wo nicht gesondert angeführt, Fotos aus dem Archiv des Autors

Der **Fahrküchenwagen** [1]) dient zum Fortschaffen von Verpflegsartikeln, der Küchengeräte und zum Abkochen auch während des Marsches.

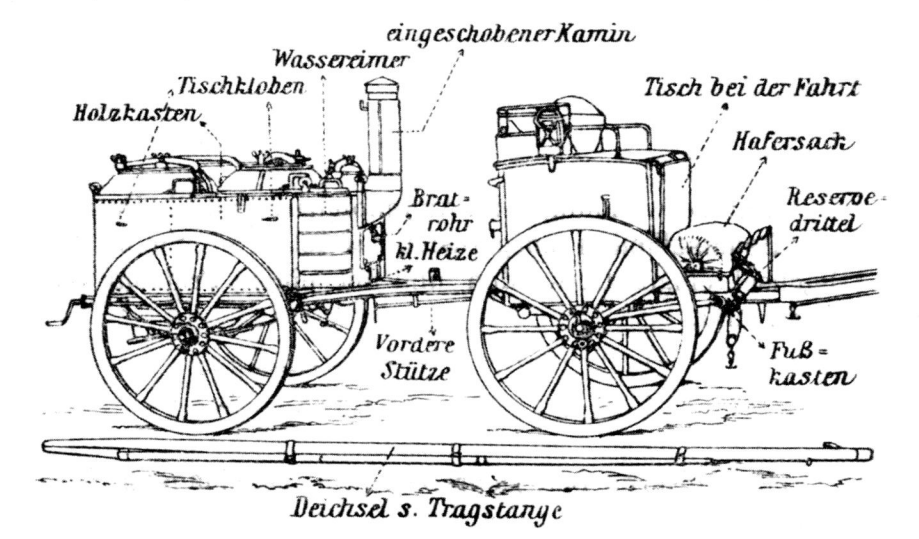

Personenregister

Albarello Vincenzo Capitano C
Albuin Bischof v. Brixen R 17
Aljaž Jakob R 17a
Aquileia Patriarchen R 1, 16, 17; T 32
Arrighi Generale R 1
Attems Graf R 10a, 16,

Badoglio Pietro Glt D, E
Balogh k.u.k. Obstlt C
Barger Eduard Hptm B
Baumbach Rudolf R 1, 16
Belar Albin Prof. Vorwort
Below GM Otto v. T 37
Binetti Eredi Fa. R 4
Bogomila R 17; T 55
Bois de Chesne Albert R 16
Bonfanti Brigade F
Boroevic General R 14a
Boroevic Straße R 14a
Brixen Bischöfe von R 17
Brosch v. Aarenau Hptm F
Brussilow Gen. D

Cadorna Luigi General R 2a, T 67; A, B, C, D, E
Cantoni Oberst A
Capello Luigi Glt T 67; E
Christalnigg Gräfin Lucy R 1
Coronini Grafen R 10, T 32
Czongvay Karl de Csegez Obst F
Černigoj August R 5
Črtomir Fürst R 17, T 55

Dante Alighieri T 32, 33
Diendorfer Mjr T 23
Diviš Hptm Geniestab F

Emanuele Victor König A, D, E
Erzherzog Eugen R 10
Erzherzog Johann F
Erzherzog Karl Thronfolger D, E, F

Etna Generale T 22; C

Fabiani Maks R 10b
Findenegg T 16, 17, 18

Gera Philip von Hptm R 1; F
Geřabek Divisionär GM C
Geyling Remigius Architekt T 36
Goldhorn/Zlatorog T 56
Gorbach Alfons Dr. B
Görzer Grafen R 1; F
Gregorčič Simon R 6a, Vorwort
Greppi Giovanni Arch. R 3

Hauninger Franz Hptm Geniestab F
Hemingway Ernest R 1
Hensel Friedrich Ing. Hptm F
Hermann v. Hermannsdorf Ing. Hptm R 1, F
Hindenburg E
Hitler Adolf R 10b
Hoffmann Gjuro Oblt C
Hon General T 67

Jablonski Geža T 36
Jankovič Hauptmann F

Kaiser Ferdinand I R 1
Kaiser Franz Josef R 1
Kaiser Heinrich II. R 17
Kaiser Joseph II. R 9b
Kaiser Karl R 8, 14; T 67; D, E
Kaiser Konstantin R 10
Kaiser Theodosius R 10
Kaiser Wilhelm E
Kalser FML R 8
Kobenzl Grafen R 10b
Kofranek Ladislaus R 1
Kogej Rudi R 16
König August von Sachsen R 1
König Viktor Emanuel R 2a; A, D, E

Kos Matija R 17
Kovošek Luka R 17
Kralj Tone u. Mara   R 16, T 34
Krauß Alfred GdI R 1; T 6, E
Kuchinka Hptm Geniestab F
Kugy Dr. Julius R 1, 16; T 16, 17, 18
Kurinčič Mirko R 5

Lantieri Grafen R 10b
Ludendorff Gen. E

Madile Franz Baumeister F
Maxim k.u.k. Oblt E
Menna Vincenzo Serg.Magg. T 25
Miccheluzzi Giovanni Capitano R 6
Mickl Hans Oblt A
Mlaker Albin Oblt B
Mušič Zoran R 5
Mussolini Benito R 3, 6a

Napoleon Bonaparte R 1, 6; F

Papa Achille General R 14, 15
Perathoner Anton T 36
Platagna Capitano R 6
Pozzi Tenente Colonello C
Prešeren France R 17; T 55

Rabl Familie R 1
Ratzl Stabsfeldwebel C
Rifesser Giuseppe R 6
Rikli Dr. Arnold R 17
Rizetti k.u.k. Obstlt D
Rohr Franz GdK C, F
Rommel Erwin Oblt R 2a, 4a, 7; E
Rožič Štefan R 17

Sarf Luka R 3
Savinšek Jakob R 16
Schalek Alice T 56; C
Schlatte Fhr. A
Schönburg-Hartenstein Fürst Gen. T 67
Schuldes Heinrich Mjr T 67
Schuschnigg Oberst A
Scotti General T 37
Sendner T 18
Skoda Werke F
Spacal Lojze R 10b
Spiess Oberst A
Stauffer Oberst D
Stöger Steiner FML R 8, 8a

Tito Broz Marschall R 10b, 17
Toscanini Arturo R 9b
Tožbar Anton R 16
Trojer Mjr C

Ulrich Joseph Architekt Leutnant R 10b

Vesely Josef Dr. R 1
Vitkovič Hptm F

Waldstätten GM Freiherr E
Wieden Heinrich Oberst D
Wiener Kongreß F
Willomitzer Lovrenc R 17
Windischgrätz Fürst R 17
Witzigmann Paul Oberst F

Zaroslav Priester R 17
Zlatorog/Goldhorn T 56
Zois Baron Žigan R 17, 17b

Živa R 17

Stichwortverzeichnis

Aidussina siehe Ajdovščina
Ajdovščina R 10, 10a, 10b
Aljažev Dom R 17a
Alpinum Juliana R 16
Assling siehe Jesenice
Autoverladung R 8, 17
Auzza siehe Avče
Avče R 14; D
Avsa R 7

Bača pri Modreju R 8, 10
Bača-Tal R 8
Bainsizza siehe Bajnšice
Bajnšice R 15; D
Bate R 15
Batognica T 35, 45, 61; C
Batterie Predilsattel R 1; F
Baumbach-Hütte siehe Koča Zlatorog
Bavšica-Tal T 2; A
Befreite Republik Kobarid R 6
Bergtransversale Slow. T 45
Bischoflack siehe Škofja Loka
Bischofsburg siehe Blejski grad
Blaukreuz T 9, 10; E
Blaž T 58
Bled R 8, 17
Bleder See siehe Blejsko jezero
Blejski grad R 17
Blejski otok/Insel R 17
Blejsko jezero R 17
Bockstein siehe Kozlov rob
Bodrež R 14
Bogatin T 56
Bogatin-Hütte siehe Koča pod Bogatinom
Bohinjska Bistrica R 17
Bohinjski Migovec T 63
Bohinjsko jezero R 17; T 47, 48, 54, 55
Boka-Wasserfall siehe Slap Boka
Bovec R 1, 16; T 3, 5-12; A-B, E
Bovška kotlina siehe Flitscher Becken

Branica Fluss R 10b
Branik R 10b
Breg R 15a

Caporetto siehe Kobarid
Cave del Predil R 1
Cima del Lago siehe Jerebica
Cima Mogenza Grande siehe Snežni vrh
Cividale R 4

Čadrg C
Čela (Kanin Seilbahn) T 14
Čepovan R 14
Čerča R 16
Čez potoče siehe Potoče Sattel
Čez Utro T 11; B
Čezsoča T 9, 10, 11, 12; B, E
Črni vrh R 10
Čukla T 3, 8; A, F
Čukla-Wäldchen T 3, 8; A

Dante-Höhle siehe Zadlaška jama
Debeljak T 11, 25
Depot Oberbreth R 1; F
Depot Predil R 1; F
Deskle D
Divje jezero T 64
Doberdò D
Dolenja Trebuša R 10, 14
Dolje R 6; T 35; D
Dom dr. Klementa Juga T 59
Dom Kekec T 67a
Dom na Komni T 49, 56, 57, 63
Dom Savica R 17; T 55, 56
Dom Trenta R 16
Drežnica R 5; T 21, 24, 25; B, C
Drežnica Ravne T 25
Drežniške Ravne A-B
Dupeljsko jezero T 56
Duplje Planina T 56, 57, 59; C

Duplje-See siehe Dupeljsko jezero
Dvor T 14

Erjavčeva koča na Vršiču R 16
Erzherzog Eugen-Lager R 11; T 56
Erzherzog Eugen-Seilbahn R 10
Erzherzog Eugen-Straße R 16

Faiti hrib D
Felsennest A-B
Flitsch siehe Bovec
Flitscher Becken R 1, 16; T 6; E
Flitscher Klause siehe Kluže
Flori T 65
Fontanafredda F
Fort Hermann R 1; T 3; F
Forte della Chiusa siehe Kluže
Freilichtmus. Vord. Isonzo-Stellung R 1; T 5
Fusine R 16

Gabrje R 6; D
Galoppier-Wäldchen A-B
Georgi-Weg T 58
Gewerkenegg Burg R 10
Globoko-Sattel/Sedlo T 48, 49
Godovič R 10
Godowitsch siehe Godovič
Golobarski-Graben T 12
Golovec T 17
Golubar-Seilbahn, Industriedenkmal R 16
Gomiščkovo Zavetišče na Krnu T 22, 24, 35, 45, 60, 61
Gorenja vas T 10
Gorenji Log D
Goriški muzej R 10
Görz D
Görzer Brückenkopf R 9b; T 67; C, D
Govic slap T 54
Gozdu Dom R 16
Gradič T 20
Grahovo R 8
Grgar R 14, 15

Grgavske Ravne R 15
Großer Bogatin siehe Veliki Bogatin

Haidenschaft siehe Ajdovščina
Hintere Trenta siehe Zadnja Trenta
Hl. Daniel siehe Sv. Danijel
Hl. Katherina siehe Sv. Katerina
Hl. Leonhart siehe Sv.Lenart
Hotevlja D
Hudajužna R 8
Hudičev most R 17b; T 33
Hudilog D
Hum R 2a
Humčič T 11; B

Idrija R 10; T 64; D
Idrija pri Bači R 10
Idrijca R 10; D
Idrsko R 1, 7, 7a
Isonzo-Quellen siehe Izvir Soča
Isonzo siehe Soča
Izvir Savica T 55
Izvir Soča R 16; T 65
Izvir Tolminke T 46

Jablenca T 9, 12
Jalovec R 16; T 65
Javorca Soldatenkirche R 11; T 36, D
Javoršček T 11, 12; B, C
Jerebica T 1
Jesenice R 17
Jezero v Lužnici T 35; C

Kal R 16
Kal nad Kanalom R 14, 14a
Kal-Koritnica T 6
Kaltwassertal siehe Valle di Rio freddo
Kamnica Tal R 7a, D
Kamno R 6, 6a
Kanal ob Soči R 9, 14
Kanalski Lom R 14a
Kanaltal F

Kanin T 18; A
Kanin-Seilbahn T 14, 17, 18
Kapelle "Torneranno" R 6
Karfreit siehe Kobarid
Kavernenhof T 61; C
Kekec Dom T 67a
Klement Jug-Haus T 59
Klettersteig "Divisione Julia" T 16
Kluže R 1; T 2, 3, F
Kneža R 8, 8a
Kobala T 37
Kobarid R 1, 3-7, 7a; T 20, 21; B, C, E
Kobariški Muzej R 1; T 20
Koča na Gozdu R 16
Koča na Pl. Razor T 38, 39, 45, 47, 48, 49
Koča na Pl. Stador R 12; T 37
Koča pod Bogatinom T 56, 57, 63
Koča pri izviru Soče T 65
Koča pri Krnskih jezerih T 56, 57, 59-61
Koča pri Savici R 17; T 55, 56
Kolovrat R 7a; D, E
Komen D
Komna-Haus siehe Dom na Komni
Konjsko sedlo T 49, 63
Koritnica R 1; T 1, 2, 3, 4, 9; F
Koritnica im Bača-Tal R 8
Kostanjevica D
Kozaršče R 9; T 34; D
Kozjak Slap/Wasserfälle T 20, 21
Kozji breg B
Kožljak T 22, 24; C, D
Kozlov rob T 32
Krainburg siehe Kranj
Kranj R 8
Kranjska Gora R 16, 17
Krasji vrh T 11, 25; B, C
Krn T 22, 35, 45, 60, 61; C
Krn (Ort) R 6a; T 23; C
Krn-Hütte siehe Gomiščkovo Zavetišče na Krnu
Krn-Scharte siehe Krnska Škrbina
Krn-See siehe Krnsko jezero

Krn-Seen-Hütte siehe Koča pri Krnskih jezerih
Krnska Škrbina T 35, 45, 60, 61; C
Krnsko jezero T 60, 61; C
Kromberk R 10, 15a; T 67
Kronau siehe Kranjska Gora
Kronbergsattel siehe Vratca
Kuk bei Livške Ravne R 7a

Ladra R 6, 6a
Laghi di Fusine R 16
Lago di Predil R 1; F
Latschenrücken T 3; A-B
Lehrpfad Hist. Kobarid T 20
Lemež T 60; C
Lepena-Tal siehe Lepenje
Lepenje-Tal R 16; T 58, 59; B
Lepenjica-Bach T 58, 59
Lepes Špičje T 65
Lipnik T 58
Livek R 7, 7a
Livške Ravne R 7a
Ljubinj R 8a, 12; D
Log pod Mangartom R 1
Lokve R 14
Lopa Grat A
Lužnica-See siehe Jezero v Lužnici

Mahavšček T 56
Majewski-Weg T 58
Mala Korita R 16
Malborghet F
Mangart-Sattel/Sedlo R 1
Mangart-Schutzhaus R 1
Mangart-Straße R 1
Mangartska koča R 1
Maselnik T 35; C
Matajur R 4a, 7; E
Medeazza D
Mengore T 34; C, D
Mihov Dom R 16
Minenkrieg C
Mirnik T 1

Mittelbreth siehe Log pod Mangartom
Modrejce R 9a; D
Mojstrana R 17
Mojstrovka-Pass siehe Vršič Pass
Monte Canino siehe Kanin
Monte Forato siehe Prestreljenik
Monte Matajur siehe Matajur
Monte Nero siehe Krn
Monte Rosso siehe Peski
Monte Sabotino T 67; D
Monte San Daniele R 15a; T 67
Monte San Gabriele R 15a; T 67, 67a; C
Monte San Michele D
Monte Santo siehe Sveta Gora
Most Boka R 1; T 13
Most na Soči R 9, 9a, 10, 14, 14a, 34; D
Mostnica slap R 17b
Možnica-Schlucht T 1
Možnica-Tal T 1
Možniski Slap T 1
Mrzli Vrh T 23; C, D
Museen
- Bled R 17
- Bovec R 1
- Drežnica R 5
- Freilichtmus. "Vord. Isonzo-Stellung" R 1
- Goriški Muzej, Kromberk R 10
- Idrija R 10
- Kobariški Muzej R 1; T 20
- Štanjel R 10b
- Trenta-Museum R 16

Na Logu, früher Trenta R 16
Na Skali A-B
Naklo/Straßenschlucht T 10
Napoleon-Brücke siehe Napoleonov Most
Napoleonov Most R 5, 6; T 20, 21
Natisone-Tal R 4
Nemci R 14
Nevea-Sattel siehe Sella di Nevea
Nova Gorica R 9, 9b, 10, 10b, 15, 15a, 67a

Oberbreth siehe Strmec
Obere Koritnica Schlucht R 1; T 1
Orlova glava T 62
Oševlje-Bach R 14

Panzerwerk Svinjak T 6; F
Passo del Predil siehe Predel
Paßsperre Predil R 1; F
Peski T 35, 45; C
Piave E
Pie di Colle siehe Podbrdo
Pišnica R 16
Planina/Alm = Pl.
- Pl. Božica R 2a
- Pl. Črča T 36
- Pl. Dobrenjščica T 45, 46
- Pl. Duplje T 45, 56, 57, 59
- Pl. Golubar R 16; T 11, 12; B
- Pl. Goričica T 3, 8, A-B
- Pl. Govnjač T 56, 63
- Pl. Koča na Razor T 38, 39, 45, 47, 48, 49
- Pl. Koča na Vojah R 17b
- Pl. Kovačičeva R 7
- Pl. Kuhinja R 6a, T 22
- Pl. Kuk R 12; T 38
- Pl. Laška seč T 36
- Pl. Logje T 2
- Pl. Lom R 12; T 31, 37, 38
- Pl. Medrja T 36
- Pl. Migovec T 49
- Pl. Možnica T 1
- Pl. na Kalu T 45
- Pl. na Kraju T 56
- Pl. na Polju T 60, 61
- Pl. na Robu R 1; A-B
- Pl. Na zg. Prodih T 46
- Pl. Plazje T 39
- Pl. Pod Osojnico T 46
- Pl. Predolina B
- Pl. Pretovč T 23, 35, 36; C
- Pl. Slapnik T 22
- Pl. Sleme T 35; C, D

- Pl. Stador R 12; T 37
- Pl. Zadnji T 63
- Pl. Zagreben T 58
- Pl. Zagrmuč T 35
- Pl. Zapleč T 25; B
- Pl. Zaprikraj T 25; B, C
- Pl. Zaslap T 22
Petrovo brdo R 8
Plave R 9; D
Pleče A
Plešivec A
Plezzo siehe Bovec
Plužna T 8; A-B
Podbrdo R 8
Podi (Kanin-Seilbahn) T 14
Podkoren R 16
Podmelec R 8a; D
Polanjce R 9
Polica A-B
Poljanšček-Tal R 8a
Poljubinj R 8a
Polog R 11; T 45, 46; C
Polovnik R 1; B
Ponte San Quirino R 4, 4a
Postaja podi (Kanin-Seilbahn) T 14
Poštarska koča R 16
Pot ob Rakah T 64
Potoče Sedlo/Sattel T 60; B, C
Predel R 1
Predelica R 1
Predilpass siehe Predel
Prehodci T 45, 46; C
Prehodel siehe Prehodci
Prestreljenik T 17, 18
Prestreljeniški Vršič T 17
Prevala-Sattel T 17; A, E
Pri Peči R 14, 15a; T 67
Prvačina R 10
Pustina R 1; A-B
Quota dell'Addolorata T 8
Quota Papa R 14

Raccolana-Tal A, F
Raibl siehe Cave del Predil
Raibler See siehe Lago di Predil
Raibler Seekopf siehe Jerebica
Raibler Stollenbahn R 1, 1a
Rateče R 16
Ratschach siehe Rateče
Ratvay-Brunnen T 35
Ravelnik R 16; T 5, 9; B
Ravni laz T 7; A-B
Ravnica R 14, 15a
Rdeči rob T 35; D
Ribčev Laz R 17, 17b, 54
Rif. Celso Gilberti T 15, 16, 17
Rif. Pelizzo R 4a
Robič R 4
Rňbiso siehe Robič
Ročinj R 9, 14
Rombon T 3, 8; A, F
Romboncino siehe Rombon
Rupa T 10
Ruska kapelica siehe Russen-Kapelle
Russen-Kapelle R 16
Rušnati vrh T 49

Sacile F
Saga siehe Žaga
Salcano siehe Solkan
Santa Croce siehe Vipavski križ
Santa Lucia-Tolmein siehe Most na Soči
Sava Bohinjska R 17
Sava Dolinka R 16, 17
Save (Fluss) siehe Sava Dolinka
Savica-Haus siehe Koča pri Savici
Savica-Wasserfall siehe Slap Savica
Savogna R 4a
Schönpass siehe Šempas
Sedlo Solarji R 7a
Seebachtal T 1, F
Seesattel siehe Mirnik
Sella Bila Pec T 16
Sella di Lago siehe Mirnik

Sella Dol R 9b
Sella Nevea T 15
Sella Prevala T 17; E
Selo R 10; D
Skripi (Kanin-Seilbahn) T 14
Slap Boka R 1; T 13
Slap ob Odrijci R 10
Slap Peričnik R 17a
Slap Savica T 55
Slatenik-Graben T 9, 11; B, C
Sleme C
Snežni vrh T 1
Soča (Fluss) R 1, 5, 6, 9, 16; T 5, 20
Soča (Ort) R 16; T 59
Soča-Ursprung siehe Izvir Soča
Soldatenfriedhöfe
- Deutsches Ehrenmal Tolmein T 30
- ital.Soldatenfriedhof Avče/Auzza R 14
- ital.Soldatenfriedhof Kobarid/Sveti Anton R 3; T 20 ö.u. BRANIK R 10b
- ö.u. Soldatenfriedhof Bate R 15
- ö.u. Soldatenfriedhof Bogatin T 56
- ö.u. Soldatenfriedhof Britof R 16 Trenkhel
- ö.u. Soldatenfriedhof Čepovan R 14
- ö.u. Soldatenfriedhof Flitsch R 16
- ö.u. Soldatenfriedhof Grgar R 14, 15
- ö.u. Soldatenfriedhof Modrejce R 9a
- ö.u. Soldatenfriedhof Nemci R 14
- ö.u. Soldatenfriedhof Raibl R 1
- ö.u. Soldatenfriedhof Soča R 16
- ö.u. Soldatenfriedhof Solkan R 9
- ö.u. Soldatenfriedhof St. Daniel/Štanjel R 10b
- ö.u. Soldatenfriedhof Tolmein-Loče T 31
- ö.u. Soldatenfriedhof Ukanc-Wocheinersee R 17
- ö.u. Soldatenfriedhof Unterbreth R 1
- ö.u. Soldatenfriedhof Wochein-Feistritz "Rebro" R 17
- russische Soldatenfriedhöfe Vršič-Pass R 16
Solkan R 9, 9b, 15
Sompasso siehe Šempas
Sperre Predil, Straßensperre R 1; F

Sperre Raibler See F
Srpenica R 1
St. Daniel siehe sv. Danijel bei Volče
St. Daniel siehe Štanjel
Sta. Lucia-Tolmein R 9, 9a, 10, 14, 14a; T 34; D
Sta. Maria-Mengore T 34; D
Stador C
Stara Fužina R 17b
Staro Selo/Sella di Caporetto R 4
Stol R 2a; E
Straßenschlucht/Naklo T 10; E
Straßensperre Flitscher Klause R 1; T 3; F
Strmec R 1
Stržišče B
Stupizza R 4
Sumnik-Bach T 58
Sužid R 4; C
Sveta Gora R 9, 9b; T 66; C, D
Sveta Katerina R 9b; T 67, 67a
Sveta Lucija R 10
Sveta Marija R 16
Sveta Marija auf Mengore T 34
Sveti Anton R 3
Sveti Danijel bei Volče R 1b; D; E
Sveti Duh R 17; T 54
Sveti Lenart T 7
Svinjak T 6; E

Šempas R 10
Šempeter R 10b
Škabrijel siehe Monte S. Gabriele
Škofja Loka R 8
Šmohor T 60; C
Štanjel (Berg) siehe Monte S. Daniele
Štanjel (Ort) R 10b

Tagliamento A, E
Tarvis siehe Tarvisio
Tarvisio R 1, 16, 17
Ternova siehe Trnovo
Ternovaner Wald D
Teufelsbrücke siehe Hudičev most

Tičarjev Dom R 16
Tolmein siehe Tolmin
Tolmeiner Brückenkopf siehe unter Mengore
Tolmeiner Schlossberg siehe Kozlov rob
Tolmin R 1, 6, 8, 8a, 9, 10-14; T 30-33, 35, 36
Tolminka (Fluss) R 8a, 10, 11, 12, 13, 14; T 33
Tolminka-Tal R 11; T 36; D
Tolminka-Ursprung T 46
Tolminske Ravne R 13; T 39
Tolminski Lom   R 14a
Tonocov grad T 20
Totenkuppe T 3; A, F
Trenta-Museum siehe Dom Trenta
Trenta siehe Na Logu
Trenta-Tal R 16; T 58
Tribusa siehe Dolenja Trebuša
Triglav-Nationalpark R 1, 11, 16, 17; T 1, 25
Trnovo ob Soči R 1
Trnovo/Ternova R 14

Uccea siehe Učja
Učja R 2, 2a
Ukanc R 17; T 48, 54, 55, 62
Ulanenkaverne T 34
Unger-Weg T 58
Unterbreth siehe Log pod Mangartom
Untere Koritnica-Schlucht T 4
Ušnik R 1b, 9

Val Romana R 16
Val Vipava siehe Vipavska dolina
Valico di Fusine R 16
Valle di Kamnica R 7
Valle di Rio Freddo R 1
Vallone dei ciclisti T 34
Veldes siehe Bled
Velika Korita R 16
Veliki Bogatin T 56
Veliki hrib T 67
Veliki Vrh T 21; D
Veliko Čelo T 6
Villa Bled R 17

Villach C, F
Vipava R 10b
Vipavska dolina R 10, 10b
Vipavski Križ R 10a
Visoki Orlov rob T 47, 62, 63
Vodel T 35; C, D
Vodenca T 9
Vogel T 47, 62
Vogel-Seilbahn R 17; T 62
Voje-Hütte siehe Pl. Koča na Vojah
Voje-Tal R 17b
Volarje R 6
Volčansko polje R 1b; D
Volče R 1b, 7a; D
Volčja Draga R 10b
Volzana siehe Volče
Voß-Hütte siehe Erjavčeva koča na Vršiču
Vrata Bogatin T 56
Vrata-Tal R 17a
Vratca b. Kromberk R 15a; T 67
Vratca T 56, 57
Vratni vrh A
Vrh Škrli T 56
Vrsno R 6a
Vršič (Krn-Massiv) B, C
Vršič-Gipfel B
Vršič-Pass/Mojstrovka-Pass R 16; E

Weißenfels siehe Fusine
Weißenfelser See siehe Laghi di Fusine
Weißenfelser Tal siehe Val Romana
Weißenrücken A-B
Wilde See siehe Divje jezero
Wippach siehe Vipava
Wippachtal siehe Vipavska dolina
Wippachtal-Bahn siehe Vipavska železnica
Wocheiner See   siehe Bohinjsko Jezero
Wocheiner Tunnel Autoverladung R 8, 17
Wochein-Feistritz siehe Bohinjska Bistrica
Woltschach siehe Volče
Woltschacher Feld siehe Volčansko polje
Wurzener Save   siehe Sava Dolinka
Wurzenpass R 16

Za Otoki R 16
Zadlaščica T 33
Zadlaška jama/Höhle T 33
Zadlaz Žabče R 13
Zadnja Trenta T 65
Zapodnem R 16
Zatolmin R 11; T 33

Zavrzelno T 8
Zlatorog R 1, 16; T 54, 56
Zone A – Zone B R 6

Žabče R 13
Žaga R 1, 2, 2a; E
Žagarjev-Graben T 63

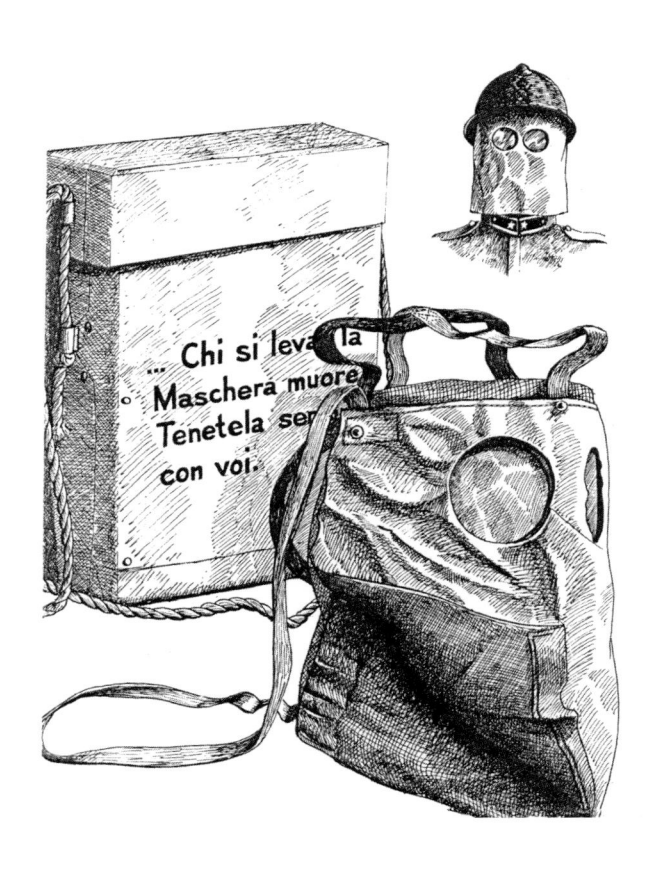

Verzeichnis der Karten

Historische Karten (teilw. Ausschnitte)

Kh 1 M. Santo - M. San Gabriele - M. San Daniele
aus "Un generale bresciano nella grande guerra" von Vittorio Martinelli
R 9b, T 66, 67

Kh 2 Ravnica - Trnovo - Nemci
Zone 22 IX. Sektion Görz,
Maßstab 1:25.000; RESERVAT
K.u.k. Militärgeographisches Institut, aufgenommen 1896
R 14

Kh 3 Abschnitt Polica - Rombon - Čukla
Ital. und österr. Linien Geheim
Repro Klaus Schmid
hist. Teil A-B, T 3, 8

Kh 4 Ravelnik - Javorček - Slatenik Graben - Čezsoča - Flitsch
Sektion 5451/4 Geheim
K.u.k. Fliegerkompagnie Nr. 16, ausgewertet bis 25.VIII.1918,
K.u.k. Kriegsvermessung Nr. 10
Maßstab 1:25.000
hist. Teil B, R 1, 16, T 5, 10, 11, 12

Kh 5 Potoče - Vrata - Vršič
Sektion 5451/4 Geheim!
K.u.k. Fliegerkompagnie Nr. 16 ausgewertet bis 25.VIII.1918,
K.u.k. Kriegsvermessung Nr. 10
Maßstab 1:25.000
hist. Teil B

Kh 6 Maselnik - Lužnica - Krn - Kozeljak
Sektion 5451/4 Geheim!
K.u.k. Fliegerkompagnie Nr. 16 ausgewertet bis 25.VIII.1918,
K.u.k. Kriegsvermessung Nr. 10
Maßstab 1:25.000
hist. Teil C, T 35, 45, 60, 61

Kh 7   Raibl - Raibler See - Batterie Predil - Depot Predil
Sektion 5451/4 Geheim!
K.u.k. 59. Gebirgs-Brigadekommando, Op.Nr. 102/2
Feldpost 608, ausgewertet bis 1.1.1917
Op.Nr. 102/2   Maßstab 1:25.000
K.u.k. Kriegsvermessung Nr. 10
hist. Teil F, R 1

Kh 8   Pustina - Moženza Pl. - Straßensperre Flitscher Klause - Werk Hermann - Rombon
K.u.k. 59. Gebirgs-Brigadekommando
Feldpost 608, ausgewertet bis 1.1.1917
Op.Nr. 102/2   Maßstab 1:25.000
hist. Teil F, T 3, 8

Kh 9   Der Mte. San Gabriele
Österreich-Ungarns letzter Krieg, Band VI, Beilage 20
hist. Teil D, E, T 67

Kh 10   Lage der Isonzofront am 28. Oktober 1915
Österreich-Ungarns letzter Krieg, Band III, Beilage 24
hist. Teil A-D, F

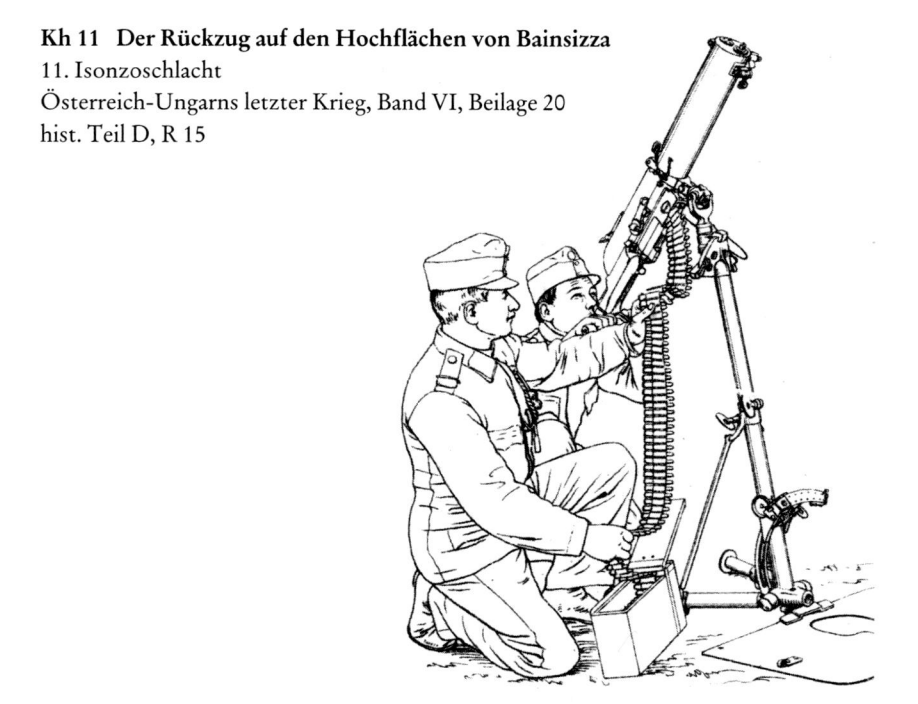

Kh 11   Der Rückzug auf den Hochflächen von Bainsizza
11. Isonzoschlacht
Österreich-Ungarns letzter Krieg, Band VI, Beilage 20
hist. Teil D, R 15

Aktuelle Karten

Ka 1   Pregledna karta občine Tolmin
       1:50.000, Geodetski Zavod Slovenije

Ka 2   Pregledna karta občine Nova Gorica
       1:50.000, Geodetski Zavod Slovenije, Mladinska Knjiga

Ka 3   Triglavski Narodni Park/Triglav-Nationalpark
       1:25.000, Geodetski Zavod Slovenije, Založba Mladinska Knjiga

Ka 4   Posočje, Posoške Julijske Alpe/Freizeitkarte
       1:50.000, Geodetski Zavod Slovenije

Ka 5   Turistična karta/Touristikkarte Bovec
       1:25.000, Inštitut za Geodezijo in fotogrametrijo, Ljubljana

Ka 6   Krnsko pogorje in Kobarid/ Touristikkarte Kobarid
       1:25.000, Inštitut za Geodezijo in fotogrametrijo, Ljubljana

Ka 7   Državna topografska karta, Blatt 128 Nova Gorica
       1:25.000

Ka 8   Valli del Natisone Cividale del Friuli
       Comunitá Montana Valli del Natisone
       1:25.000, Ed. Tabacco

Ka 9   Alpe Giulie Occidentali Tarvisiano
       Blatt 019, 1:25.000, Ed. Tabacco

Ka 10 Kobariška zgodovinska pot, Hist. Lehrpfad von Kobarid

Ka 11 Canin-Valli di Resia e Raccolana
       Blatt 027, 1:25.000, Ed. Tabacco

Ka 12 Trenta, Triglavski Narodni Park
       Planinska zveza Slovenije 1:25.000
       Inštitut za Geodezijo in fotogrametrijo, Ljubljana

338 Aufstellung der Soldatenfriedhöfe

117 Fusine Schmiedekunst Erzeugung v. Ketten!
   Weißenfels

UNTERWEGS
ZWISCHEN SAVE UND SOČA
Auf den Spuren der Isonzofront
1915-1917